Das Enneagramm

Strategien für die persönliche Entwicklung

Monika Gruhl

Das Enneagramm

Strategien für die persönliche Entwicklung

Monika Gruhl

Bibliografische Information der Deutschen Nationalbibliothek:
Die Deutsche Nationalbibliothek verzeichnet diese Publikation in der Deutschen Nationalbibliografie; detaillierte bibliografische Daten sind im Internet über dnb.dnb.de abrufbar.

Herstellung und Verlag: BoD – Books on Demand, Norderstedt

ISBN 9783748190837

II

0. Einleitung

Kommt es vor, dass Sie sich über Ihre eigenen Gedanken, Gefühle, Reaktionen und Verhaltensweisen wundern oder manchmal sogar ärgern? Haben Sie gelegentlich den Wunsch, sich selbst besser zu verstehen? Würden Sie gerne nachvollziehen können, warum die Menschen in Ihrer Umgebung so und nicht anders denken und handeln? Auf diese und ähnliche Fragestellungen gibt das Enneagramm eine Antwort. Es verbessert unsere Menschenkenntnis im privaten und beruflichen Alltag. Auf der Grundlage von jahrtausendealtem Erfahrungs- und Beobachtungswissen bildet das Enneagramm neun unterschiedliche Persönlichkeitsstile ab. Dahinter steht keineswegs die Absicht, Menschen „in Schubladen zu sortieren", denn das Enneagramm beschränkt sich nicht darauf, diese Charaktermuster zu beschreiben. Es lässt darüber hinaus unter anderem erkennen,

» worin sich Menschen unterscheiden
» welche Stärken und Fähigkeiten die einzelnen Stile auszeichnen
» wie sich jeder Mensch mit seinen Licht- und Schattenseiten annehmen kann
» wo mögliche Fallen für die persönliche Entwicklung liegen
» welche Entwicklungsrichtung jeweils förderlich ist
» wo typische Stolpersteine im Umgang mit anderen Menschen liegen
» wie jeder mit unterschiedlichen Menschen besser zurechtkommen kann.

Seit ich in den Achtzigerjahren auf das Enneagramm gestoßen bin, hat es mich zunehmend mehr begeistert. Bis heute fasziniert mich die Aussagekraft und Treffsicherheit dieses Modells. Obwohl ich mich schon so lange intensiv mit dem Enneagramm und seinen vielfältigen Anwendungsmöglichkeiten beschäftige, gewinne ich immer noch neue oder tiefere Erkenntnisse und entdecke weitere Zusammenhänge mit anderen Theorien und Erfahrungen.

Die erste Idee für dieses Buch entstand, als ich mehrfach von Teilnehmern an Seminaren, Weiterbildungen oder Coaching auf weiterführende Literatur angesprochen wurde. Mit meinen Empfehlungen konnten viele nicht so viel anfangen wie erhofft. Einigen Lesern waren die entsprechenden Bücher zu theoretisch, anderen zu „negativ", wieder anderen zu umfangreich und verwirrend. Die meisten wollten noch einmal nachlesen und vertiefen, was sie über das Enneagramm erfahren und erlebt hatten. Sie wünschten sich dafür eine systematische Darstellung, die die unterschiedlichen Persönlichkeitsstile verdeutlicht, die entsprechenden Themen anschaulich vermittelt und Impulse für die individuelle Weiterarbeit gibt.

Etliche Leser zeigten sich enttäuscht oder irritiert, dass in verschiedenen Büchern einige Persönlichkeitstypen „schlechter wegkämen" als andere. Sie beklagten, dass die Muster teilweise sehr defizit-orientiert vorgestellt würden und dass sie die Darstellung der Schattenseiten in einigen Fällen als moralische Bewertung empfunden hätten. Diese Rückmeldungen haben mich motiviert, ein Buch mit humanem, versöhnlichem Ansatz über das Enneagramm zu verfassen. Es soll auf der einen Seite die Interessen von Seminarteilnehmern und Klienten nach einer umfassenden Darstellung und Vertiefung der Inhalte zufrieden stellen. Auf der anderen Seite ist es mir ein besonderes Anliegen, für alle Leser die neun Persönlichkeitstypen des Enneagramms mit einer annehmenden liebevollen Grundhaltung und einem wertschätzenden Blick für ihre besonderen Fähigkeiten und Ressourcen vorzustellen. So fällt es jedem leichter, zunächst einmal ohne hinderliche Abwehrreaktionen gegen die eigenen Schwächen seinen Persönlichkeitsstil zu entdecken. Wer sich auf diese Weise in seinem Charaktermuster wiedergefunden und angenommen hat, dem wird es auch gelingen, sich mit seinen problematischen und ungeliebten Seiten anzufreunden und zu versöhnen. Unter dieser Voraussetzung sind persönliche Veränderungsschritte, die Schwächen und Stärken ausgleichen, Erfolg versprechend und von tiefgreifender Wirkung.

So ist dieses Buch entstanden vor dem Hintergrund meiner Arbeit mit dem Enneagramm in Seminaren, Weiterbildungen oder Coaching und deshalb fließen auch Geschichten und Fragestellungen vieler Teilnehmer mit ein. Ich greife zum Teil auf die Erfahrungen zurück, die wir jeder für sich und miteinander gemacht haben. Das Live-Erleben der unterschiedlichen Persönlichkeiten in einer Gruppe versuche ich durch viele Fallbeispiele zu ersetzen, die die typischen Motivationen, Gefühle, Denkstrukturen und Verhaltensweisen der Persönlichkeitstypen so veranschaulichen sollen, dass Sie sich als Leser die Typenbeschreibungen als lebendige Menschen vorstellen können. Die Beispiele beschreiben keine real existierenden Personen, sondern sind aus vielen in der Wirklichkeit vorhandenen Facetten zusammengesetzt. So sind sie gleichzeitig fiktiv und authentisch. Zur Förderung einer individuellen und „typgerechten" Persönlichkeitsentwicklung habe ich Anregungen und Übungen zusammengetragen und entwickelt. Sie sind von Klienten oder Seminarteilnehmern vielfach getestet und nicht zuletzt auf Grund ihrer Rückmeldungen angepasst oder verändert worden. Liebe Leserinnen, bitte fühlen Sie sich auch angesprochen, wenn ich nur die männliche Form verwende. Der Grund ist lediglich die bessere Lesbarkeit und sprachliche Einheitlichkeit.

Bei der Entstehung dieses Buches haben mich viele Menschen inspiriert und unterstützt, denen ich an dieser Stelle nicht allen namentlich danken kann. Erwähnen möchte ich aber Dr. Sabine Kirchhoff, die mich nachdrücklich angespornt und den gesamten Prozess des Schreibens fachkundig und ermutigend begleitet hat. Meiner Familie danke ich für ihre Nachsicht und ihr Verständnis in dieser Zeit und den vielen Teilnehmer/

innen und Coaching-Kund/innen dafür, dass sie ihre Erfahrungen, ihr Erleben und ihre Gedanken mit mir geteilt haben.

Das Buch macht Sie in den ersten beiden Kapiteln mit den Grundprinzipien des Enneagramms bekannt. Ich stelle Ihnen die neun Persönlichkeitsstile mit vielen Beispielen hinsichtlich ihrer typischen Verhaltensweisen, Wertvorstellungen Grundüberzeugungen vor. In den Kapiteln 3 bis 5 wird die Darstellung dieser Persönlichkeitsmuster erweitert und vertieft durch die Erläuterung der typspezifischen Ressourcen, Fallen, Abwehrmechanismen und positiven Entwicklungsrichtungen. In Kapitel 6 finden Sie typische Entwicklungsgeschichten, die beispielhaft zeigen, wie unterschiedliche Charaktere Schwierigkeiten meistern, innere und äußere Widerstände überwinden und durch Krisen reifen können. Kapitel 7 enthält typbezogene Impulse und Übungen von unterschiedlichem Schwierigkeitsgrad und Herausforderungspotential, die Sie auf Ihrem individuellen Entwicklungsweg anregen und weiterbringen können.

Sie können mit dem ersten Teil beginnen und sich systematisch mit den unterschiedlichen Persönlichkeitsstilen vertraut machen. Wenn Sie mehr Lust auf Geschichten haben, ziehen Sie es vielleicht vor, sich erst einmal mit den Fallbeispielen in Kapitel 6 zu befassen. Es mag sein, dass Sie darin deutliche Parallelen zu sich oder anderen Menschen in Ihrem Umfeld erkennen und erst einmal einzelnen Mustern nachgehen möchten, die Sie besonders interessieren. Wenn Ihnen die Grundlagen des Enneagramms bereits vertraut sind, finden Sie es vielleicht reizvoll, sich erst mal mit den Übungen für Ihren Typ in Kapitel 7 zu beschäftigen und sich der einen oder anderen praktischen Herausforderung zu stellen, bevor Sie sich ausgewählten Inhalten zuwenden.

Ich wünsche mir, dass Sie dieses Buch als einen Fundus betrachten, aus dem Sie sich nach Ihren Interessen und Bedürfnissen bedienen. Lassen Sie sich von den grundlegenden Gedanken inspirieren und probieren Sie die Anregungen aus, die Sie persönlich ansprechen. Die Aussagen und Impulse gelten sowohl für den beruflichen als auch für den gesellschaftlichen oder privaten Bereich. Wählen Sie den, der für Sie gerade im Vordergrund steht, und passen Sie die Übungsvorschläge und Anregungen diesem Rahmen an. Sie selbst sind der beste Experte dafür, was Sie zu diesem Zeitpunkt brauchen können und was Sie weiterbringt.

Ich wünsche Ihnen viel Vergnügen, spannende Erkenntnisse und bewegende Erfahrungen bei Ihrer persönlichen Entdeckungsreise in die Welt der Persönlichkeiten.

1. Das Selbst: – Persönlichkeit

1.1. Was macht Persönlichkeit aus?

Kennen Sie die Redensart „Keiner kann aus seiner Haut heraus."? Sie ist richtig, so weit sie auf dauerhafte **PERSÖNLICH-KEITSMERKMALE** zielt. Zu solchen stabilen Persönlichkeitsmerkmalen zählen Verhaltensweisen, Motive und Eigenschaften eines Menschen. Sie bilden sich durch Geburt und Umgebung, Sozialisierung und Erziehung, durch Lernen und Anpassung heraus. Jeder Mensch hat seine unverwechselbare Persönlichkeit. Es ist sein Wesenskern, der durch das ganze Leben hindurch derselbe bleibt.

Wie gelingt es dann Menschen, sich dennoch im Lauf ihres Lebens zu verändern? Innerhalb dieses Rahmens seiner überdauernden Persönlichkeitsmerkmale hat jeder Einzelne viele Wahlmöglichkeiten. Er kann sich für oder gegen bestimmte Gedanken und Verhaltensweisen entscheiden. Er kann beeinflussen, ob er in erster Linie seine Stärken und Fähigkeiten entfaltet oder ob er seinen Schwächen mehr Aufmerksamkeit widmet. Und er kann eher positiv oder eher destruktiv auf die Menschen in seiner Umgebung einwirken. Wie diese Wahlmöglichkeiten verwirklicht werden, macht einen großen Teil der **PERSÖNLICHKEITSENTWICKLUNG** aus.

Wie kommt es, dass manche Persönlichkeiten sehr unterschiedlich erlebt werden, andere wiederum sich überraschend ähnlich sind? Vielleicht haben Sie auch schon die Erfahrung gemacht, dass Ihnen die Denkweise oder das Verhalten mancher Menschen auf Anhieb einleuchtend und „normal" erscheint, auch wenn Sie diese nur flüchtig kennen? Bei anderen viel vertrauteren Personen mag es ihnen dagegen manchmal sehr schwerfallen, ihre Reaktionen nachzuvollziehen. Dies hat weniger mit Sympathie oder Abneigung zu tun. Es hängt eher damit zusammen, dass Sie in diesen Fällen auf ähnliche oder unterschiedliche **PERSÖNLICHKEITSSTILE** treffen. Menschen unterscheiden sich darin, wie sie die Welt und die Menschen um sich herum wahrnehmen, und wie sie diese Wahrnehmung verarbeiten und bewerten. Dabei setzen sie unterschiedliche Kräfte und Fähigkeiten ein. Manche orientieren sich vor allem an ihren Gefühlen, einige greifen eher auf ihre Denkfähigkeit zurück und andere verlassen sich auf ihren Instinkt. Diese Unterschiede ordnen sich in verschiedenen Kombinationen zu bestimmten Mustern in Wahrnehmung und Verhalten, den **PERSÖNLICHKEITSSTILEN**. Das Enneagramm beschreibt neun unterschiedliche Persönlichkeitsstile, sie werden auch **MUSTER** oder **TYPUS** genannt.

1.2. Die Spirale der Persönlichkeitsentwicklung

Menschen streben grundsätzlich danach, zu wachsen, zu reifen und mit anderen zusammen zu sein. Das ist eine Grundannahme der humanistischen Psychologie. Aber es ist gar nicht so einfach, sich positiv weiterzuentwickeln. Diesem grundsätzlichen Bedürfnis stehen nämlich im Alltag einige Hindernisse entgegen: Wir sind uns häufig gar nicht sicher, in welche Richtung wir uns bewegen sollen. Oft genug verstehen wir uns selbst und andere nicht. Es fällt uns in einigen Situationen schwer, andere Menschen zu akzeptieren oder wertschätzend mit ihnen umzugehen. Sicher wollen wir gerne erwachsen im Sinne von unabhängig, gereift und selbstverantwortlich sein. Doch die Widrigkeiten, mit denen wir dabei zu kämpfen haben, machen diesen Weg manches Mal mühsam und zermürbend.

Wir versuchen uns an anderen zu orientieren: „Was die geschafft haben, kann und muss ich auch schaffen!" oder „Wenn eine bestimmte Person mit diesem Weg Erfolg hatte, dann muss es bei mir doch auch klappen!" Aber Menschen unterscheiden sich nun mal. Damit unterscheiden sich auch ihre Vorstellungen, wo es eigentlich hingehen soll. Somit gehen sie auch unterschiedliche Wege mit Auf- und Abstiegen, leichten Pfaden und Durststrecken. Und immer wieder fragen sie sich zwischendurch, ob die Richtung für sie persönlich (noch) stimmt.

Persönliche Entwicklung vollzieht sich nicht in einer schnurgeraden Strecke, die stetig dem Ziel der optimalen Selbstentfaltung näherkommt. Es passieren Sprünge, dazwischen gibt es Phasen, in denen man überhaupt nicht voranzukommen scheint oder sogar zurückfällt. Dann wieder erleben wir „Sternstunden", in denen wir überrascht sind von unseren Fähigkeiten und Möglichkeiten.

Am besten lässt sich die persönliche Entwicklung am Bild einer Spirale festmachen. In einer Spirale steckt zwar eine ständige Vorwärtsbewegung, aber auf jeder Ebene kommen wieder ähnliche Aufgaben und Themen vorbei, die gelöst werden wollen, bevor es weiter aufwärts geht. Und manchmal rutschen wir auch einfach wieder einige Umdrehungen tiefer. Wir erleben, dass wir mit Situationen kämpfen, die wir längst glauben gemeistert zu haben. Persönliche Entwicklung gleicht also einer Spiralbewegung. Um sich auf dieser Spirale erfolgreich nach oben zu bewegen, braucht jeder Mensch je nach Persönlichkeit ganz bestimmte Ressourcen. Welche Ressourcen das sind und wie sie je nach Persönlichkeit zu kombinieren sind, beschreibt das Modell des Enneagramms.

1.3. Das Enneagramm als Persönlichkeitsmodell

Der Name bedeutet nichts anderes als „Neuner-Bild". Das Enneagramm ist ein Modell von neun Persönlichkeitsstilen oder -mustern, das auf uraltem Erfahrungswissen beruht. Man beobachtet Menschen in ihren typischen Verhaltensweisen und versucht, ihre Antriebskräfte und Absichten zu ergründen. Aus dem Sammeln und Systematisieren dieser Erkenntnisse über viele Jahrhunderte ist das Enneagramm entstanden.

Daher ist es kein Zufall, dass so viele Menschen, die mit dem Enneagramm in Berührung kommen, es transparent und plausibel finden und von seiner Stimmigkeit überzeugt sind. Viele erleben ein Déjà vu: Genau das bin ich! oder: So verhält sich mein Mann! Typisch meine Chefin! Die im Enneagramm beschriebenen Persönlichkeitsmuster sind also keine theoretisch erdachten Typologien, um Menschen in Schubladen zu sortieren. Sie beruhen vielmehr auf der Beobachtung, dass die Motivationen und Verhaltensweisen der Menschen bei aller Unterschiedlichkeit begrenzt sind und sich daher wiederholen. Daraus ergeben sich typische Kombinationen von Verhaltensmustern und Denkstilen, die für einen speziellen Typus prägend sind.

Das Besondere des Enneagramms im Vergleich zu anderen Typologien liegt in seinem Variantenreich-tum und seiner im Modell enthaltenen Dynamik. Die neun Grundmuster lassen Persönlichkeitsstile prägnant und gleichzeitig sehr differenziert darstellen. Die grafische Form zeigt die Richtung, in der für jedes Muster die größte Aussicht auf Ausgleich und positive Entwicklung besteht. Und sie gibt Hinweise darauf, was für die Beziehungen zwischen Menschen verschiedener Persönlichkeitsstile prägend ist.

Jedes der neun Persönlichkeitsmuster zeigt sich in ganz unterschiedlichen Facetten. Stellen Sie sich vor, Sie würden täglich auf einer Skala von 1 bis 10 Ihre persönliche Verfassung vermerken, so wie Sie sie jeweils subjektiv empfinden. Wahrscheinlich hätten Sie nach einiger Zeit sowohl im oberen als auch im unteren Bereich Markierungen. Denn in der Regel erleben wir unser persönliches Befinden nicht gleichmäßig gut oder schlecht, sondern haben gute und schlechte Tage. Mal fühlen wir uns sehr weit oben, mal ziemlich unten. Gleichzeitig werden die meisten Menschen für bestimmte Zeiträume gewisse Häufungen in einem Bereich für sich feststellen können.

Beispielsweise würde Diana Beier feststellen, dass sie in den drei Jahren ihrer Ausbildung überwiegend Markierungen im unteren Bereich hätte. In dieser Zeit fühlte sie sich sehr unglücklich und stand unter großem Druck. Sie hatte einen Anleiter, den sie als unerbittlich streng empfand. Er lobte kaum, wies ihr aber jeden noch so kleinen Fehler nach und stellte sie damit auch vor Kollegen bloß. Immer häufiger ging sie mit Angst und Bauchschmerzen zur Arbeit.

Auf der anderen Seite erwarteten die Eltern, dass sie nach der Ausbildung in den elterlichen Betrieb einsteigen und dort möglichst schnell auch größere Verantwortung übernehmen würde. Sie fühlte sich von diesen Erwartungen überfordert, hatte Angst zu versagen und die Eltern zu enttäuschen. Obwohl sie ihren Beruf eigentlich interessant fand und zunächst auch gute Beurteilungen bekam, wurden ihre Leistungen schließlich immer schlechter.

Dieser Druck wirkte sich schließlich auch in ihrer Freizeit aus. Diana war kaum noch in der Lage, sich zu entspannen und abzuschalten. Sie kapselte sich immer mehr von Freunden und Bekannten ab und stritt sich häufig mit ihrem Freund, obwohl sie seine Zuwendung gerade in dieser Zeit gebraucht hätte. Trotz allem stand sie die Ausbildungszeit durch und legte ihre Prüfung ab.

Als ihr Freund dann eine berufliche Chance in der Schweiz wahrnehmen wollte, warb Diana bei ihren Eltern um Verständnis für ihren Entschluss, mit ihm zu gehen. Sie fand eine Stelle in einem überschaubaren Betrieb mit einem sehr familiären Klima und auch ihrem

Freund ging es in seiner neuen Stelle gut. Sie bauten sich recht schnell einen sympathischen Bekanntenkreis auf und genossen ihre Beziehung zueinander. Natürlich gab es auch in dieser Zeit manchmal Schwierigkeiten und Unzufriedenheiten, doch insgesamt fühlte sich Diana „wie neugeboren" und auch ihr Freund erlebte sie wie ausgewechselt. In dieser Phase würde Diana ihre Kreuzchen überwiegend im oberen Bereich der Skala machen.

So ist es auch mit den neun Enneagramm – Typen: Sie erscheinen je nach Lebensumständen, Entwicklungsphasen und persönlichem Reifegrad in unterschiedlichen Schattierungen von unreif / gestört über durchschnittlich bis hin zu gereift / entwickelt. Diese verschiedenen Ausprägungen können bei einer Person wie in unserem Beispiel Diana Beier beobachtet werden. Manchmal haben wir es auch mit Menschen zu tun, die über lange Zeiträume überwiegend die problematischen oder die positiven Eigenheiten ihres Musters zu leben scheinen. Und es gibt wieder andere, die im Großen und Ganzen ihren Persönlichkeitsstil in durchschnittlicher Form zeigen, das heißt in der Mitte der Skala möglicher Erscheinungsweisen.

Im Enneagramm – Modell stecken aber noch weitere Möglichkeiten, die neun Muster feiner zu differenzieren. Auf der Kreislinie des Modells angeordnet hat jedes Muster rechts und links einen Nachbarn, die **FLÜGEL**. Viele Verhaltensweisen und Grundbestrebungen dieser FLÜGEL – Muster sind uns ebenfalls vertraut. Sie variieren den jeweiligen Persönlichkeitsstil, je nachdem welcher FLÜGEL stärkeren Einfluss hat. Häufig ist in der ersten Lebenshälfte ein Flügel besonders ausgeprägt, der andere dagegen vernachlässigt. Manche Menschen entwickeln ihr Muster sehr profiliert und die Kräfte beider FLÜGEL werden wenig genutzt. Das Entfalten der Potentiale beider FLÜGEL gehört zu den Entwicklungsaufgaben, die eine Persönlichkeit reifen lassen und in Balance bringen. Welche

FLÜGEL wie stark entwickelt sind und gelebt werden, wirkt sich also ebenfalls darauf aus, wie eine Persönlichkeit erscheint.

Die Verbindungspfeile innerhalb des Kreises sind die so genannten **STRESSLINIEN**[1] (mit der Pfeilrichtung) und **INTEGRATIONSLINIEN**[2] (gegen die Pfeilrichtung), die eine Orientierung geben, welche Richtung für die Persönlichkeitsentwicklung eher günstig ist und welche eher in eine Sackgasse führt. Wenn wir dauerhaft unter Druck *(wie in unserem Beispiel Diana während ihrer Ausbildungszeit)* stehen, neigen wir dazu, auch problematische Verhaltensweisen und Eigenschaften des Musters zu zeigen, das unseren **STRESSPUNKT** bildet. Viele haben in solchen Phasen das unbestimmte Gefühl, nicht sie selbst zu sein.

Diana als ACHT ist in normalen Zeiten ein Mensch, der sich gern mit anderen auseinandersetzt und Konflikten nicht aus dem Weg geht. Als der Druck zu groß wurde, zog sie sich aber wie eine FÜNF immer mehr zurück, was eigentlich nicht „ihre Art" ist und was sie in noch schlechtere Verfassung brachte.

Wenn unsere Grundbedürfnisse im Großen und Ganzen befriedigt sind und es uns gut geht, neigen wir dazu, unser Verhalten um die positiven Seiten des Musters zu erweitern, das unseren **INTEGRATIONSPUNKT** darstellt.

Als es Diana in der Schweiz so gut ging, ging sie verstärkt auf andere Menschen ein wie eine ZWEI es gut kann. So wurde sie in der Firma beliebt, gewann neue Freunde und ihre Beziehung wurde liebevoller.

Eine Person kann also in verschiedenen Lebensphasen oder Situationen sehr unterschiedlich agieren und auf ihre Umgebung wirken. Dementsprechend können auch zwei Menschen desselben Persönlichkeitsmusters sich in ihrem Erscheinungsbild und ihrer Außenwirkung sehr unterscheiden. Diese vielfältigen Differenzierungsmöglichkeiten entsprechen einerseits dem Menschenbild hinter dem Enneagramm, dass jede Persönlichkeit mehr ist als ihr Muster. Andererseits erlauben sie uns, auch feinere Nuancen von Persönlichkeitsstilen zu erfassen und zu beschreiben.

Vielleicht wundern Sie sich darüber, dass die Persönlichkeitsmuster im Enneagramm mit Zahlen und nicht mit Begriffen benannt werden. Zahlen wurden gewählt, weil Bezeichnungen nie ganz neutral sind. Wir verbinden mit Namen bestimmte Assoziationen und Gefühle. So würde die Bezeichnung „GENIESSER" oder „KÄMPFER" bei dem einen positive, bei jemand anderem eher negative Assoziationen wecken. Im Enneagramm geht es darum, sich solcher Bewertungen zu enthalten. Kein Typ ist besser oder schlechter als ein anderer und alle zusammen bilden die Gesamtheit menschlicher Wahrnehmungs- und Reaktionsmöglichkeiten ab.

1.4. Sich selbst und andere als Typ erkennen

Vielleicht fällt es Ihnen schwer, besonders wenn Sie zum ersten Mal mit dem Enneagramm in Berührung kommen, sich in einem Muster wieder zu finden. So geht es vielen Menschen. Einige haben den Eindruck, von fast allen Typen Wesenszüge zu haben. Oft ist es leichter, erst einmal Familienmitglieder, Freunde oder Kollegen zu erkennen als sich selbst. Das Enneagramm hat Jahrtausende lang nur als mündliche Überlieferung von Eingeweihten existiert. Erst seit einigen Jahrzehnten ist es schriftlich fixiert und damit jedermann in seiner ganzen Komplexität zugänglich. Die früheren Weisen haben den einzelnen abhängig von ihrem Entwicklungsstand und ihrer persönlichen Situation immer nur so viel davon mitgeteilt, wie sie dieser Person glaubten zutrauen und zumuten zu können.

Wir haben heute die Chance, das Modell von Anfang an in seiner Gesamtheit kennen zu lernen. Doch es ist nicht so einfach, sich auf Anhieb in dieser Wissensfülle zu orientieren. In einem ersten Schritt können Sie sich anschauen, wie die Persönlichkeitsstile ihrem Verhalten nach beschrieben werden. Vielleicht erkennen Sie sich oder andere Menschen in Ihrer Umgebung bereits in typischen Gewohnheiten, Vorlieben oder Abneigungen. Das heißt nun nicht, dass Sie sich in jeder Verhaltensweise und jeder beschriebenen Eigenschaft eines Typus wiederfinden müssten. Wie gesagt gibt es viele Differenzierungen eines Persönlichkeitsstils[3]. Wenn die beschriebenen Handlungsweisen im Großen und Ganzen auf Sie zutreffen, sind Sie auf einer ersten Spur. Über das Verhalten hinaus ist ein wesentliches Erkennungsmerkmal für einen Typus die Motivation, aus der heraus er sich so verhält.

Beispielsweise gibt es viele Menschen, die für eine Tageswanderung Pflaster, Salbe oder Medikamente einpacken würden. SECHSER tun dies, um für alle Fälle gerüstet zu sein, ZWEIER hingegen eher, um anderen einen Gefallen tun zu können. Das schließt natürlich nicht aus, dass SECHSER nicht auch jemand anderes mit Pflaster aushelfen und ZWEIER auch für Eventualitäten vorbereitet sind. Doch es sind die Unterschiede in den ursächlichen **BEWEGGRÜNDEN**, die die Zugehörigkeit zu einem Muster ausmachen.

Manchmal ähneln sich eben die Verhaltensweisen von zwei (oder auch mehr Mustern). Die entscheidenden Hinweise, welchem Typus Sie tatsächlich angehören, erhalten Sie dann aus den mustertypischen **MOTIVEN**, außerdem aus dem Selbstbild und den grundlegenden Werthaltungen.

Auch wenn Sie sich vielleicht in mehreren Mustern wieder zu erkennen glauben, nach den Erfahrungen des Enneagramms gehört jeder nur einem Stil an. Natürlich sind uns die Gefühle, Motive und Themen der anderen Persönlichkeitstypen nicht völlig unbekannt, denn sie bilden alle zusammen die mögliche Bandbreite menschlicher Wahrnehmungs- und Verhaltensmuster. Jeder aber bevorzugt in diesem Gesamtspektrum einen bestimmten Teilaspekt: Wir betrachten die Welt durch unsere mustertypische Brille; unser Denken, Fühlen und Handeln bewegt sich überwiegend in diesem Ausschnitt. Wir wählen also aus der Gesamtheit von Lebensbewältigungsstrategien einen Schwerpunkt und behalten diesen Persönlichkeitsstil im Kern unser Leben lang bei. Wir haben aber viele Möglichkeiten, ihn individuell auszugestalten.

Wenn Sie in Ihrer Zuordnung zwischen zwei Mustern schwanken, die auf der Kreislinie nebeneinander liegen, dann könnte eines Ihr Typ sein und das andere ein stark ausgeprägter FLÜGEL. Wenn Sie Probleme haben, sich zwischen zwei Mustern zu entscheiden, die durch einen Pfeil verbunden sind, dann kann es sein, dass das eine Ihr Typ ist und das andere sein stark wirksamer STRESS- oder INTEGRATIONSPUNKT.

Um das eigene Muster zu finden, können Sie sich wie gesagt zunächst einmal an typischen Verhaltensweisen, Motiven und Werten orientieren. Weitere Hinweise darauf, was Ihr eigener Persönlichkeitsstil ist, bekommen Sie, wenn Sie sich mit einigen der nachfolgenden Fragen beschäftigen:

? Welche einschneidenden Erlebnisse oder besondere Situationen aus meinen Kindertagen sind mir in Erinnerung?
? Welche Geschichten werden im Familien- und Verwandtenkreis immer wieder über mich erzählt?
? Welche typischen Eigenheiten hatte ich als Kind?
? An welche Gefühle, Gedanken oder Aktionen kann ich mich heute noch erinnern?

Einige Erinnerungen an einschneidende Erlebnisse oder besondere Vorkommnisse in der Kindheit wie zum Beispiel Umzug, erster Schultag, Trennung der Eltern sind den meisten

Menschen gut zugänglich. Viele wissen noch genau, was sie damals in einer bestimmten Situation fühlten und dachten, was sie getan haben und was sie am liebsten getan hätten. Auch typische Geschichten, die in der Familie immer wieder erzählt werden „Wisst ihr noch, wie Franz sich im Kühlhaus eingeschlossen hatte?", sind oft gute Indizien für überdauernde Persönlichkeitsmerkmale.

Jonas fiel beispielsweise ein, dass er als Kind häufig gesucht wurde. Weder Ermahnungen noch Strafen hielten ihn davon ab, sich immer wieder zu verstecken. Er erinnerte sich, dass er nie darauf wartete, gefunden zu werden, sondern in seinen Verstecken einfach seinen Gedanken nachhing und froh war, alleine zu sein. In einem Bauernhaushalt mit Großfamilie und sieben Geschwistern sah er darin die einzige Möglichkeit des Rückzugs. Diese kindliche „Marotte" gibt einen deutlichen Hinweis auf seinen Persönlichkeitsstil. Jonas erkennt sich als FÜNF, die sich gerne und gut alleine beschäftigen und ein Stück Privatsphäre brauchen, um sich wohl zu fühlen.

? Wie war ich im Alter um 20, bevor der Beruf / die Familie / die Lebensumstände mir eventuell etwas anderes abverlangten?

? Welche Reaktionen waren in diesem Alter charakteristisch für mich?

? Wie habe ich mich damals in bestimmten Situationen typischerweise verhalten?

Man geht davon aus, dass der eigene Typus im frühen Erwachsenenalter ziemlich ausgeprägt ist. Um unseren Platz in der Welt zu finden und uns zu behaupten, müssen wir uns dann häufig Verhaltensweisen aneignen, die uns von unserem persönlichen Stil eher fremd, in bestimmten Situationen aber angebracht sind. Diese adaptierten Strategien gehen uns dann manchmal so in Fleisch und Blut über, dass sie die mustertypische Kombination unserer „natürlichen" Eigenschaften verwischen.

Britta übernahm, als ihre Mutter starb, mit 19 Jahren die Verant-
wortung für ihre drei jüngeren Geschwister, weil ihr Vater sich in
seiner Trauer vergrub und nur für den finanziellen Rahmen sorgte.
Auch als die Geschwister erwachsen wurden, blieb sie immer Bezugs-
person und Mutterersatz für die ganze Familie. Sie hielt sich zunächst
für eine ZWEI, weil ihr das Prinzip sehr vertraut war, sich um die
anderen zu kümmern und ihre eigenen Bedürfnisse unterzuordnen.
Durch den Vergleich mit ihrem Tun und Denken vor dem frühen Tod
der Mutter wurde ihr bewusst, dass sie durch die Lebensumstände
diesen Stil als ROLLE übernommen hatte, sich damit aber nie wirk-
lich identifizieren konnte.

Im Kern ihrer Persönlichkeit erkannte Britta sich als SIEBEN, die
sich nach Abwechslung und Leichtigkeit sehnte. Sie fand es an der
Zeit, sich wieder auf diesen Kern und damit auch auf ihre ganz spezi-
ellen Stärken zu besinnen, als die familiäre Situation die andere Stra-
tegie auch nicht mehr unbedingt erforderte. Britta spielt immer noch
eine wichtige Rolle in der Familie. Seit sie sich aber von ihrer selbst
auferlegten Verpflichtung (SECHSER – FLÜGEL), die Familie nach
ZWEIER – Art zu bemuttern, gelöst hat, bereichert sie die Familien-
runde durch ihre ansteckende gute Laune und positive Lebenseinstel-
lung.

? Wie wirke ich auf andere? Welche Resonanz erfahre ich?

? Wie würde mich beispielsweise mein Partner / meine Partnerin mit drei Begriffen charakterisieren?

? Was sagen meine Kinder zu mir / über mich, wenn sie wütend auf mich sind?

? Wofür schätzen Freunde oder Kollegen mich?

? Womit gehe ich ihnen auf die Nerven?

Vielleicht können Sie diese Fragen auf Anhieb für sich beantworten, vielleicht aber auch nicht. Auch wenn Sie Antworten parat haben, fragen Sie die Betreffenden bei einer passenden Gelegenheit, ob Ihre Vermutung stimmt. Seien Sie auf die eine oder andere Überraschung gefasst, auch wenn Sie zu wissen glauben, was andere über Sie denken. Falls Sie nicht wissen, wie Ihre Kollegen Sie erleben, ist diese Erkenntnis vielleicht ein guter Anlass, mehr zu erfahren. Beginnen Sie mit Kollegen oder Bekannten, mit denen Sie sich gut verstehen; das macht Mut, bei nächster Gelegenheit auch mal jemanden zu fragen, bei dem Sie nicht vorne herein mit einer positiven Antwort rechnen. Auch in diesen Fällen können Sie Überraschungen erleben.

Oft nehmen andere uns deutlicher und unvoreingenommener wahr als wir uns selbst. Sie können uns aus Ihrer Sicht widerspiegeln, welche typischen Reaktionen wir zeigen, die uns manchmal gar nicht bewusst sind. Dieses **FREMDBILD**, das Sie von außen gespiegelt bekommen, fällt umso differenzierter aus, je unterschiedlicher die Kontexte, die Personen und Ihre Beziehungen zu Ihnen sind. Viele Menschen wirken zum Beispiel im beruflichen Bereich anders auf Ihre Umgebung als im privaten. Manchmal hat ein Vorgesetzter ein ganz anderes Bild von einem Mitarbeiter als die Kunden. Besonders authentische Reaktionen von anderen bekommen Sie, wenn Sie eine Rückmeldung über emotional gefärbte Situationen erbitten, beispielsweise, wenn wegen Ihnen jemand ärgerlich oder dankbar war. Wenn Sie dieses **FREMDBILD** mit Ihrem **SELBSTBILD**, der Art, wie Sie sich selbst wahrnehmen, vergleichen, geben Ihnen die Gemeinsamkeiten und Unterschiede weitere Hinweise auf Ihren Persönlichkeitstypus.

Ein tieferer und weniger kognitiver Zugang zu den Persönlichkeitstypen öffnet sich, wenn man einzelne Elemente (Selbstbild, Glaubenssätze, Werte) der Enneagramm-Muster meditiert. Man versetzt sich mit verschiedenen Methoden der Meditation in einen Zustand konzentrierter Tiefenentspannung und lässt einzelne Elemente (immer wieder) auf sich wirken. Mit dem, was dann an Erkenntnis aufsteigt, kann man auf vielfältige Weise weiterarbeiten.

1.5. Die Hauptenergiezentren und ihre Typen

Das Enneagramm geht von drei Hauptenergiezentren aus: Bauch, Herz, Kopf. Ärger ist eine Energie, die im Bauch entsteht, gedankliche Lösungen sind Energien des Kopfes und Gefühle wie Mitleid oder Freude kommen vom Herzen. Sie meinen, es ist Zufall, wie wir reagieren? Nein, ob wir spontan aus dem Bauch heraus handeln, eine Reaktion gedanklich vorbereiten oder eher emotional reagieren, ist eine Frage unserer Persönlichkeit.

Die verschiedenen Persönlichkeitsmuster nutzen diese drei Arten von Energie also in unterschiedlichem Maße. Natürlich haben alle Menschen Zugang zu allen drei Kräften, doch setzen wir eben – besonders in schwierigen Situationen und Krisenzeiten – unterschiedliche Schwerpunkte. Dann verlassen sich die „HERZTYPEN" vor allem auf ihre subjektiven Empfindungen und ihre Beziehung zu anderen, die „BAUCHTYPEN" setzen mehr auf Autonomie und darauf, ihren Platz zu finden und zu behaupten und die „KOPFTYPEN" benutzen zunächst ihren Verstand und ihre Beobachtungsgabe, um die Zusammenhänge in einer Situation zu verstehen.

Wie die Abbildung (Abb.1) zeigt, gehören zu jedem der drei Hauptenergiezentren jeweils 3 Persönlichkeitsmuster, die sich wiederum darin unterscheiden, wie sie diese Energie nutzen. Sie können sich das so vorstellen, dass das Muster der Mitte des Energiezentrums diese Kraft gewissermaßen unterdrückt, ein Muster übertreibt die Kraft und das dritte reduziert sie auf einen Einzelaspekt. Was heißt das konkret für die einzelnen Persönlichkeitstypen?

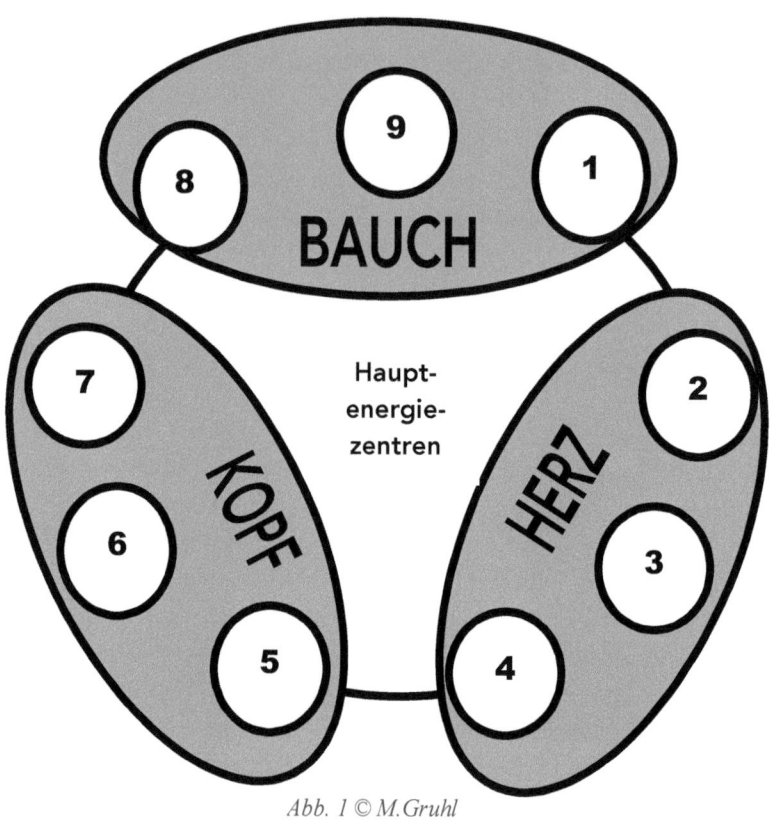

Abb. 1 © M.Gruhl

HERZENERGIE:

DREIER im Zentrum der Herzenergie nutzen zwar ihre Beziehungsfähigkeit, um andere für ihre Ziele zu gewinnen, doch beschäftigen sie sich in der Regel nicht gerne tiefer mit ihren eigenen Gefühlen. Man hat oft den Eindruck, dass DREIER ihre persönlichen Gefühle nicht wahrnehmen, sondern eher intuitiv versuchen, einem Erfolg versprechenden Image zu entsprechen.

ZWEIER „übertreiben" den Einsatz der Herzenergie durch ständige Aufmerksamkeit und Hilfsbereitschaft für andere; sie

erfühlen und erfüllen die Bedürfnisse anderer und vernachlässigen dabei ihre eigenen.

VIERER lenken die Herzenergie auf einen einzelnen Aspekt,
indem sie sich mit Vorliebe in der Welt der Gefühle und subjektiven Befindlichkeiten bewegen und in übergroßem Maß
persönliche Betroffenheit entwickeln.

BAUCHENERGIE:

NEUNER im Zentrum der Bauchenergie unterdrücken ihre
vitale Energie, um sich nicht aus der Ruhe bringen zu lassen
und nicht in Konflikte zu kommen. Weil sie nach außen oft besonders nachgiebig und ausgeglichen erscheinen, fällt es
manchmal schwer, sie überhaupt als Vertreter der vitalen Bauchenergie zu erkennen.

ACHTER dagegen übertreiben diese Vitalität, um sich und
ihren Standpunkt zu behaupten und Stärke zu demonstrieren.
Sie werden von anderen oft als zumindest latent aggressiv erlebt, auch wenn sie das selbst nicht immer nachvollziehen können.

EINSER verengen ihre Bauchenergie auf den Aspekt des Be-
wertens und der Optimierung. Mit Vehemenz und großem Ei-
fer benennen sie Schwachstellen und widmen sich der Verbesserung von Menschen und Systemen.

KOPFENERGIE:

SECHSER im Zentrum der Kopfenergie unterdrücken die
kognitive Kraft, klar und unabhängig zu denken. Sie nutzen die
Kopfenergie eher, um sich schlimmstmögliche Wendungen
vorzustellen und Vorsorgeprogramme zu entwickeln. Statt
nüchtern nachzudenken und zu analysieren, versuchen sie die

Denkprozesse anderer herauszufinden und orientieren sich daran.

FÜNFER nutzen übertrieben einseitig die Kopfenergie, indem sie sich in ihre eigene Gedankenwelt zurückziehen und sich nicht oder nur widerstrebend mitteilen. Sie neigen dazu, weder ihre tiefen Gefühle noch Impulsivität zu zeigen und verlassen sich lieber auf die (vermeintliche?) Objektivität und Sachlichkeit kognitiver Prozesse.

SIEBENER verengen die Kopfenergie auf den Aspekt der Planung und Entwicklung von Alternativen. Sie nutzen ihren Verstand, um sich möglichst viele Optionen offen zu halten und neigen zum Übermaß und zur Zerstreuung.

1.6. Typische Themen unterschiedlicher Persönlichkeitsstile

Gestillte Bedürfnisse treiben uns nicht mehr an; nicht erfüllte Grundbedürfnisse sind es, die uns zum Handeln motivieren. Das ist eine Erkenntnis der Motivationspsychologie. Es sichert unser Überleben, dass wir zuerst danach trachten, unsere körperlichen Grundbedürfnisse wie Hunger, Durst, Schlaf zu befriedigen. Dass wir auch psychisch „überleben", dafür sorgt unser natürliches Bestreben, nach den körperlichen die psychologischen Grundbedürfnisse zu erfüllen. Das sind beispielsweise die Bedürfnisse nach Sicherheit, Zugehörigkeit, Wertschätzung, Selbstbehauptung, Autonomie. Wenn sie nicht erfüllt sind, richten wir unbewusst unser Verhalten darauf aus, das zu ändern. Bei welchen Bedürfnissen der Mangel uns am stärksten beeinträchtigt und uns daher am meisten in unserem Verhalten steuert, unterscheidet sich von Typ zu Typ. Es hängt damit zusammen, welches Energiezentrum wir bevorzugt aktivieren. Manchen Menschen geht Sicherheit über alles, für andere ist es wichtiger, Anerkennung und Wertschätzung zu erfahren und wieder andere lassen sich am meisten von dem Bedürfnis nach Autonomie und Selbstbestimmung leiten, um sich wohl zu fühlen.

Daher begleiten den Menschen im Verlauf seiner persönlichen Entwicklung je nach Persönlichkeitstyp unterschiedliche Themen oder Lebensfragen, die in Variationen immer wieder kehren. Welches unsere persönlichen Kernfragen sind, ist uns häufig gar nicht bewusst. Doch die „Bearbeitung" dieser Themen, d.h. die Auseinandersetzung damit und die Veränderung der eigenen Einstellung und in Folge auch des eigenen Verhaltens führen dazu, dass wir auf der gedachten Spirale der Persönlichkeitsentwicklung „nach oben" wandern. Mit diesen Schritten ist also eine Bewegung verbunden, die uns immer näher zu unserem wahren Selbst bringt. Wir entdecken zunehmend, wer wir wirklich sind und werden von äußeren Erwartungen unabhängiger.

Typische Fragestellungen der HERZTYPEN

Für Herztypen liegen die wiederkehrenden Themen vor allem in der Beziehung zu anderen. Sie leiden am meisten darunter, wenn ihr Bedürfnis nach Zugehörigkeit, Anerkennung und Wertschätzung nicht ausreichend gestillt ist. Typischerweise dreht sich bei ihnen viel um ihre Darstellung nach außen: Wie wirke ich auf andere? Was wird mir von anderen entgegengebracht? Herzmenschen sind vorrangig damit beschäftigt, diese Facetten von Beziehung und Verbindung mit anderen zu beleuchten und zu gestalten.

Typ 2: Wie kann ich Kontakt herstellen? Kann ich jemandem helfen? Werde ich gemocht? Finden die anderen mich sympathisch? Erkennen sie an, was ich alles für sie tue?

Typ 3: Wie komme ich an? Wen kann ich hier wodurch beeindrucken? Wie kann ich hier meine Talente zeigen und meine

Tüchtigkeit unter Beweis stellen? Was ist in dieser Situation Erfolg versprechend?

Typ 4: Wer hier versteht mich? Wer geht auf mich und meine Gefühle ein? Was ist hier mein ganz persönlicher Bezug und Beitrag? Wie zeigt sich hier meine Individualität?

Typische Fragestellungen der BAUCHTYPEN

Bauchmenschen geht es ein Leben lang darum, sich zu positionieren und ihren Platz in der Welt zu behaupten. Für sie steht das Bedürfnis nach Selbstbehauptung und Autonomie an erster Stelle. Ständige Themen für Bauchmenschen sind Abgrenzung, Einflussnahme und Umgang mit Ungerechtigkeit.

Typ 8: Wer hat hier das Sagen? Versucht jemand, meine Selbstbestimmung zu beschränken? Bist du stark oder schwach? Wieso sind die Leute so empfindlich? Warum wehren die sich nicht? Werde ich bekommen, was mir zusteht?

Typ 9: Warum können sich so viele Menschen nicht miteinander vertragen? Ist das wirklich so wichtig? Wieso bin ich übergangen worden? Wie bekomme ich meine Ruhe?

Typ 1: Werden Werte und Prinzipien ernst genommen? Halten sich alle an die Regeln? Ist das wirklich so in Ordnung? Was ist hier falsch gelaufen? Wie könnte man das besser machen?

Typische Fragestellungen der KOPFTYPEN

Kopftypen sind immer wieder damit beschäftigt, sich zu orientieren in der Welt, Selbstvertrauen zu entwickeln und zu prüfen, wer und was vertrauenswürdig ist. Kopfmenschen trachten vor allem nach Sicherheit und Orientierung. Ihre wiederkehrenden Themen sind sich Durchblick verschaffen, Zusammenhänge verstehen, Pläne machen und sich auf das Zukünftige einstellen.

Typ 5: Weiß ich genug und verstehe ich die Zusammenhänge? Was brauche ich, um wirklich gründlich informiert zu
sein? Ist ausreichend Distanz gewahrt? Habe ich genug Zeit
und Raum für mich? Reicht es aus, was ich habe?

Typ 6: Was geht hier vor? Wem kann ich trauen? Worauf ist
Verlass? Wie kann ich mich auf das, was kommt, vorbereiten?
Was kann (schlimmstenfalls) passieren?

Typ 7: Welche Möglichkeiten und Optionen bieten sich an?
Was ist das Gute am Schlechten? Wie können wir das Angenehme mit dem Notwendigen verbinden? Was wäre sonst noch
schön? Wie kann ich den Genuss / den Spaß steigern?

2. Der Spiegel: Persönlichkeitsstile im Enneagramm

2.1 Der Spiegel

Was sehen Sie, wenn Sie in den Spiegel schauen? Kennen Sie
das, dass Sie an manchen Tagen erfreut sind, über das, was
Ihnen aus dem Spiegel entgegenblickt, an anderen Tagen aber
eher irritiert, befremdet, unzufrieden sind? Und doch ist es immer der oder die gleiche, die Ihnen aus dem Spiegel entgegen-
sieht. Sie nehmen die Person nur je nach Ihrer Stimmung, Tagesform, Haltung unterschiedlich wahr. Wenn Sie mit positiven Gedanken in den Spiegel schauen, erhalten Sie auch ein er-
freuliches Widerspiel. Sind Sie dagegen schon „schlecht drauf",
werden Sie dem, was Ihnen der Spiegel präsentiert, eher ableh-
nend gegenüberstehen. Im Märchen wie im wirklichen Leben
ist der Spiegel ein Instrument der Selbsterkenntnis.

So ist es auch mit dem Enneagramm. Es präsentiert Ihnen
neun Persönlichkeitsstile mit vielen Variationen. Je nachdem,
mit welcher Haltung Sie an das Enneagramm herangehen,

werden Sie erfreut oder enttäuscht sein über das, was Sie erfahren. Ob Sie neugierig und unvoreingenommen in den Enneagramm–Spiegel blicken und sich überraschen lassen oder skeptisch und urteilend, hat einen Einfluss darauf, was Sie ernten. Auf jeden Fall hat unsere subjektive Haltung eine Auswirkung darauf, was wir erkennen und was wir annehmen können. Manchmal möchten wir uns gerne in einem Muster wiederfinden, weil wir gerade dessen Eigenschaften schmeichelhaft finden. Oder wir lehnen ein anderes Muster ab, weil wir seine Schattenseiten für uns in keinster Weise annehmen können. Manchmal ist auch die Zeit noch nicht reif für eine tiefere Selbsterkenntnis, sondern wir sind noch damit beschäftigt, unser Ego aufzubauen, wollen ein gutes Bild abgeben und suchen uns dafür das Beste heraus. Von alldem zeigt uns der Spiegel des Enneagramms uns genau das, wofür wir offen sind, und was wir bereit sind, anzusehen.

2.2 Ebenen der Persönlichkeitsstile

Persönlichkeitsstile lassen sich auf verschiedenen Ebenen beschreiben.[4] Diese Ebenen sind:
Ebene 1 Identität
Ebene 2 Werte / Überzeugungen
Ebene 3 Fähigkeiten / Ressourcen
Ebene 4 Verhalten
Ebene 5 Umgebung

Veränderung funktioniert auf jeder Ebene nach anderen Prinzipien. Je höher die Ebene desto relevanter ist sie für das Persönlichkeitsmuster, desto resistenter ist sie gegen Veränderung und desto nachhaltiger beeinflusst sie die unteren Ebenen.

Unser Selbstbild ist eine idealisierte Form unserer **IDENTITÄT** [EBENE 1]. Es drückt nicht unbedingt aus, wie wir tief im

Innern wirklich sind oder wie wir auf andere wirken; es beschreibt, wie wir anstreben zu sein. Es ist unsere subjektive Vorstellung davon, wie wir sein sollten, damit wir unsere Ängste überwinden und unser Leben gelingt. Dieses Selbstbild entsteht aus einerseits aus eigenen Wünschen und Vorstellungen, z.b. wie wir gerne sein möchten oder wie wir auf keinen Fall sein möchten, andererseits aus den Gegebenheiten und Erwartungen unserer Umgebung, zum Beispiel wie unsere Eltern uns gerne gehabt hätten oder wie wir nicht sein durften.

Aus unserem Selbstverständnis leitet sich ab, welche **WERTE** uns besonders wichtig sind und welche **ÜBERZEUGUNGEN** und Leitvorstellungen, so genannte **GLAUBENSSÄTZE** [EBENE 2] wir über uns selbst und die Welt annehmen und pflegen. Diese Leitvorstellungen sind generalisierte Vorannahmen und steuern unsere Wahrnehmung und unser Verhalten zum großen Teil unbewusst. (*Zum Beispiel „Wenn ich Nein sage, mache ich mich bei allen unbeliebt.")* Einige haben wir aufgrund eigener Erfahrungen entwickelt. Viele haben wir im Laufe unserer Erziehung und Sozialisation von anderen übernommen, weil sie immer wiederholt wurden oder weil wir sie beeindruckend oder dienlich finden, auch ohne eigene Erfahrungen dazu gemacht zu haben.

Wenn beispielsweise die Großmutter eines Mädchens immer wieder den Satz geäußert hat, „Frauen brauchen keine Männer!", dann könnte dieser Satz auf eine Erfahrung oder auch mehrere Erfahrungen zurückzuführen sein, die diese Frau mit einem Mann oder mit mehreren Männern gemacht hat. Nehmen wir als Beispiel einmal an, sie hat einen Ehemann, der sie mit vielen Dingen alleine lässt. Sie lässt sich nicht hängen, sondern übernimmt seine Aufgaben mit, um die Familie durchzubringen. Aus diesen Erfahrungen ist ihr ein neues Selbstbewusstsein erwachsen, dass sie auch ohne ihn zurechtkommen kann, vielleicht sogar besser. Die Schlussfolgerung daraus wäre: Diese Frau braucht diesen Mann nicht, um ihre Familie durchzubringen. Der Verallgemeinerung, die sie zu einem Leitsatz ihres Lebens gemacht hat, ist nicht mehr zu entnehmen, auf welche Erfahrung, also konkrete Wahrnehmung, der Satz zurückzuführen ist. Je weniger an konkretem Erfahrungshintergrund noch auszumachen ist, umso stärker wird der Satz verallgemeinert, das heißt auf alle möglichen Situationen bezogen, in denen die Faktoren aber ganz anderes sein können. Der Satz beeinflusst die Großmutter darüber hinaus auch noch in ihrer Wahrnehmung, weil sie die Männer herausfiltert, die man brauchen könnte und ihre Aufmerksamkeit besonders auf die richten wird, die „zu nix zu gebrauchen sind", was wiederum eine Verallgemeinerung darstellt. Für die Enkelin aber hat der Satz mit eigener Erfahrung gar nichts mehr zu tun. Sie wird ihn aber vielleicht unbewusst übernehmen, wie ihn vielleicht auch schon ihre Mutter übernommen hat, besonders, wenn die Großmutter ihn mit Ermutigung verbindet und ihn besonders in Situationen äußert, in denen sie der Enkelin etwas zutraut und ihr Selbstvertrauen, Selbstständigkeit und Autonomie vermitteln möchte. Die Enkelin trägt also in sich ein Lebensmotto, das für sie persönlich auf keinerlei Erfahrung beruht. Dieses kann sie aber daran hindern, überhaupt wahrzunehmen oder zuzulassen, wann sie selbst wofür welchen Mann brauchen könnte. Das heißt dieser Glaubenssatz kann förderlich, aber auch sehr einschränkend wirken. Er kann ihr Mut und Selbstvertrauen vermitteln, er kann sie aber auch daran hindern, eigene unbefangene Erfahrungen zu machen, daraus ihre Schlüsse zu ziehen und ihre eigenen Überzeugungen zu entwickeln. Da er aber eher unbewusst wirkt, wird sie sich vielleicht nur wundern, warum sie oft Probleme mit Männern hat, die stark sind oder ihr helfen wollen.

Wir alle haben ein ganzes Set solcher meist unbewusster Überzeugungen. Sie haben die Funktion, uns rasche Orientierung und schnelle Reaktionen zu ermöglichen. Mit Hilfe unserer Glaubenssätze erklären wir uns die Zusammenhänge in der Welt. Sie sollen uns vor möglichen Gefahren schützen oder uns schlimme Erfahrungen ersparen. Manche davon sind gut für uns, andere behindern uns oder schränken uns ein. Genau wie Werte und Bedürfnisse prägen solche Leitvorstellungen unsere Persönlichkeit. Sie sind Bausteine zu unserem Selbstbild, auch wenn uns gar nicht bewusst ist, wie gravierend sie unsere Wahrnehmung beeinflussen und unser Verhalten steuern.

Je nach Persönlichkeitsmuster entwickelt also jeder ein bestimmtes Selbstbild, mit dem er sich identifiziert und das er zu erreichen strebt. Dieses Selbstbild ist eng verknüpft mit den Wertvorstellungen und dauerhaften inneren Überzeugungen einer Persönlichkeit. Um diese Werte sicher zu stellen und dem Selbstbild möglichst gut zu entsprechen, bildet jedes Persönlichkeitsmuster spezifische **FÄHIGKEITEN** aus [EBENE 3]. Diese Fähigkeiten bilden einen Fundus, auf den man immer wieder zurückgreifen kann, um ein bestimmtes **VERHALTEN** [EBENE 4] zu zeigen. Jeder hat um sich herum ein **UMFELD** [EBENE 5] von Dingen und Menschen, mit dem er in wechselseitigem Austausch steht, d.h. er versucht, sich im möglichen Rahmen eine angenehme Umgebung zu schaffen und diese Umgebung wirkt auch wieder auf ihn zurück. Auch die Sprache als Ausdrucksmittel lässt häufig sehr prägnant erkennen, wie sich typische Wahrnehmungsperspektiven und Aufmerksamkeitsschwerpunkte in den individuellen Redewendungen und Gesprächsstilen von Personen widerspiegeln.

Beschreibt man die Persönlichkeitsmuster des Enneagramms entsprechend den logischen Ebenen, wird deutlich, wie die verschiedenen Ebenen zusammenhängen und insgesamt das Mosaik eines Persönlichkeitsstils ergeben: Aus einer bestimmten Wert-haltung oder Motivation heraus [EBENE 4] zeigen wir ein ganz bestimmtes Verhalten [EBENE 2]. Um ein Verhalten zeigen zu können, brauchen wir spezifische Fähigkeiten und Ressourcen [EBENE 3] und die Gelegenheit dazu [EBENE 1], z.B. eine adäquate Umgebung oder eine passende Situation mit den entsprechenden Menschen. Wir stehen mit unserer Umgebung in Interaktion. Gleichzeitig versuchen wir, sie nach unseren Vorstellungen zu gestalten. Wie unsere Motive unser Handeln in erster Linie steuern, wird wiederum davon bestimmt, mit welchem Selbstbild, d.h. welcher Identität

[EBENE 5] wir das Leben am besten zu meistern glauben. So wird deutlich, dass sich das Enneagramm keineswegs darin erschöpft, statisch Persönlichkeitsstile zu typisieren. Vielmehr ist es ein komplexes, dynamisches Modell, das aus genauer Beobachtung, Lebenserfahrung und Interesse an der individuellen Entwicklung von Menschen entstanden ist. In seiner Komplexität können und müssen die neun Persönlichkeitsstile je nach Entwicklungsstufe und Ausprägung sehr differenziert betrachtet werden. Auf diese Weise gibt das Enneagramm vor allem Hinweise für die eigene Entwicklung sowie einen verständnisvolleren und toleranteren Umgang mit anderen.

2.3 Die Herztypen

Von allen psychologischen Grundbedürfnissen sind den Herztypen Wertschätzung, Anerkennung, Zugehörigkeit und Gemeinschaft am wichtigsten. Ihr wiederkehrendes Thema ist das Selbstwertgefühl. Ihr Leben lang kämpfen sie gegen das Gefühl an, nicht liebenswert (genug) zu sein. Daher setzen sie auf Beziehung und Kontakt und polieren ihr Image auf, um die ersehnte Wertschätzung von anderen zu erfahren. Auf der Grundlage ihrer gemeinsamen Grundbedürfnisse setzen die drei Herztypen unterschiedliche Schwerpunkte in ihrem Wertesystem.

Typ 2

SELBSTBILD
ZWEIER streben das idealisierte Selbstbild an, dass sie stets selbstlos und hilfsbereit sind. Sie fühlen sich am besten, wenn sie gebraucht werden.

TYPISCHE LEITSÄTZE
» Ich werde nur geliebt, wenn ich für andere da bin.

» Die Bedürfnisse der anderen sind wichtiger als meine eigenen.
» Ich bin etwas wert, wenn du mich begehrst.
» Ich brauche keine Hilfe, ich schaffe das allein.
» Ein guter Chef ist immer für seine Mitarbeiter da.

WERTE

Ihnen sind Nähe zu anderen und Gemeinschaft sehr wichtig, aber auch Wertschätzung und Anerkennung für alles, was sie für andere tun. Sie haben besonders viele Fähigkeiten entwickelt, die es ihnen ermöglichen, diese Werte zu verwirklichen.

FÄHIGKEITEN UND VERHALTEN

ZWEIER denken beispielsweise an Geburts- und Jahrestage und bemühen sich darum, persönliche Geschenke zu finden, die dem anderen zeigen, dass sie sich Gedanken gemacht haben. Weil sie sich für Menschen interessieren und viel mit und über Menschen reden, wissen sie auch gut Bescheid über deren Vorlieben oder ihre aktuelle Situation, seien es nun Beziehungsprobleme, Urlaubspläne oder was die Kinder machen. ZWEIER können sehr liebenswürdig und herzlich sein und sind oft diejenigen, die für eine gute Atmosphäre sorgen, sei es durch tatkräftiges Tun wie für Bewirtung oder ansprechende Dekoration sorgen oder durch ihre Gesprächsführung. Sie stehen häufig im Mittelpunkt einer Gruppe und halten die Fäden in der Hand. In Familien sind sie es, die zu allen Kontakt halten und dafür sorgen, dass alle sich immer mal wieder treffen. ZWEIER managen auch die Beziehungen der anderen: „Denk dran, dass Onkel Hans nächste Woche Geburtstag hat." oder „Sprich Ilse nicht auf Erwin an, die haben gerade Funkstille." Wenn ZWEIER sich überhaupt eigener Wünsche bewusst sind, dann versuchen sie diese am ehesten über Schmeicheln und Verführen erfüllt zu bekommen.

UMGEBUNG

ZWEIER gestalten ihre Umgebung gerne ansprechend und gemütlich. Sie wollen sich mit ihren Mitbewohnern und Gästen wohl fühlen. Wenn es irgend geht, gibt es viel Platz für Gäste,

und Möbel, die leicht zu größeren Sitzgruppen zusammenzu-
stellen sind. Sie mögen Verbindungswege und können sich
meist gut vorstellen, ihren Garten mit anderen zusammen-zu-
legen. ZWEIER sorgen dafür, dass es Möglichkeiten zum Austausch von Neuigkeiten gibt, bei manchen scheint immer Tag
der Offenen Tür zu sein, andere sind eine private Telefonseel-
sorge. Für jeden haben sie einen guten Tipp parat. Sie sind eine
Adresse, wo Freunde und Nachbarn sich nicht scheuen, auch
spätabends noch Eier oder Bier zu borgen.

SPRACHE

Wie alle anderen Muster verwenden auch ZWEIER typische
Formulierungen, hinter denen man ihre Werthaltung erahnen
kann. Beispielsweise übernehmen sie häufig Aufgaben mit den
Worten *„Das mach´ ich doch gerne."* oder verhindern, dass andere zupacken mit *„Lass nur, ich mach das schon!"* Dagegen bieten sie selbst ihre Unterstützung in allen möglichen Situationen
bereitwillig an *„Kann ich dir helfen?"* oder *„Was kann ich tun?"*
Waschechte ZWEIER fragen manchmal gar nicht lange, sondern tun gleich, was sie für nötig oder hilfreich halten, besten-
falls geben sie ihrem Gegenüber noch eine Chance zum Ein-
spruch, indem sie ihr Tun ankündigen: *„Ich putze dir jetzt erst
mal die Fenster, dann sieht die Welt schon ganz anders aus."*
ZWEIER sorgen dafür, dass andere Dritten gegenüber ähnliche
Aufmerksamkeit zeigen wie sie selbst *„Hast du an Mutters Geburtstag gedacht?"* oder *„Überleg dir früh genug, wie Marthas Ab-
schiedsfeier gestaltet werden soll."* Sie lieben Überraschungen und
freuen sich über kleine Geschenke, Komplimente und Aufmerksamkeiten, wiegeln aber häufig ab mit *„Das wäre aber doch
nicht nötig gewesen."* oder *„Das Kleid habe ich schon lange."*

Ihre Gesprächsthemen sind mit Vorliebe Menschen und alles, was mit ihnen in Verbindung steht. Abstrakte Themen sind
für sie nur interessant, wenn ein persönlicher Bezug hergestellt
werden kann. Akademische Diskussionen über die politische
Lage in Litauen im Besonderen und im Allgemeinen

langweilen sie; geht es aber darum, den Initiatoren eines ganz bestimmten Projektes unter die Arme zu greifen, sind sie schnell dabei, Spenden zu sammeln und den Hilfsgütertransport zu organisieren.

Marlene ist berufstätig und mit einigen Ehrenämtern „gesegnet". Für ihren Mann Klaus und die zwei fast erwachsenen Kinder kocht sie selbstverständlich täglich das Mittagessen. Wenn sie über Mittag außer Haus sein muss, bereitet sie die Mahlzeit und den Tisch für die drei vor oder legt etwas aus der Tiefkühltruhe heraus und macht ihnen Vorschläge, wie sie sich dieses „lieblose" Essen verbessern oder verschönern können. Eigentlich verpasst sie das gemeinsame Mittagessen aber sehr ungern, auch weil sie mitbekommen möchte, was Klaus und die Kinder erlebt haben und was sie gerade beschäftigt. Wenn Marlene nicht da sein kann, bemüht sie sich, wenigstens abends ein gemeinsames „Ersatzritual" stattfinden zu lassen, was ihr nicht immer gelingt, weil sie auch unter ihren Geschwistern und im Bekanntenkreis häufig als Gesprächspartnerin, Seelentrösterin oder tatkräftige Mithelferin gebraucht wird. Marlene spricht häufiger davon, dass sie ein „schlechtes Gewissen" hat, wenn sie nicht allen gerecht wird.

Typ 3

SELBSTBILD

Das idealisierte Selbstbild der DREIER besteht darin, dass sie Gewinner sind und Erfolg haben. Sie halten sich selbst für gut, wenn sie andere damit beeindrucken können, dass sie tüchtig sind und etwas leisten.

TYPISCHE LEITSÄTZE

» Man kann alles schaffen, was man will.
» Ich bin etwas wert, wenn du mich bewunderst.
» Klappern gehört zum Handwerk.
» Ich muss einen guten Eindruck machen.

» Die Welt liebt Gewinner, für Verlierer bleibt nichts.

WERTE

Für DREIER kommt es im Leben vor allem auf Leistung, Erfolg und Beifall an. Daher entwickeln sie in erster Linie Fähigkeiten, die sicherstellen, dass sie es zu etwas bringen, das sich sehen lassen kann.

FÄHIGKEITEN UND VERHALTEN

Als Herztypen fällt es DREIERN leicht, Kontakt zu anderen Menschen aufzunehmen und Beziehungen zu pflegen. Da sie viel und gerne arbeiten, stört es sie nicht im Geringsten, über Kontakte Beruf und Privatleben zu verbinden. DREIER verfügen meist über ein weites Netz an Beziehungen. Auch auf Festen und anderen privaten Veranstaltungen unterhalten sie sich - wenn es etwas bringt - gerne über berufliche Angelegenheiten, oder nutzen die Gelegenheit, Kontakte zu knüpfen oder zu pflegen. DREIER sind sehr anpassungsfähig, sie haben ein feines Gespür dafür, was in bestimmten Kreisen ankommt und können sich dann gut darauf einstellen. Wenn DREIER vermuten oder wissen, dass in einer bestimmen Situation eine smarte Geschäftsfrau gut ankommen würde, dann gelingt es ihnen leicht, in die entsprechende Rolle zu schlüpfen, genauso wie sie unter anderen Umständen auch den burschikosen Kumpel verkörpern können.

Lena, eine junge Führungskraft, die die Karriereleiter schnell erklommen hat, nimmt zum Beispiel auf Dienstreisen oder zu Fortbildungen immer drei Kategorien von Outfits mit, von ganz formell bis zu lässigen Jeans, damit sie sich vor Ort entsprechend den Gepflogenheiten der jeweiligen Geschäftspartner kleiden kann.

DREIER können sich selbst und andere gut motivieren. Ihre Energie und ihr Engagement wirken ansteckend. Sie sind bestrebt, sich und die Menschen um sie herum erfolgreich zu machen, wobei sie schnell und elegant die Führung übernehmen.

DREIER erwecken den Eindruck, dass sie sich selbst viel zutrauen; Wettbewerb und Konkurrenz spornen sie eher an als sie einzuschüchtern oder zu lähmen. Wenn sie andere mit im Boot haben wollen, setzen sie ihren Charme und ihre Kontaktfähigkeit ein und es gelingt ihnen häufig, Leute um den Finger zu wickeln. Sie sind gewinnend in jeder Hinsicht. Wenn das Ziel dann gemeinsam geschafft ist, initiieren sie die Feier und präsentieren den Erfolg. Vor Publikum wachsen DREIER über sich hinaus; sie sind in der Lage, sich selbst und Projekte gut an die Leute zu bringen und auch aus wenig etwas Vorzeigbares zu machen. Wenn es Erfolg versprechend ist, können sie schnell Vorgehensweisen und Inhalte verändern und ausgesprochen pragmatisch ihre Flexibilität und Effizienz einsetzen, um letztendlich zum gewünschten Ergebnis zu kommen. Weil DREIER anderen gegenüber mit Charme und Leichtigkeit agieren, entsteht häufig der Eindruck, dass ihnen ihre Erfolge in den Schoss fallen, doch die meisten DREIER arbeiten hart und viel für das Gelingen ihrer Vorhaben. Viele DREIER können einen unkonventionellen und für ihre formalen Voraussetzungen erstaunlich erfolgreichen Werdegang vorzeigen.

Franz kommt nach dem Studium als Fachfremder in den Betrieb, nachdem er dem Personalchef in persönlichen Gesprächen eine Praktikantenstelle schmackhaft gemacht hat. Innerhalb von drei Monaten bekommt er eine auf ein Jahr befristete Stelle, weil der betreffende Kollege zunächst für ein Jahr Auslandseinsatz beurlaubt wird. Franz nutzt die Zeit, um sich zu profilieren. In kurzer Zeit hat er ein erstaunliches Auftragsvolumen vorzuweisen. Obwohl er den niedrigsten Studienabschluss und fachlich die schlechtesten Voraussetzungen unter den gleichrangigen Kollegen hat, betraut die Geschäftsleitung ihn damit, als Projektleiter die Zusammenlegung zweier Abteilungen zu realisieren. Franz wird innerhalb von sechs Jahren stellvertretender Verwaltungsdirektor. Von einigen Kollegen wird er beneidet, doch seine Beliebtheit und seine positive Ausstrahlung machen es schwer, ihn auszubremsen.

Claudia will nach einem Schicksalsschlag in einer anderen Stadt neu anfangen. Die Institution, in der sie zum Vorstellungsgespräch geladen wird, gefällt ihr, weil sie viele Möglichkeiten sieht, ihre Fähigkeiten einzusetzen. Ihr zukünftiger Vorgesetzter macht den Eindruck, dass er ihr viele Freiheiten lassen wird. Die Kollegen hat sie im Vorfeld nicht kennen gelernt, doch sie vertraut darauf, dass sie mit ihnen schon zurechtkommen wird. Sie findet schnell eine einfache Allerweltswohnung, die gut zur Arbeitsstätte gelegen ist. Alles andere ist ihr in ihrer augenblicklichen Situation ziemlich gleichgültig.

Mit den Kollegen findet Claudia sich dann ganz gut zurecht. Sie macht ihren Job gut und knüpft über ihren Beruf viele Kontakte. Als sie nach einiger Zeit wieder Lust bekommt, sich wieder mehr unter Menschen zu bewegen, nutzt sie ihre vielen Bekannten. Sie verabredet sich mit ihnen oder lässt sich auf größere Partys mitnehmen, wo sie dann schnell ihr eigenes Netz knüpft. Innerhalb von zwei Jahren hat sie praktisch die Stadt „im Griff" – in vielen Kreisen kennt sie die maßgeblichen Leute. Zu ihrer Wohnung hat sie in der Zwischenzeit noch die kleine Oberwohnung, deren größter Charme ein Dachgarten ist, dazu gemietet und das Ganze mit dem Einbau einer Wendeltreppe und einigen Veränderungen zu einem standesgemäßen Ambiente verwandelt. Für den Umbau findet sie ohne Probleme freiwillige Helfer. Wenn sie auch viel unterwegs ist, so will sie sich in der kurzen Zeit in ihren vier Wänden wohl fühlen und ihr Zuhause auch mal vorzeigen können.

Als Claudia erfährt, dass der Chef ihres Vorgesetzten an einer vom Berufsverband arrangierten Wanderreise in die Camargue teilnimmt, gelingt es ihr, sich nachträglich noch auf die Teilnehmerliste schmuggeln zu lassen. Besagter Chef stellt sich als umgänglich und offen heraus, sie unternimmt in der Gruppe viel an seiner Seite und findet einige gemeinsame Interessen. Danach hat sie zu ihm immer „den kleinen Dienstweg" offen. Als ihr Vorgesetzter in den Ruhestand geht, spricht sie ihn auf die Nachfolge an und fragt ihn, ob er ihre Bewerbung unterstützen würde. Als einer ihrer Kollegen sich ebenfalls zur Bewerbung entschließt, entwickelt Claudia sportlichen Ehrgeiz und sammelt strategisch Punkt für Punkt zu ihren Gunsten. Schließlich wird sie zur Leiterin befördert, der Kollege geht und Claudia hält ihn auch nicht auf.

Claudia ist zwar mit ihrem Vorgesetzten immer gut zurechtgekommen, bevorzugt aber selbst einen anderen Führungsstil. Sie nimmt in der Einrichtung viele Veränderungen vor, die Mitarbeiter müssen sich sehr umstellen und viel effizienter arbeiten, doch behält sie immer den Kontakt zu allen und versucht, sie ins Boot zu holen. Stellt aber jemand ihre Führungsrolle oder ihr Image in Frage, kann sie denjenigen sehr entschieden „an die Arbeit schicken".

UMGEBUNG
DREIER gestalten ihre Umgebung gerne standesgemäß. Sie wollen etwas vorzeigen können, ihre Gäste beeindrucken und ihnen etwas bieten. Auch haben sie ganz gerne eine Adresse, die sich sehen lassen kann. Häufig umgeben sie sich mit Dingen, die gerade „in" sind; Wenn Futons schick sind, haben DREIER einen, selbst wenn das mit ihren Rückenbeschwerden schwer zu vereinbaren ist. Sie legen Wert auf stilvolles Ambiente, haben aber nicht unbedingt einen persönlichen Geschmack. Sie beziehen Haus und Garten (und natürlich auch die Familie) in ihre Selbstdarstellung ein, alles zusammen repräsentiert nach außen, was DREIER alles erreicht haben.

SPRACHE
Von DREIERN hört man häufig Formulierungen wie *„Ich und der Chef"*, die sie in einen nahen Zusammenhang zu wichtigen Personen stellen. Da sie Meister sind in der Kunst, andere zu beeinflussen, bieten sie ihre Hilfe in Konflikten oder bei enttäuschenden Ergebnissen mit *„Lass mich mal mit dem reden!"* an. DREIER lassen sich von Hindernissen oder Widerständen nicht leicht beeindrucken: *„Geht nicht gibt's nicht."* und ermuntern andere, wenn sie frustriert sind, mit *„Das kriegen wir schon!"*. Wenn sie jemandem einen Gefallen tun möchten, bieten sie gerne an *„Mit dem mach ich dich mal bekannt."*. Mit Sätzen wie

"Wir sind die Nummer 1." platzieren sie sich, gehen mit unerschütterlichem Optimismus davon aus, dass der Fall bald eintreten wird und formulieren gleichzeitig für ihre Mitarbeiter die Zielvorgabe.

Beliebte Gesprächsthemen für DREIER ist alles, womit sich ein Kontakt herstellen lässt, das heißt alles, was auf das Gegenüber eingeht. Sie machen Smalltalk gut und gerne, wenn er zweckgebunden ist. Sie reden aber auch gerne von ihren Erfolgen und Leistungen. Eher erzählen sie, wie sie Dinge allen Widrigkeiten zum Trotz gelöst haben als dass sie etwas als problematisch hinstellen. Kommt das Gespräch auf ihre eigenen tiefen Gefühle, lenken sie ab oder suchen sich einen anderen Gesprächspartner.

Typ 4

SELBSTBILD
Das idealisierte Selbstbild der VIERER besteht darin, dass sie anders sind als andere. Um sich gut zu fühlen, streben sie daher an, originell, sensibel und kultiviert zu sein.
TYPISCHE LEITSÄTZE
» Ich bin es nicht wert geliebt zu werden.
» Ich bin anders als die anderen.
» Letztlich steht man alleine da.
» Was ich eigentlich will, bekommen immer die anderen.
» Ich muss etwas Einmaliges und Bedeutungsvolles schaffen.

WERTE
Den VIERERN ist emotionaler Tiefgang und Sensibilität besonders wichtig. Auch möchten sie selbst in ihrer unverwechselbaren Eigenart verstanden werden. Sie haben besondere Fähigkeiten entwickelt, sich einerseits in andere einzufühlen und

sich andererseits von ihnen zu unterscheiden, etwas Besonderes zu sein.

FÄHIGKEITEN UND VERHALTEN

VIERER lieben es, sich selbst und ihre Umgebung auf ganz besondere Art zu gestalten. Sie kleiden sich bewusst. VIERER haben ein ausgeprägtes Stilempfinden und treten je nach Temperament extravagant oder zurückhaltend auf, in der Regel aber ausgesucht stilgerecht.

Maren hat als Leiterin eines großen medizinischen Labors auch einige Aufgaben außerhalb zu erfüllen. In Kommissionen und Fachausschüssen fällt sie durch ihren farbenfrohen Auftritt auf. Sie ist sehr gepflegt und legt großen Wert darauf, gut gekleidet zu sein. Je unsicherer sie als Anfängerin in der Gremienarbeit war, desto wichtiger war es ihr, wenigstens angemessen angezogen zu sein. Sie lässt sich gerne beim Einkauf beraten und bedienen, doch bevor sie sich zum Kauf entschließt, muss alles stimmig sein. Wenn irgendein Detail nicht so ist, wie sie es gerne hätte, kommt das Kleidungsstück nicht mehr in Frage. Im Labor trägt sie wie alle Mitarbeiter einen Uniformkittel, aber unbewusst gelingt es ihr immer, auch diesem eine persönliche Note zu geben, indem sie den Kragen auf eine ganz besondere Weise umschlägt und ihr schlichtes Namensschild durch eines mit individuellem Design ersetzt.

Mit ihrer Fähigkeit, Stimmungen zu erspüren, sind VIERER aufmerksame Gegenüber und einfühlsame Gesprächspartner in Familie und Freundeskreis. Wenn auch als Herztypen ihre Aufmerksamkeit auf Beziehungen gerichtet ist, finden sie doch auch immer wieder Wege, sich abzuheben, indem sie beispielsweise ausgefallene Interessen pflegen oder extravaganten Hobbys nachgehen, die niemand in ihrem näheren Umfeld teilt.

Rebekka entdeckt nach einem Umzug aufs Land ihre Liebe zu Pflanzen und zur Natur. Sie legt nach und nach rund ums Haus einen wunderschönen Garten an, den sie recht eigenwillig gestaltet mit

seltenen Blumen und ausgesuchten Farbkompositionen. Ihr Lebens-
gefährte Robert findet großen Gefallen daran und beginnt sich zuneh-
mend für den Garten zu interessieren. Rebekka genießt sein bewun-
derndes Interesse. Robert fängt an, ihr bei der Gartenpflege zu helfen
und entwickelt zunehmend eigene Gestaltungs-ideen, die er dann
auch umsetzen will. Von da an überlässt Rebekka ihm das Feld und
zieht sich aus der Gartenarbeit zurück. Sie nimmt ihr altes Hobby, die
Malerei, wieder auf und es entstehen einige beeindruckende Blumen-
bilder mit interessanten Lichtspielen. Robert ist ganz begeistert von
diesen neuen Blickwinkeln auf ihre Gartenpracht und beginnt selber
mit leichten Aquarellen; er freut sich, mit Rebekka ein intensives
Hobby zu teilen. Wieder verliert Rebekka *das Interesse und wendet*
sich dem Schreiben zu. Sie schreibt zunächst heimlich, wenn Robert
nichts davon mitbekommt. „Sonst macht er mir das auch wieder ka-
putt", vertraut sie einer Freundin an. Zuerst aber hat sie sich einen
hübschen Platz am Fenster ausgesucht, baut einen kleinen Linden-
holztisch davor auf, dekoriert ihn geschmackvoll, kauft sich einen
Schönschreibfüller und sucht sich eine besondere Kladde aus.

In ihrem kreativen Gestaltungswillen sind VIERER kompromisslos und achten sehr darauf, dass alle Details aufeinander
abgestimmt sind. Sie ruhen oft nicht, bis etwas ganz genau ihren Vorstellungen entspricht. Dementsprechend haben sie
auch eine ausgeprägte Wahrnehmung für Unstimmigkeiten in
Auftreten, Aufmachung und Dekoration bei anderen.

VIERER fallen oft ein bisschen auf, auch wenn viele von
ihnen beteuern, dass sie das überhaupt nicht wollen. Doch
schon ihre sorgfältige und etwas ausgefallene Art, sich zu kleiden und zurecht zu machen, erregt Aufsehen. Wenn sie in
Gruppen zu Menschen Kontakt aufnehmen, tun sie dies in der
Regel sehr persönlich und feinfühlig, so dass sich die meisten
Menschen sehr angesprochen fühlen und den VIERERN ebenfalls ihre Aufmerksamkeit widmen. VIERER gehen sehr detailliert auf ihr Gegenüber ein, wenn jemand zum Beispiel eine
neue Frisur oder ein neues Kleidungsstück hat, dann wird das

nicht nur einfach erwähnt, sondern in allen positiven Einzelheiten gewürdigt. Wenn man VIERERN ein Geschenk mitbringt, das ihr Wohlgefallen findet, dann wird es nach allen Regeln der Kunst wahrgenommen, beachtet und bewundert.

VIERER pflegen bewusst die eigenen Gefühle und wollen sie auch ausdrücken. Wenn etwas sie berührt, dann spürt man ihre emotionale Beteiligung. Sie erleben die ganze Gefühlspalette von überschäumender Freude bis zu abgrundtiefer Trauer und das unter Umständen im schnellen Wechsel. Sie können sich sehr für etwas engagieren und haben sehr konkrete Vorstellungen, wie das Projekt dann abzulaufen und wie das Ergebnis auszusehen hat. VIERER sind sehr einfallsreich darin, Dinge auf ihre Weise zu erledigen und nicht wie die anderen. Bei Routinetätigkeiten oder langweiligen Aufgaben verstehen sie es, immer wieder etwas zu inszenieren, damit es für sie interessant bleibt.

Ella füllt ihre Position als Geschäftsführerin eigenwillig, aber souverän aus. Sie hat sich diese Arbeit selbst ausgesucht und hat viele Freiheiten bezüglich ihrer Gestaltung. Immer mal wieder stöhnt sie, dass dies alles eigentlich unter ihrer Würde sei. Wenn man dann auf sie eingeht, hadert sie noch ein bisschen, wechselt aber auch wieder in eine andere Stimmung und erzählt, wie sie diese oder jene Tätigkeit auf ihre besondere Art ausführt. Wichtig ist für sie, dass sie als Person wahrgenommen wird und nicht nur in ihrer Funktion.

UMGEBUNG
VIERER widmen ihrer Umgebung viel Aufmerksamkeit. Sie nehmen nicht das Mittelmäßige hin, sondern sind häufig damit beschäftigt, die optimale Dekoration für einen Raum oder ein Teil zu finden. Sie mögen es auch, Dinge im Haus immer wieder zu verändern und jedem Raum eine besondere Note zu geben. Mit wenigen Ideen und Handgriffen (so sieht es zumindest nach außen aus) gelingt es ihnen, einen alltäglich gedeckten Esstisch in eine einladende Tafel zu verwandeln. Ihren

Arbeitsplatz gestalten sie ebenfalls mit Sorgfalt und einem guten Auge für die Möglichkeiten, die er hergibt. Kleine stilistische Elemente (von Kitsch bis hin zu Design) zeigen, wem dieser Platz zugeordnet ist.

SPRACHE

In der Sprache der VIERER drückt sich ihre emotionale Beteiligung aus: *„Das tut mir weh."* ist ein typischer Satz, der fällt, wenn jemandem zum Beispiel übel mitgespielt wurde oder jemand nicht gut mit sich selbst umgeht. Sie benutzen allerdings auch viele Wendungen, die sie selber in den Mittelpunkt stellen wie *„Das passiert immer mir!"* oder *„Und das sagt der mir!"* Ihre Sprache ist durchsetzt von emotionalisierenden Begriffen wie *„Ich bin ganz beglückt...."* oder *„Damit kann ich nicht leben!"*, was für nüchterne rationale Menschen völlig übertrieben klingt. Für VIERER drückt es authentisch ihr Empfinden aus.

Ihre Gesprächsthemen sind mit Vorliebe Menschen und alles Künstlerische, Kultivierte. Sie sind auf diesem Gebiet meistens sehr versiert und demonstrieren auch da gerne, dass sie einen etwas anderen Geschmack haben als landläufig üblich ist. Für Interessierte sind sie sehr anregende Gesprächspartner, weil sie auf diesem Gebiet einen reichen Erfahrungsschatz haben und anschaulich und emotional beteiligt zu erzählen wissen.

2.4 Die Kopftypen

Von allen psychologischen Grundbedürfnissen ist den Kopftypen das nach Sicherheit und Orientierung am wichtigsten. Ihr wiederkehrendes Thema ist Selbstsicherheit. Sie kämpfen ihr Leben lang gegen das Gefühl an, dass sie nicht genug wissen oder können. Aus Unsicherheit vermeiden sie es, sich selbst, ihr Tun und Denken und ihre Ergebnisse offen zu zeigen und damit der Beurteilung anderer auszusetzen. Daher setzen sie auf aufmerksame Wahrnehmung und gründliches Vor- und Nachdenken, um alles zu planen, die Wirklichkeit zu analysieren und Zusammenhänge zu verstehen und so ihre Verunsicherung zu überwinden. Vor dem Hintergrund dieser gemeinsamen Grundbedürfnisse setzen die drei Kopftypen unterschiedliche Schwerpunkte in ihren Wertesystemen.

Typ 5

SELBSTBILD
Das idealisierte Selbstbild der FÜNFER besteht darin, ein aufmerksamer Beobachter mit Durchblick und Übersicht zu sein. Sie halten sich für gut, wenn sie klug, rezeptiv und objektiv sind.

TYPISCHE LEITSÄTZE
- » Wissen ist Macht.
- » Es ist gut, unabhängig zu sein.
- » Es ist ungehörig, jemand zu nahe zu treten.
- » Ich muss meine Privatsphäre schützen.
- » Gefühle kommen und gehen.

WERTE
Für sie sind Wissen, Objektivität und Spezialisierung wichtige Werte. Daher entwickeln sie in erster Linie Fähigkeiten, die sicherstellen, dass sie genug Distanz wahren, spezielle Interessen pflegen und ihre Ressourcen zusammenhalten.

FÄHIGKEITEN UND VERHALTEN
FÜNFER sind wie kein anderer Typus in der Lage, ihre Umgebung sehr differenziert wahrzunehmen. Sie halten sich gerne am Rande des Geschehens auf, wo sie in aller Ruhe ihre Beobachtungen machen und Informationen sammeln können. Sie sind in der Lage, anderen mit objektivem Interesse und distanzierter Freundlichkeit zu begegnen, ohne irgendwelche

Erwartungen. Ihre Form der Teilnahme an Beziehungen ist das Zuschauen und Zuhören ohne sich selbst in Gefühle verwickeln zu lassen. FÜNFER wirken meistens bescheiden und vermeiden jedes Aufheben um ihre Person. In Gesellschaft halten sie sich eher zurück, trifft man aber den Punkt ihres Interesses, können sie sehr eloquent werden und sich ausführlich über ein Thema ausbreiten. Während um sie herum die Party tobt, ziehen sich FÜNFER gerne zu einer ausgiebigen Fachsimpelei unter Experten an den Rand des Geschehens zurück und werden hinterher sagen, es sei ein tolles Fest gewesen.

Jochen hält sich am Rande, wenn die Großfamilie seiner Frau sich zu Familienfeiern trifft, weil es ihm dabei meist zu laut und chaotisch zugeht. Gerne lässt er sich mit einer Aufgabe betrauen, die ihn aus dem dicksten Getümmel herausführt, beispielsweise mit den Kindern Drachen zu bauen und steigen zu lassen. Dabei fühlt er sich in seinem Element, denn er ist handwerklich geschickt und ruht nicht eher, bis der ideale Drachen fertig ist. Meistens helfen die Kinder begeistert mit, manchmal aber beginnen sie sich zu langweilen, weil es allzu lange dauert und Jochen zu sehr an Details herumtüftelt. Seinen eigenen Geburtstag würde er am liebsten übergehen; da die Familie aber nicht mitspielt, gibt es dann eine ruhige Feier im möglichst kleinen Kreis.

Große Fähigkeiten haben FÜNFER darin, sich einer Sache ausdauernd zu widmen und immer mehr zum Experten zu werden. Sie können dann ganz in ihrer Gedankenwelt versinken und befassen sich sehr detailliert und ausgiebig mit dem jeweiligen Interesse. Wenn FÜNFER Zeitung lesen, dann brauchen sie dazu ihre Zeit. Sie haben häufig großes Interesse an Büchern und anspruchsvollen Zeitschriften oder an Musik und sind passionierte Sammler, die nach Erweiterung ihres Detailwissens und Vervollständigung ihres Bestands streben. Es kann sein, dass eines Tages das Interesse plötzlich erlischt und dann mit genauso viel Investition und Liebe zum Detail ein neuer Inhalt aufgebaut wird. In der Beschäftigung damit gehen FÜNFER völlig auf, vergessen unter Umständen Zeit und

Stunde und brauchen niemand anderen; sie sind Meister der Selbstbeschäftigung. FÜNFER achten sehr darauf, dass ihnen genug Zeit bleibt, um ausgiebig ihren eigenen Interessen nachzugehen.

Richard ist ein umgänglicher, freundlicher und im Kollegen- und Freundeskreis sehr beliebter Lehrer. Seine Unterrichtsvorbereitung besteht häufig darin, dass er stundenlang an einem Versuchsaufbau herumtüftelt, bis das Ganze so funktioniert wie er sich das vorgestellt hat. Im Umgang mit seinen Schülern ist er sachlich und distanziert-freundlich. Er bekommt viel von seinen Schülern mit, da er unbewusst ständig Informationen sammelt, und kann sie hinsichtlich verschiedener Kriterien sehr gut einschätzen. Sie mögen ihn vor allem, weil er in der Beurteilung sehr objektiv ist und weder Vorlieben für noch Abnei-gungen gegen bestimmte Schüler hat.

Privat interessiert sich Richard zurzeit sehr für Wein. Er weiß unglaublich gut Bescheid über Lagen, Rebsorten, Weinbau und hat schon mehrfach im Urlaub die Route entlang von Weingütern geplant, die er besichtigen will. Sein Weinkeller ist bestens sortiert, und zu jedem guten Tropfen, den er ausschenkt, kann er eine Menge Wissenswertes und Interessantes erzählen. Die Aufschriften auf den Etiketten hat er per EDV erfasst, geordnet und mit eigenen informativen Details ergänzt. So kann er jederzeit nachvollziehen, welchen Wein er wo erworben hat, wie lange er lagert, zu welcher Gelegenheit er ihn geöffnet hat. Ganz früher hatte Richard eine wohl sortierte Comicsammlung, für die er viel Mühe und Zeit investiert hat, um noch einzelne Hefte zu bekommen, die ihm zur Vollständigkeit gefehlt haben. Diese verkauft er eines Tages, um Platz für die Reiseführersammlung zu bekommen. Es erwacht nämlich sein Interesse an Erstausgaben alter Reiseführer. Diese Sammlung existiert noch, wenn er sich auch zurzeit nicht aktiv damit beschäftigt.

FÜNFER lassen anderen Raum, legen aber auch großen Wert auf ihre eigene Privatsphäre. Sie können gut mit sich allein sein und sind das auch ausgesprochen gerne. Manche fahren immer mal wieder für einige Tage alleine weg, ausgerüstet mit Lesestoff und Musik, andere nehmen sich ihre Auszeiten im Alltag, indem sie sich unmerklich zurückziehen; sie sind dann oft einfach verschwunden und tauchen irgendwann genauso unauffällig wieder auf. Auch bei der Arbeit lieben FÜNFER es, einen eigenen Bereich zu haben, in den ihnen niemand hineinredet, und in dem sie sich ungestört entfalten können.

UMGEBUNG

Die meisten FÜNFER legen wenig Wert auf eine modische oder ausgefallene Wohnumgebung. Worauf es ihnen ankommt, sind Rückzugsmöglichkeiten. Wenn sie ihren eigenen „Elfenbeinturm" haben, sind sie im Übrigen recht anspruchslos. Sie kommen mit wenig persönlichen Dingen aus. Statussymbole, schmückendes oder repräsentatives Beiwerk außerhalb ihrer Interessen haben für sie kaum Bedeutung.

Sie brauchen Platz für ihre Sammlungen und die Möglichkeit zum systematischen Erfassen der Dinge. Es wird also im Allgemeinen in unserer Gesellschaft ziemlich viel technisches Gerät bei ihnen zu finden sein, PC mit allen Finessen, Aufnahme- und Abspielgeräte usw. Viele FÜNFER sind auch abgesehen von ihren gezielt angelegten Sammlungen ziemliche Horter und können sich nur schwer von Dingen trennen, was sich in ihren Regalen und Schränken widerspiegelt, dort meistens aber ordentlich verwahrt wird.

SPRACHE

Von FÜNFERN hört man häufig Formulierungen wie *„Lass mich in Ruhe."* oder *„Mach das doch ohne mich.",* was insbesondere für Partner aus dem Herzzentrum, die Nähe suchen, manchmal schwer zu verdauen ist. Kontakt zu anderen stellen FÜNFER gerne über die Sache her, zum Beispiel mit der Frage *„Und was ist ihr Spezialgebiet?"* Da sie am Geschehen meistens aus der Beobachterperspektive und ohne emotionale Beteiligung teilnehmen, wundern sie sich oft, *„warum die Leute sich so* *aufregen"*. Sie können sich in der Regel gut von subjektiven Befindlichkeiten und gruppendynamischen Rangeleien abgrenzen und die Diskussion versachlichen, *„schließlich geht es hier doch nur um die Kriterien für die Abschlussbewertung"*. Da ihnen immer bewusst ist, dass sie noch längst nicht alles zu einer Sache wissen, zögern sie oft auch als Experten noch sich zu äußern oder festzulegen. *„Das schaue ich noch mal nach"*, ist ein oft gehörter Satz oder auch *„Dazu kann ich noch nichts sagen"*, wenn sie den Eindruck haben, noch nicht genug Detail-Informationen zu haben, während in den Augen anderer auf Grund ihrer fundierten Sachkenntnisse eine Stellungnahme längst überfällig wäre.

FÜNFER behalten ihr Wissen und ihre Meinung gern bei sich, bis sie gefragt werden. Selbst dann halten sie sich oft zurück mit Äußerungen, obwohl sie als Menschen, die sich innerlich ständig mit Wissen beschäftigen und sehr belesen und informiert sind, ausgesprochen eloquent sind. Trifft man ihr Interesse und haben sie den Eindruck, fundiert etwas beitragen zu können, sind sie dagegen manchmal kaum zu stoppen und können sich lange Zeit und erschöpfend über ein spezielles Thema unterhalten.

Typ 6

SELBSTBILD
SECHSER streben das idealisierte Selbstbild an, dass sie pflichtbewusst und umsichtig sind. Sie fühlen sich dann am besten, wenn sie jederzeit zuverlässig sind und loyal zu den Menschen in ihrer Umgebung stehen.

TYPISCHE LEITSÄTZE
» Man sollte auf alles vorbereitet sein.

» Wer mit dem Schlimmsten rechnet, kann nur positiv überrascht werden.
» Man sollte bei allem prüfen, was dahintersteckt.
» Seine Gefühle offen zu zeigen ist gefährlich.
» Loyalität und Vertrauen muss man sich verdienen.
» Man soll den Tag nicht vor dem Abend loben.

WERTE

Für SECHSER sind Verlässlichkeit und Sicherheit besonders wichtig. Daher haben sie besonders Fähigkeiten entwickelt, die geeignet sind, vorausschauend zu handeln, keine Risiken einzugehen, nicht unangenehm überrascht zu werden und sich immer wieder der Situation vergewissern zu können.

FÄHIGKEITEN UND VERHALTEN

SECHSER haben sehr feine Antennen für Signale von anderen, besonders für Ungereimtheiten und Widersprüche. Pflichtbewusstsein heißt für SECHSER, sich anzupassen und die an sie gestellten Erwartungen möglichst zu erfüllen. Es bedeutet auch, Dinge zu tun und Aufgaben zu erledigen, weil sie nun einmal getan werden müssen und nicht, weil sie unbedingt Lust dazu haben. Wegen dieser Gewissenhaftigkeit und Aufmerksamkeit für andere sind SECHSER oft beliebte Freunde und aufmerksame großzügige Gastgeber. Viele Freundschaften von SECHSER haben damit begonnen, dass sie sich jemandem zugewandt haben, weil sie es aus der Situation des anderen heraus für nötig hielten und nicht unbedingt, weil sie diese Menschen besonders attraktiv oder sympathisch fanden. Wenn sich aus diesen Kontakten dann auf Grund der Resonanz des anderen längerfristige Beziehungen entwickeln, sind SECHSER sehr beständig und treu, und pflegen ihre Freundschaften gewissenhaft. Sie wollen gerne wissen, woran sie bei anderen sind. Sie selbst sind im Umgang mit anderen freundlich und umsichtig und man kann sich auf sie verlassen.

Daniela hat neben dem gemeinsamen Freundeskreis mit ihrem Mann einen eigenen Kreis von Freundinnen, den sie aktiv pflegt, indem sie sich regelmäßig meldet und den Anstoß zu einem Treffen gibt. Die meisten der Frauen sind ihr „zugefallen".

Mit Tanja, einer ehemaligen Kollegin hat sie sich ganz gut verstanden. Sie hat Tanja angeboten, den Kontakt aufrechtzuerhalten, als diese die Firma gewechselt hat. Tanja trifft sich gern ab und zu mit Daniela; so erfährt sie Neuigkeiten von den alten Kollegen und Daniela ist eine aufmerksame Zuhörerin und gibt ihr oft bei ihren Projekten entscheidende Tipps oder findet schnell die wunden Punkte.

Anita ist zu einer Freundin geworden, mit der sie sich regelmäßig verabredet, seit Daniela sie während und nach einer unschönen Trennung von ihrem Mann unterstützt hat. Es ist ihr sehr wichtig gewesen, Anita zu zeigen, dass sie in dieser Situation für sie da ist, auch wenn sie nie einen besonderen Draht zu ihr gehabt hat. Während Anitas Trennungsphase haben die beiden viel Gesprächsstoff und einen anregenden Gedankenaustausch. Obwohl die Treffen mit Anita inzwischen ganz nett, aber auch ein bisschen langweilig und belanglos sind, fühlt sich Daniela verpflichtet, von Zeit und Zeit den Kontakt zu pflegen.

Als Daniela anfängt, sich Marina besonders zuzuwenden, ist diese in einer desolaten Verfassung. Ihr langjähriger Freund hat sie verlassen und sie ist zum zweiten Mal durch die Diplomprüfung gefallen. In ihrer Clique von Paaren ist Marina jetzt der einzige Single. Daniela spürt ihre Verzweiflung und versucht, sie einzubinden und sie ihre Einsamkeit nicht spüren zu lassen. Immer sieht sie zu, dass Marina nicht zu kurz kommt und bei ihnen jederzeit ein Bett und ein Gespräch bekommen kann. Daraus entwickelt sich eine jahrzehntelange Beziehung, in der Marina immer wieder ihre Dankbarkeit zum Ausdruck bringt, dass sie in Danielas Familie eine zweite Heimat hat. In ganz ehrlichen Momenten stellt Daniela fest, dass sie innerlich so viel gar nicht mit Marina verbindet und dass sie diese enge Beziehung eigentlich gerne wieder lockern würde.

SECHSER setzen ihre Kopfenergie ein, um Sachverhalte systematisch zu durchdringen und Zusammenhänge logisch zu erfassen. In neuen sozialen Situationen verhalten sie sich erst einmal unauffällig und vorsichtig zurückhaltend und tasten die Umgebung nach möglichen Signalen ab. Um sich sicher zu fühlen, wollen sie verstehen, wie die Menschen und Strukturen sind, mit denen sie es zu tun haben, und wer zu wem welche Beziehung hat, bevor sie sich selbst äußern und Aktivitäten entfalten. SECHSER sind sehr anpassungsfähig und oft der Kitt, der Gruppen und Systeme zusammenhält. In fremder Umgebung zurückhaltend, ist man oft überrascht, wie viel Lebhaftigkeit, Humor und Unterhaltsamkeit sie im vertrauten Kreis und auf sicherem Terrain zeigen können. Viele SECHSER sind Menschen „für den zweiten Blick". Auf Anhieb wirken sie eher unscheinbar und unauffällig; was in ihnen steckt, zeigt sich erst, wenn sie sich auf sicherem Boden fühlen.

SECHSER stehen nicht gern allein in der ersten Reihe. Sie brauchen das Gefühl, andere im Rücken oder zur Seite zu haben, weshalb sie auch gute Teamspieler sind. SECHSER findet man in Führungspositionen häufig nicht, weil sie es selbst unbedingt wollten, sondern weil andere ihnen das zugetraut und sie dazu gedrängt haben oder weil die Struktur eine Doppelspitze oder gar ein Führungsteam vorsieht. Sie können auch gut aus der zweiten Reihe jemandem zuarbeiten; wenn derjenige vertrauenswürdig und kompetent ist, sind sie sehr loyal.

Gisela ist seit 5 Jahren Leiterin einer überschaubaren Privatstation in einem großen Krankenhaus. Sie hat die Arbeit auf dieser Station optimiert und ertappt sich häufiger bei dem Gedanken, ob jetzt nicht alles zu glatt läuft. Nun hat die Pflegedienstleistung sie als „eine unserer besten Stationsleitungen" mit dem Projekt betraut, zwei große altehrwürdige Stationen aus Organisations- und Kostengründen zusammenzulegen.

Einerseits geht Gisela ungern, sie kennt alle gut und fühlt sich sicher und dazu gehörig. Andererseits reizt sie die neue, von der

Motivation der Mitarbeiter her fast unlösbar scheinende Aufgabe. Sie käme auch nicht auf die Idee, dies aus Bequemlichkeitsgründen einfach abzulehnen. Die Notwendigkeit der Umstrukturierung ist für sie einleuchtend, und die Tatsache, dass man ihr von höherer Stelle diese Aufgabe zutraut, beeindruckt sie und setzt sie gleichzeitig unter Druck. Gisela erfüllt diesen Auftrag, indem sie die möglichen Formen der Neugliederung ausführlich durchdenkt und dann sehr strukturiert darstellt. Den Mitarbeiter gegenüber argumentiert sie stark sachbezogen, hat aber gute Antennen für deren Befürchtungen. Sie ist ausgesprochen kreativ darin, für alle möglichen Bedenken und Eventualitäten Alternativpläne zu entwickeln, die die Mitarbeiter und auch sie selbst beruhigen. Nach anfänglichen starken Widerständen gegen das Projekt ziehen die meisten Mitarbeiter mit, weil Gisela für sie eine vertrauenswürdige Vorgesetzte ohne Allüren geworden ist, die klar, strukturiert und beruhigend wirkt, und auf die man sich verlassen kann.

In ihrem Bestreben nach Absicherung haben SECHSER die Fähigkeit entwickelt, sich ständig den schlimmstmöglichen Ausgang auszudenken, um sich dann dagegen wappnen zu können. Als Meister der Prophylaxe überlassen sie bei wichtigen Angelegenheiten nichts dem Zufall, sondern haben meist noch einen Alternativplan oder eine zweite Ausstattung für alle Fälle dabei. Für mögliche Gefahren oder Risiken haben sie feine Antennen entwickelt. Wenn SECHSER sich in aller Ruhe ihre Gedanken machen konnten, dann können sie die Ärmel aufkrempeln und viel bewegen, denn jetzt sind sie auf alles vorbereitet und können nur noch positiv überrascht werden.

Miriam ist eine junge Lehrerin. Als Abschlussprüfung hat sie im Englischunterricht eine Unterrichtseinheit im Hörverstehen durchzuführen, wozu ein Kassettenrecorder unerlässlich ist. Im Vorfeld macht sie sich eingehend mit dem schuleigenen Gerät vertraut. Zusätzlich kopiert sie die Unterrichtskassette, um einen Ersatz zu haben, falls in der Prüfungsstunde das Laufwerk defekt wäre oder sie in der Aufregung „Bandsalat" produzieren würde (beides ist im Unterricht noch nie vorgekommen). Als die Schüler in der Prüfungsstunde nach dem ersten Hördurchgang die Geschichte noch einmal in einzelnen Etappen hören sollen, streikt das Gerät tatsächlich. Zur Verblüffung und teilweisen Erheiterung der Prüfer zieht Miriam ihr privates Ersatzgerät aus der Tasche und setzt den Unterricht wie geplant fort. Nach der Stunde stellt sich allerdings heraus, dass sie lediglich vergessen hat, die Stopptaste zu entriegeln.

SECHSER - Frauen haben bei wichtigen Anlässen gern eine Ersatzstrumpfhose dabei, falls sie sich eine Laufmasche einhandeln, und nehmen auch zum Strandurlaub für alle Fälle einen Regenschutz mit. SECHSER reisen mit viel Gepäck „für alle Fälle" und packen davon meist die Hälfte ungebraucht wieder aus. Wenn sie mit einer Gruppe irgendwohin fahren, nehmen sie am liebsten den eigenen Wagen, um unabhängiger zu sein.

UMGEBUNG
SECHSER legen als Kopftypen keinen großen Wert auf Styling und Statussymbole, mögen aber durchaus eine ansprechende Umgebung. Sie richten ihre Wohnung oder ihr Haus in der Regel so ein, dass es ihnen persönliche Rückzugsmöglichkeiten bietet, aber auch Gäste sich gut aufgenommen fühlen.

Wenn sie die Möglichkeit haben, haben SECHSER gerne auch noch innerhalb des eigenen Hauses ein Stück Privatsphäre für sich allein. Meistens gibt es viel Platz für Bücher. Dekorationen werden eher sparsam eingesetzt. Bei ihrer Auswahl geht es weniger darum, dass sie den neuesten Trends entsprechen, sondern dass sie funktional sind oder liebe Erinnerungen daran hängen. Um ganz entspannt zu sein, haben SECHSER gern vertraute Dinge, Tiere und Menschen um sich.

SPRACHE
Die Vorsicht der SECHSER drückt sich sprachlich aus in beliebten Wendungen wie *„Haben wir auch wirklich alles bedacht?"* oder schlicht *„Und wenn ...?"* Wenn SECHSER gut drauf sind, liefern sie die Antwort gleich hinterher: *„Dann ..."* *„Zur*

Sicherheit" und *„vorsichtshalber"* packen sie Dinge für alle möglichen Eventualitäten ein, schreiben sich alles Mögliche auf oder erinnern die Menschen in ihrer Umgebung daran, für alle Fälle vorzusorgen. *„Nimm dir lieber noch ein paar Socken mit, man weiß nie..."* Wenn sie sehr schnell vor eine Entscheidung gestellt werden, dringen sie auf Bedenkzeit: *„Das muss ich mir noch mal durch den Kopf gehen lassen".* Sie kommen auch gern auf einmal angerissene, nicht erschöpfend durchdachte oder auch schon halbwegs entschiedene Themen zurück: *„Ich habe mir dazu noch mal Gedanken gemacht."* oder *„Mir ist da noch was eingefallen."* Dass sie diejenigen sind, die pflichtbewusst und zuverlässig auch unangenehme Aufgaben übernehmen hört man an Wendungen wie *„Einer muss es ja machen.",* *„Da muss man doch etwas tun."* oder kernig *„Wat mut, dat mut".*

In Gesprächen spielen sie gerne ihre Fähigkeiten und Erfolge herunter. SECHSER haben in der Regel keinen Dünkel und widmen sich in Gruppen oft gerade den Außenseitern, um sie in die Gemeinschaft einzubeziehen. Je fremder die Runde, umso stiller sind sie. Ist ihnen eine Gruppe vertraut, können sie sehr humorvoll, witzig und geistreich sein.

Typ 7

SELBSTBILD
SIEBENER streben das idealisierte Selbstbild an, dass sie in jeder Lebenslage glücklich sind. Sie fühlen sich dann am besten, wenn sie optimistisch und fröhlich sind und mehrere Möglichkeiten offenhalten.

TYPISCHE LEITSÄTZE
» Das Leben ist ein Fest.
» Es ist gut, sich viele Wege offen zu halten.
» Man muss das Leben genießen.

» Ich kann mich jeden Tag neu entscheiden.
» Man muss die Feste feiern wie sie fallen.
» Wie et kütt, is et joot. (Wie es kommt, ist es gut.)

WERTE
SIEBENERN sind Unbeschwertheit und Genuss wichtig. Daher haben sie gute Fähigkeiten entwickelt, für Optimismus und Abwechslung zu sorgen und die Dinge leicht zu nehmen.

FÄHIGKEITEN UND VERHALTEN
SIEBENER nutzen ihre Kopfenergie, um interessante Aktionen zu planen, wenigstens im Kopf in angenehmen Vorstellungen zu schwelgen und sich das Unangenehme schön zu rationalisieren. SIEBENER sind Meister darin, das Leben von seiner leichten Seite zu nehmen. Sie verbreiten um sich gute Laune und finden jeden Tag unzählige Anlässe sich zu freuen. Wenn unangenehme Dinge anstehen, gewinnen SIEBENER dem immer noch etwas Positives ab. Zumindest suchen sie sich ein „Bonbon", mit dem sie sich eine unerfreuliche Tätigkeit oder eine anstehende Auseinandersetzung versüßen können. Im Umgang mit anderen geben sie sich pflegeleicht und unkompliziert. In Konflikten setzen sie ihren Charme ein, um ernsthaften Konfrontationen die Spitze abzubrechen. Für SIEBENER ist die Leichtigkeit des Seins keineswegs unerträglich.

Fred bezaubert schon in der Wiege alle mit seinem unwiderstehlichen Lächeln. Mit dieser Ausstrahlung geht er durchs Leben. In seinem großen Bekanntenkreis ist er sehr beliebt und er mischt bei vielen Unternehmungen ganz vorne mit. Wenn Fred dabei ist, braucht man sich um die Stimmung keine Sorgen zu machen; mit ihm etwas anzupacken, macht einfach Spaß. Als er vor lauter Unternehmungen keine Zeit zum Lernen findet und durchs Abitur fällt, macht er seinen verblüfften Eltern klar, dass ihm nichts Besseres hätte passieren können. Da die von ihm favorisierte Ausbildung gerade zum ersten Mal beginnen sollte, wäre er somit nicht bei den „Versuchskaninchen" der ersten Stunde, sondern hätte im nächsten Jahr viel bessere Voraussetzungen und Chancen, diese Ausbildung erfolgreich zu durchlaufen.

SIEBENER können sich selbst und die Menschen um sie herum in gute Stimmung bringen. Werden sie von anderen konfrontiert, weil diese sich über sie geärgert haben, reagieren sie ausweichend, charmant und versuchen, gut Wetter zu machen. SIEBENER sind in ihrem Umfeld häufig „unser kleiner Sonnenschein" und es fällt schwer, ihnen dauerhaft böse zu sein. Sind Freunde oder Angehörige frustriert oder traurig, geben sie sich alle Mühe, sie aufzuheitern und greifen dafür auch gerne auf ihr gesamtes Repertoire an Unterhaltung und Zerstreuung zurück. Ihr bewährtes Mittel bei Traurigkeit ist Ablenkung und Aufheiterung und damit wissen sie hervorragend umzugehen.

Traudel ist Krankenschwester auf der Kinderkrebsstation und bei ihren jungen Patienten wie auch bei den Angehörigen sehr beliebt. Ihre Kolleginnen in derselben Schicht scheinen mehr mitzuleiden und ihren Gefühlen stärker ausgesetzt zu sein als sie, doch Traudels zupackender und optimistischer Umgang wird von vielen als ein wohltuend ergänzender Gegenpol zum eher bemutternden Stil ihrer meisten Kolleginnen erlebt.

Hängt ein Kind durch, setzt sich die Kollegin zu ihm, versetzt sich in seine Gefühlslage und tröstet es mit Wärme und Verständnis. Traudel dagegen überlegt sich, wie sie es aufheitern kann, und ohne allzu sehr in seine Stimmung einzusteigen, bietet sie ihm interessante Ablenkung. Sie ist eher Animateurin als gefühlvoll verwöhnende Helferin. Dem schweren Schicksal ihrer Schützlinge begegnet sie mit selbstverständlichem Optimismus. Sie motiviert sie, indem sie aufmerksam wahrnimmt, was sie zurzeit gerade können und ihnen Perspektiven vermittelt, was sie eines Tages wieder genießen können. Traudel feiert kleine Siege mit ihnen und gewährt ihnen manchmal kleine Freiheiten, die „eigentlich" nicht erlaubt sind. „Ein bisschen Schummeln ist gesund", ist dabei ihr Motto.

SIEBENER lieben die Abwechslung und tun alles, damit keine Langeweile aufkommt. Sie sind gut in der Lage, häufig etwas Neues zu beginnen oder sich spontan auf Dinge einzulassen. Sie sorgen für Aktionen und sind bereit, vieles auszuprobieren. SIEBENER arbeiten oft an mehreren Projekten gleichzeitig und springen mit großer Flexibilität zwischen verschiedenen Aufgaben und Rollen hin und her. Meistens haben sie mehr Dinge angefangen als beendet. In der Anfangsphase von Vorhaben agieren sie mit großer Begeisterung und reißen die Menschen um sie herum mit. Sie haben den Kopf voller Ideen, was man noch machen könnte oder wie man es anders machen könnte. Bei all den Plänen und Aktivitäten vergessen sie jedoch nicht, dafür zu sorgen, dass Genuss und Feiern nicht zu kurz kommen.

Ute hat sich mit ihren 50 Jahren viel kindliche Lebensfreude bewahrt. Sie ist eine engagierte Lehrerin, deren Freude am Beruf sich auch auf die Schüler überträgt. Sie motiviert sie mit Spaßgeschichten, lustigen kleinen Ritualen und in der Schublade hat sie für alle Fälle Emil, den Elch, den sie zur nötigen Ermahnung heranzieht.

Ute fördert die Kreativität ihrer Schüler; gute Ideen und schwungvolles Engagement sind ihr wichtiger als detailliert geführte Haushefte und ordentliches Klein-Klein. Ihre ansteckende gute Laune am Morgen bringt die Klasse in gute Stimmung und es geht schwungvoll los. Wenn die Schüler absacken und müde werden, ist es ihr wichtiger, mit kleinen aktivierenden Einlagen die Lebensgeister wieder zu wecken als unbedingt ihren Stoff durchzukriegen. Nach der Schule ist sie aber auch schnell weg nach Hause, zum Sport oder zum Shoppen. „Schließlich will ich ja selber auch noch meinen Spaß haben".

UMGEBUNG
SIEBENER schaffen sich gerne eine stimulierende Umgebung, die farbenfroh und auch etwas ausgefallen sein darf, auf jeden Fall eine Anregung für die Sinne. Manche sind aber auch

ausgesprochen karg und nüchtern eingerichtet und legen wenig Wert auf ein schön gestaltetes Zuhause, da sie fast immer unterwegs sind.

Die meisten SIEBENER richten sich so ein, dass alles in Reichweite ist, was sie für ihr Vergnügen brauchen: Fernbedienung, Lektüre, Telefon... Sie können gut gleichzeitig fernsehen und Zeitung lesen und vielleicht auch noch essen und trinken dazu. Sie telefonieren viel, weil sie in ihrem großen Netz von Beziehungen immer wieder Kontakt aufnehmen und die richtigen Leute zu den richtigen Unternehmungen bringen wollen. SIEBENER können sich aber auch gut mit der Umgebung arrangieren, die sie nun mal vorfinden und daraus das Beste machen.

SPRACHE

Die Werthaltung der SIEBENER spiegelt sich in Formulierungen wie *„Spaß muss sein!"* Ihr Vorrat an Vorschlägen für Unternehmungen versiegt nicht. *„Lass uns mal, ...!"* oder *„Wir könnten doch ..."* Und wenn sie sich ihre Ration Annehmlichkeit verschaffen, tun sie dies unter Umständen sehr bewusst: *„Das gönn ich mir jetzt."* Dabei sind sie mehr für umfassende als für einfache Vergnügungen und ihr Lieblingswort ist eher „und" als „oder": *„Dann nehmen wir Musik mit, und was zu trinken und für alle Fälle ..."*

SIEBENER reden gerne über alle möglichen Themen, wenn sie interessant und nicht langweilig sind. Wenn ein Thema zu sehr ausgewalzt wird oder die Stimmung zu schwer wird, können sie gut und schnell das Gespräch auf angenehme Dinge umlenken. Sie sind selbst aktive und beliebte Unterhalter, die oft zum Mittelpunkt einer Gruppe werden und dann gekonnt Geschichten und Anekdoten zum Besten geben. Aus banalen alltäglichen Vorfällen können sie eine unterhaltsame Geschichte machen, die witzig ist und die Leute zum Lachen bringt.

2.5 Die Bauchtypen

Von allen psychologischen Grundbedürfnissen ist den Bauchtypen Autonomie am wichtigsten. Ihr wiederkehrendes Thema ist Selbstbehauptung. Sie kämpfen ihr Leben lang gegen das Gefühl an, nicht wichtig (genug) zu sein oder nicht ernst genommen zu werden. Daher setzen sie auf Macht und Durchsetzungsfähigkeit und versuchen Einfluss zu gewinnen, um ihre Bedeutung und ihren Wert zu spüren. Im Wesentlichen handeln sie aus instinktiven Impulsen heraus. Bauchmenschen sind im Allgemeinen wertekonservativ. Wichtig sind ihnen vor allem Charakterstärke, Gerechtigkeit und Respekt. Ausgehend von ihren gemeinsamen Grundbedürfnissen setzen die drei Bauchtypen unterschiedliche Schwerpunkte in ihren Wertesystemen.

Typ 8

SELBSTBILD
ACHTER streben das idealisierte Selbstbild an, dass sie stark und überlegen sind. Als Kämpfernaturen finden sie sich dann in Ordnung, wenn sie Stärke zeigen, ihre Kraft einsetzen und ihren Einflussbereich klarstellen.

TYPISCHE LEITSÄTZE
» Das Leben ist ein Kampf.
» Wer nicht für mich ist, der ist gegen mich.
» Ich muss immer alles unter Kontrolle haben.
» Friedlich kommt der Friede nicht.
» Wer Schwächen zeigt, wird ausgenutzt oder verachtet.

WERTE
ACHTERN sind Selbstbehauptung und Durchsetzungsfähigkeit besonders wichtig. Daher haben sie gute Fähigkeiten

entwickelt, um Macht und Einfluss zu gewinnen und ohne Zögern in vielen Situationen die Führung zu übernehmen.

FÄHIGKEITEN UND VERHALTEN

ACHTER wirken sehr präsent und wissen, sich Respekt zu verschaffen. Sie wollen alles im Griff haben und gehen sehr entschlossen daran, notwendige Dinge zu bewegen oder zu bekommen, was ihnen zusteht. In diesem Sinn setzen sie ihre Kraft auch für Schwächere ein. ACHTER können sehr gut konfrontieren und streiten sich gerne. Sie äußern sich klar, direkt und unmissverständlich und nehmen selten ein Blatt vor den Mund. Man weiß in der Regel, woran man mit ihnen ist.

Dörthe ist Bereichsleiterin in einer Pflegeeinrichtung. Für die ihr anvertrauten Bewohnerinnen und Bewohner würde sie sich in Stücke reißen. Ihre Zuneigung und ihr Mitgefühl zeigen sich vor allem darin, dass sie immer wieder Unternehmungen außerhalb der Einrichtung organisiert. Dafür scheut sie keine Mühen und mobilisiert auch weitere Helfer von außerhalb. Mit der Leitung der Einrichtung gerät Dörthe häufig aneinander, besonders wenn sie den Eindruck hat, dass diese Sparmaßnahmen oder Umstrukturierungen auf Kosten der Bewohner durchsetzen will. Melden einzelne Mitarbeiter Bedenken gegen bestimmte Maßnahmen an, droht die Leitung schnell mit Entlassung. Weil Dörthe sich als Einzige traut, trotzdem den Mund aufzumachen, wird sie von den Mitarbeitern einstimmig zu ihrer Sprecherin erkoren. Ihre eigenen Konflikte mit der Leitung werden durch die Sprecherinnenrolle noch verschärft, weil sie sich für ihre Kollegen verantwortlich fühlt und für sie aggressiver auftritt, als sie es für sich selbst tun würde.

ACHTER sind Kämpfer: Sie stellen sich Herausforderungen und geben nicht auf. Dabei schießen sie manchmal übers Ziel hinaus und gehen mit mehr Kraft ans Werk als nötig wäre. Wenn sie den Eindruck haben, dass es nicht gerecht zugeht, wehren sie sich energisch und setzen sich unter Umständen mit gleichem Engagement auch für andere Benachteiligte ein.

ACHTER haben unter ihrer Respekt einflößenden rauen Schale einen sehr weichen Kern. Oft verwenden sie viel Energie darauf, diese weiche Seite zu verbergen und zu schützen.

Dörthe kümmert sich zu Hause hingebungsvoll um ihren schwer kranken Mann, wovon nur wenige vertraute Kolleginnen wissen. Als ihr Mann schließlich ins Krankenhaus muss, legt sie sich mit vielen Leuten, Ärzten wie Pflegepersonal, an, um ihm seine Situation so erträglich wie möglich zu machen. Dörthe ist sehr verletzt, als ihr Arbeitgeber nach dem Tod ihres Mannes kaum Mitgefühl zeigt und Beileidsgesten ausbleiben. Das veranlasst sie, sich verstärkt und „auf Deubel komm raus" für die Bewohner und Mitarbeiter einzusetzen und die Leitung „nicht mehr zu schonen". Sie fühlt sich sehr ausgepowert und erschöpft, weiß aber nicht, wie sie „herunterschalten" soll.

Viele ACHTER sind sehr sportlich oder setzen ihre Kraft auf andere Weise körperlich um. Sie mögen Mannschaftssportarten, bei denen mit vollem Einsatz gekämpft wird und nehmen diesen sportlichen Wettstreit ernst. Häufig gehen sie dabei über ihre Kräfte ohne es zu merken. ACHTER gestehen sich keine Schwächen zu und schonen sich nicht. Sie fühlen sich in ihrem Element, wenn sie die Ärmel aufkrempeln und sich körperlich einsetzen können.

UMGEBUNG

ACHTER gestalten sich ihre Umgebung so, dass sie selbst sich darin wohl fühlen. Sie haben ganz gerne Raum um sich herum und neigen dazu, bestimmte Sitzplätze für sich zu beanspruchen. Ihr Geschmack ist eher konservativ, sie würden Möbel danach aussuchen, dass sie stabil sind, etwas aushalten und von Material und Verarbeitung her ihr Geld wert sind. Schnörkel und Deko sind ihnen eher fremd, Fenster sind zum Hinausschauen da und nicht, um Firlefanz aufzuhängen. Wie ihre Einrichtung auf andere wirkt, ist zweitrangig. ACHTER wollen sich in ihrer Wohnung zu Hause fühlen, nicht andere damit beeindrucken.

SPRACHE

Eine typische Formulierung von ACHTERN ist ein empörtes *„Das ist aber unfair!"*, was ihren Wahr-nehmungsfilter „Gerechtigkeit" deutlich macht. Klein beigeben ist in ihrem Repertoire nicht vorgesehen, deshalb treten sie mit *„Das lasse ich mir nicht bieten."* auf den Plan. Über Menschen, die sich nicht wehren, schütteln sie den Kopf: *„Wieso lässt sie sich das gefallen?"* Es ist ihnen auch unbegreiflich, dass jemand nicht den Mund aufmacht, wenn ihm etwas gegen den Strich geht: *„Wieso sagen die das nicht?"*

Herbert, eine impulsive Leitung in einem Frauenteam, explodiert, als bei einer Supervision „herauskommt", dass die Mitarbeiterinnen öfters unzufrieden mit dem Dienstplan sind, es aber nicht sagen, weil sie Angst vor seinen Ausbrüchen haben: „Muss ich denn in eurem Kopf herumdenken? Wieso macht ihr nicht den Mund auf?" Er kann die Vorsicht seiner Mitarbeiterinnen nicht nachvollziehen: „Vor mir braucht doch keine Angst zu haben." Als eine Mitarbeiterin sich in der Supervisions-Situation zu sagen traut, sie habe gehört, dass er schon mal jemanden auf dem Kicker hätte, und der es dann auch sehr schwer hätte, gibt er aber zu: „Ja, wer bei mir mal verschissen hat, der kommt nur schwer wieder hoch." – „Aber bis jetzt gilt das ja für keine von euch." fügt er „aufmunternd" hinzu.

ACHTER selbst würden nicht klein beigeben, wenn sie den Eindruck haben, dass ihnen Unrecht getan wird. *„Wo kann ich mich hier beschweren?"* fragen sie ziemlich bald und unverblümt. Auseinandersetzung und Konfrontation sind für ACHTER so selbstverständlich und normal, dass harmoniebedürftige Menschen, die „Hört doch auf zu streiten!" appellieren, zu hören bekommen *„Wir streiten doch gar nicht.",* obwohl die Wogen ganz schön hoch zu gehen scheinen.

In Gesprächen lieben die meisten ACHTER es kontrovers und lebhaft. Sie sind im wahrsten Sinne des Wortes „streitlustig" und diskutieren gerne über interessante Themen. Sie reden allerdings nicht gerne über Gefühle (die kann man nicht austragen, sondern nur aushalten). Sie schätzen dabei einen würdigen Gegner, das heißt ein Gegenüber, das standhält und seine Meinung vertritt. ACHTER nehmen eine offen geführte Auseinandersetzung nicht persönlich, sondern können nach dem Disput mit ihrem Kontrahenten locker ein Bier trinken.

Typ 9

SELBSTBILD
NEUNER streben das idealisierte Selbstbild an, dass sie in jeder Lebenslage die Ruhe bewahren und zufrieden sind. Sie fühlen sich dann am besten, wenn sie dafür gesorgt haben, dass alle gut miteinander auskommen und sie selbst in ihren eigenen Rhythmus schwingen können.

TYPISCHE LEITSÄTZE
» Nimm dich nicht so wichtig.
» Ich muss alle Seiten in Betracht ziehen.
» Der Klügere gibt nach.
» Jeder hat subjektiv gesehen Recht.
» Mit etwas gutem Willen kann man mit allen gut auskommen.
» Man sollte vor allem Ruhe bewahren.

WERTE
NEUNERN sind Frieden und Harmonie sehr wichtig. Sie haben in erster Linie Fähigkeiten entwickelt, wie sie sich und andere beruhigen und Gelassenheit, Ausgeglichenheit und Bescheidenheit ausstrahlen können.

FÄHIGKEITEN UND VERHALTEN

NEUNER sind besonders gut darin, mit den unterschiedlichsten Menschen gut auszukommen und in Gruppen vermittelnd und integrierend zu wirken. Sie können sich gut in andere hineinversetzen, die unterschiedlichen Beweggründe und Standpunkte nachvollziehen und finden oft eine „salomonische" Lösung, die die Interessen aller Beteiligten berücksichtigt. Sie sind in der Lage, geduldig abzuwarten, bis sich eine friedliche Regelung findet und geben im Konfliktfall eher nach oder machen neue Angebote als sich konfrontativ auseinander zu setzen. Dabei nehmen sie sich selbst und ihre eigenen Bedürfnisse sehr zurück.

NEUNER sind verträgliche und umgängliche Menschen, die in jeder Lebenslage die Ruhe bewahren und auch auf andere beruhigend (ein)wirken. Sie können sehr diplomatisch sein, wenn von ihnen erwartet wird, sich auf die eine oder andere Seite zu schlagen. Forderungen nach Parteilichkeit beantworten sie meist mit einem beharrlichen „sowohl als auch". Sie können den Dingen ihren Lauf und Entwicklungen ihre Zeit lassen, drängen nicht auf schnelle Lösungen oder Sofort-Entscheidungen. NEUNER leben und arbeiten am liebsten in dem ihnen eigenen Rhythmus.

Rita ist Mutter von drei temperamentvollen Söhnen. Sie arbeitet stundenweise als Sekretärin, ihr Mann geht sehr in seinem Beruf auf und kommt oft erst spät nach Hause. Rita fühlt sich für alle Familienmitglieder verantwortlich und ist mit ihrer Aufmerksamkeit mal mehr bei dem einen, mal mehr bei dem anderen. Sie möchte vor allem, dass alle sich wohl fühlen und gerne zu Hause sind. Es macht ihr viel aus, wenn die Jungs sich in die Haare kriegen und laut zanken, meistens versucht sie den Streit zu schlichten oder sie zu beschwichtigen. Sie geht geduldig und freundlich auch mit den vielen Freunden und Freundinnen um, die ihre Kinder nach Hause bringen. In dieser Hinsicht lässt sie ihnen viele Freiheiten, auch wenn sie manchmal lieber ihre Ruhe hätte.

Ihrem Mann hält Rita zu Hause den Rücken frei und erledigt die Alltagsgeschäfte für ihn. Allerdings vergisst sie ab und an etwas und fühlt sich sehr ungerecht behandelt, wenn er dann ungehalten reagiert. Im Großen und Ganzen ist sie aber mit ihrer Beziehung ganz zufrieden, weil ihr Mann ihr freundliches Entgegenkommen anerkennt und sich in ihre Alltagsbewältigung nicht einmischt. Wenn es ihr zu viel wird, kann Rita inmitten des größten Trubels und Durcheinanders abtauchen, indem sie sich in ein Buch vertieft oder sich im Fernsehen einen Krimi anschaut.

UMGEBUNG

NEUNER haben es gerne gemütlich und haben in der Regel zumindest einen Sessel oder eine Ecke, die sie zu ihrem Entspannungsplatz erkoren haben. Sie lieben es, ihre Aufmerksamkeit schweifen zu lassen. Deshalb umgeben sie sich gerne mit ihren Lieblings"ablenkern" wie Bücher, Fernsehen, Knabbereien, Computerspiele oder was es auch immer ist.

Ein bestimmter Einrichtungsstil ist ihnen nicht so wichtig, sie legen Wert auf Bequemlichkeit und Annehmlichkeit. Wenn sie mit anderen zusammenleben, lassen sie sich bei der Einrichtung gern auf deren Vorlieben ein, sofern sie einen eigenen Platz haben, der ihren Gewohnheiten entspricht.

SPRACHE

Dass NEUNER mehr auf andere eingehen als ihre eigenen Interessen zu verfolgen und sich selbst wichtig zunehmen, zeigt sich an typischen Reaktionen wie *„Das kann ich gut verstehen."* oder *„Das macht doch nichts.",* wenn ihnen beispielsweise eine Zusage oder eine Verabredung abgesagt wird. NEUNER richten sich häufig nach anderen, wenn sie dabei nicht selber in Bedrängnis kommen. *„Hetz mich nicht."* oder *„Immer eins nach dem andern."* sind Redewendungen, mit denen sie versuchen, ihre Autonomie in Gestalt ihres eigenen Tempos wiederherzustellen. Dasselbe Phänomen ist manchmal auch an ihren Selbstgesprächen festzustellen, wenn etwas Dringendes erledigt werden muss: *„Morgen ist auch noch ein Tag."* oder *„Vorher räume ich noch ein bisschen auf."* NEUNER können sich oft nur schwer entscheiden, weil sie sich ihrer eigenen Bedürfnisse meist gar nicht bewusst sind *„Gefällt mir das oder gefällt mir das nicht?"* Hauptsache ist, besonders wenn es Kontroversen gibt, *„dass es friedlich abgeht"* und alle sich hinterher wieder die Hand geben können.

Im Gespräch lassen sich NEUNER auf viele Themen ein, sofern sie das Gegenüber interessieren. Sie sind geduldige Zuhörer, merken manchmal nicht, wenn sie selbst nicht zum Zuge kommen. Sie bleiben auch dann noch dabei, wenn das Gespräch sie eigentlich nicht interessiert, während ihre Aufmerksamkeit umherschweift. Nehmen sie aktiv an der Unterhaltung teil, haben NEUNER oft einen epischen Erzählstil, berichten umständlich und ausführlich oder wiederholen sich.

Typ 1

SELBSTBILD
EINSER streben das idealisierte Selbstbild an, dass sie perfekt und im Recht sind. Sie fühlen sich dann am besten, wenn sie überzeugt sind, das Richtige zu tun und ihren Idealen und Prinzipien Geltung zu verschaffen.

LEITSÄTZE
» Alles hat seinen Preis.
» Wenn ich perfekt bin, kann mir nichts passieren.
» Ich verdiene es nicht, glücklich zu sein.
» Nichts ist vollkommen.
» Man kann und muss sich immer noch verbessern.
» Es ist wichtig, den richtigen Weg zu wählen.

WERTE

EINSERN sind Vollkommenheit und Disziplin sehr wichtig. Daher haben sie vor allem Fähigkeiten entwickelt, die ihnen ermöglichen, ihre Aufgaben perfekt zu erledigen, allgemein verbindliche Regeln zu fordern und einzuhalten und sich niemals gehen zu lassen.

FÄHIGKEITEN UND VERHALTEN

EINSER sind besonders gut darin, Ideale zu entwickeln und aufzubauen sowie Reformen durchzuziehen. Sie sind diejenigen, die gewissenhaft auf Leitbilder oder Grundsätze verweisen und daran auch festhalten, wenn es unbequem wird oder Widerstände auftauchen. EINSER können sich parteiisch und kompromisslos für eine Sache einsetzen und flammende Reden halten, um auch andere davon zu überzeugen.

Roland hat sich schon während seiner Studentenzeit für Projekte der Dritten Welt interessiert und engagiert. Als junger Lehrer fing er an, an seiner Schule eine Patenschaft für ein Projekt in Peru aufzubauen. Dieses Projekt hält er seit über 25 Jahren am Leben und es hat sich stetig vergrößert. Er sorgt unermüdlich dafür, dass der Erlös aller Schulveranstaltungen diesem Projekt zugutekommt.

Das Interesse der Schülerinnen und Schüler ist mal mehr, mal weniger vorhanden. Auch im Bewusstsein vieler Kollegen und Schulleitung gerät das Projekt in Vergessenheit. Roland erinnert bei verschiedenen Gelegenheiten von Konferenzen bis Verabschiedungen immer wieder daran, dass die Schule sich dieses Projekt seinerzeit auf die Fahnen geschrieben hat und nun auch die daraus entstandenen Einrichtungen mit allen Kräften unterstützen müsse. Bei einer besonders einträglichen Veranstaltung schlägt die Schulleitung einmal vor, den Erlös zu splitten und die Hälfte für eigene Vorhaben zu verwenden. Darüber wird Roland sehr zornig und prangert diese Vorschläge als Verrat an der Sache und Ausverkauf der Solidarität an. Wenn er sich mit diesem Vorgehen auch keine Freunde macht, so hat er es doch erreicht, dass niemand mehr derartige Vorstöße wagt.

EINSER halten sich an Gesetze und Normen und erwarten, dass andere das auch tun. Sie sind in der Regel sehr diszipliniert und konsequent, wenn es darum geht, ein Vorhaben umzusetzen. Sie arbeiten sorgfältig und genau und können auch Durststrecken und schwierige oder langweilige Phasen durchhalten um der Sache und des Prinzips willen.

EINSER sind sehr leistungswillig und strengen sich gerne an, um eine Aufgabe so perfekt wie möglich zu erledigen. In ihrem Bemühen, sich selbst, ihre Umgebung und die Welt einem ständigen Verbesserungsprozess zu unterziehen, haben sie einen untrüglichen Blick für Fehler und Unvollkommenheiten entwickelt und scheuen nicht davor zurück, auch unangenehme Wahrheiten ungeschminkt auszusprechen.

Marianne arbeitet als Sachbearbeiterin in einer Behörde. Sie bearbeitet ihre Vorgänge mit großer Sorgfalt und Genauigkeit, und was sie aus der Hand gibt, ist hieb- und stichfest. Es stört sie, dass einige Kollegen ihrer Meinung nach zu beliebig mit ihren Fällen umgehen und sie hat von ihrem Vorgesetzten klare Richtlinien gefordert, damit alle ihren Ermessensspielraum nach den gleichen Kriterien gestalten. Seit Marianne in dieser Abteilung arbeitet, wurden schon einige Arbeitsabläufe auf ihre Initiative hin optimiert. Aus eigenem Antrieb hat sie einen Kriterienkatalog aufgestellt und daraus eine Checkliste entwickelt, mit der die häufigsten Fehlerquellen wesentlich reduziert werden konnten.

UMGEBUNG
EINSER gestalten ihre Umgebung gerne nach den Funktionen: Den Arbeitsbereich effizient und klar strukturiert, den Wohnbereich farbiger und entspannter, aber dennoch geordnet. Für die meisten EINSER haben alle Dinge ihren Platz und sie streben danach, sie auch systematisch dorthin zu befördern.

EINSER achten darauf, welche Farben und Formen zueinander passen, machen wenig Experimente und entscheiden sich gern für das, was „richtig" ist. Sie schätzen eine Umgebung, in der Bilder gerade hängen und die Dinge geordnet sind. Bei EINSERN sind die Schränke in der Regel auch innen ordentlich sortiert. Bevor sie die Wohnung oder den Arbeitsplatz verlassen, werfen sie noch gern einmal einen prüfenden Blick auf alles und korrigieren das eine oder andere.

SPRACHE

EINSER zeigen mit typischen Formulierungen wie *„Ordnung muss sein."* oder *„Ohne Fleiß keinen Preis.",* dass sie sich anstrengen im Leben und dies auch von anderen erwarten. Sie liefern gern perfekte Ergebnisse ab und sind der Meinung, dass man bei jeder Aufgabe sein Bestes geben sollte: *„Gut ist nicht gut genug."* Sie möchten auch andere gerne animieren, sich nicht zu früh zufrieden zu geben, und ihnen zeigen, dass sie ihnen viel zutrauen: *„Das kannst du noch besser."* Wenn andere in Einzelfällen pragmatisch entscheiden oder handeln wollen, bringen EINSER immer wieder Prinzipien oder Präzedenzfälle ins Spiel: *„Trotzdem ...."* oder *„Es ist einfach nicht richtig."* Augen zudrücken oder je nach Tagesform fünf grade sein lassen, erscheint EINSER *„nicht korrekt";* jeder Mensch und jeder Fall sollte nach gleichen Kriterien beurteilt werden, schon um der Gerechtigkeit Genüge zu tun.

Im Gespräch beziehen EINSER schnell einen festen Standpunkt, von dem aus sie argumentieren und diskutieren. Sie beurteilen geschilderte Sachverhalte nach „Recht und „Unrecht" und können sich für die richtige Sache sehr ereifern und emotional wirken. Da EINSER kein Blatt vor den Mund nehmen, erfährt man ihre Position sehr bald und weiß, wo sie stehen. Sie ändern ihre Meinung nur ungern und sehr selten, meist versuchen sie eher mit allen Mitteln, andere von der Richtigkeit ihrer Sichtweise zu überzeugen.

3. Die Schätze: Spezifische Ressourcen der einzelnen Persönlichkeitsstile

3.1 Fähigkeiten des EGO

Alle Menschen haben „natürliche" Fähigkeiten und Ressourcen sowie Verhaltensweisen, auf die sie immer wieder zurückgreifen, weil sie ihnen automatisch leichtfallen. Diese Automatismen sind die Grundstrategien, die wir ausprägen und einüben, um unser idealisiertes Selbstbild [EGO] zu sichern. Daher heißen sie in der Sprache des Enneagramms EGO-FÄHIGKEITEN.

Wir entwickeln dieses idealisierte Selbstbild, um unseren Platz im Leben zu finden und zu beanspruchen. Von Geburt an haben wir als Schutz vor widrigen Umständen unbewusst eine bestimmte Strategie ausgeprägt. Das Ergebnis dieser Strategie ist unser Persönlichkeitsmuster. Da wir als Kinder in der Erfüllung unserer grundlegenden Bedürfnisse vollkommen abhängig von den Erwachsenen sind, entwickeln wir unbewusst Strategien und Verhaltensweisen, mit denen wir diesen Erwachsenen gefällig sein wollen. Das Enneagrammmuster, der individuelle Persönlichkeitsstil wird herausgebildet als Antwort des Kindes auf eine von ihm empfundene Not, es ist also eine Überlebensstrategie.[5] Auch im Jugend- und Erwachsenenalter spielen diese Ego-Fähigkeiten in bestimmten Lebenssituationen eine wichtige Rolle, wenn wir dabei sind, unseren Platz in der Welt zu finden oder unsere wichtigsten Lebensrollen auszufüllen. Sie sind Stärken, auf die wir uns verlassen können, die uns vertraut sind, und die wir immer wieder einsetzen.

ZWEIERN fällt es leicht, herzlich auf andere zuzugehen, ihnen ihre Hilfe anzubieten und anderen Gefälligkeiten zu erweisen. Sie haben ein natürliches Talent zu spüren, was andere brauchen oder was ihnen guttun könnte. ZWEIER sorgen oft wie nebenbei für eine gute Atmosphäre, freundliche Umgebung, ansprechende Bewirtung. Sie kümmern sich um den Zusammenhalt der Gruppe und sprechen auch die an, die abseitsstehen. Sie wissen viel über andere, weil sie sich für andere interessieren und man ihnen viel erzählt. In vielen Gruppen sind sie der emotionale Mittelpunkt, das Bindeglied, das dafür sorgt, dass auch die anderen miteinander in Kontakt bleiben. Wenn ZWEIER bei anderen etwas erreichen wollen, schaffen sie das am besten über Komplimente, Schmeicheleien oder Flirts.

DREIER können sehr charmant und sympathisch sein. Da sie sehr zielstrebig und leistungsorientiert sind, nutzen sie ihre Fähigkeit, mit anderen in Beziehung zu treten, häufig dazu, diese für Unternehmungen und Projekte zu gewinnen. Sie können ihre Kontaktfähigkeit gut dafür einsetzen, Netzwerke aufzubauen und zu nutzen. Ihr Pragmatismus ermöglicht es ihnen, flexibel auf unerwartete Schwierigkeiten zu reagieren und im Zweifelsfall die Pferde zu wechseln. Konkurrenz spornt sie eher an als sie zu entmutigen. DREIER trauen und muten sich und anderen viel zu und können andere gut motivieren. Sie sind sehr gut darin, auch bei mittelmäßigen Ausführungen positive Ergebnisse zu präsentieren und andere zu überzeugen.

VIERER sind sehr sensibel und empfindsam. Sie nehmen intuitiv die Stimmungen und Befindlichkeit ihrer Mitmenschen auf. Häufig haben sie einen hohen ästhetischen Anspruch an sich und ihre Umgebung, mit dem ihre gestalterischen und künstlerischen Fähigkeiten korrespondieren. VIERER können sich gut in andere einfühlen und ihnen viel emotionales Verständnis entgegenbringen. Wenn sie sich für andere einsetzen, tun sie das sehr persönlich und mit viel Empathie.

FÜNFER verfügen von allen Typen am stärksten über die Fähigkeit, sich zu distanzieren und Situationen objektiv zu betrachten. Sie sammeln unaufgeregt Informationen und werten diese dann systematisch aus. Sie beobachten aufmerksam und urteilen vorsichtig. FÜNFER brauchen nicht viel Aufwand oder Luxus. Wenn das für ihre wenigen, aber tiefen Interessen Nötige vorhanden ist, stellen sie keine weiteren Ansprüche. Sie können sich, auch wenn die emotionalen Wellen hochschlagen, gut abgrenzen.

SECHSER sind oft der Kitt, der Gruppen zusammenhält. Mit unauffälliger Umsicht und Aufmerksamkeit sorgen sie dafür, dass „der Laden läuft". Auf SECHSER kann man sich verlassen. Sie sind loyal und reißen sich ein Bein aus, um zuverlässig zu sein. Sie können gut in der zweiten Reihe stehen. SECHSER haben zuverlässige Sensoren für Unstimmigkeiten und Ungereimtheiten und gehen diesen beharrlich auf den Grund. Wenn sie kontraphobisch sind, forschen sie konsequent nach und zögern nicht, den „Schuldigen" zu konfrontieren, selbst wenn sie sich damit selber schaden. SECHSER sind gut darin, Probleme vorherzusehen und entsprechende Vorkehrungen zu treffen. In Krisen wachsen sie über sich hinaus.

SIEBENER kommen gut mit den Widrigkeiten des Lebens zurecht, indem sie aus jeder Situation das Beste machen. Sie haben viele Einfälle und können andere aufmuntern und begeistern. Bereitwillig stellen sie sich auf unterschiedliche Varianten und Wechsel ein. SIEBENER können zu vielen Menschen unverbindlich Kontakt aufnehmen und halten und haben oft einen großen Bekanntenkreis. Sie wirken sehr locker und unkompliziert und genießen die Freuden, die ihnen das Leben bietet. SIEBENER sind besonders gut darin, frischen Schwung in eingefahrene Unternehmen zu bringen und neue Projekte und Vorgehensweisen auf den Weg zu bringen. Sie sind hervorragende Netzwerker.

ACHTER fürchten weder Tod noch Teufel. Sie sind gut darin, sich für andere stark zu machen und entschieden für Recht und Gerechtigkeit einzutreten. Sie können respekteinflößend auftreten und sehr klar und ohne Umschweife ihre Meinung äußern. ACHTER können gut konfrontieren und sind einer fairen Auseinandersetzung selten abgeneigt. Sie geben nicht leicht auf und lassen sich nicht unterkriegen. ACHTER haben einen guten Blick für strategisch wichtige Entscheidungen oder Arbeitsschritte und packen diese beherzt an, ohne sich in Details zu verzetteln.

NEUNER kommen mit vielen Menschen gut aus. Sie sind sehr integrativ, können sich in viele Denkweisen und Weltanschauungen hineinversetzen und auch konträre Standpunkte und gegensätzliche Menschen zusammenbringen. Sie sind sehr gelassen, in der unerschütterlichen Ruhe liegt ihre Kraft. NEUNER sind sehr anpassungsfähig, sie richten sich nach den anderen und bleiben selbst eher im Hintergrund. Sie nehmen vieles nicht so wichtig und können gut fünf grade sein lassen. NEUNER können sehr beruhigend auf andere wirken und geben ein gutes Modell dafür ab, die Dinge im eigenen Rhythmus anzugehen.

EINSER können sich gut disziplinieren und arbeiten fleißig und korrekt. Sie sind Werten und Idealen verpflichtet. Um diese hoch zu halten, scheuen sie sich nicht, sich unbeliebt zu machen. Sie können sich für Reformen begeistern und sind in der Lage, die dafür notwendigen Maßnahmen auch gegen Widerstände durchzuziehen. EINSER sehen, woran es fehlt oder was noch nicht vollkommen ist. Sie sind unermüdliche Verbesserer und legen an sich selbst genauso strenge Maßstäbe an wie an andere. Mit ihrer Ernsthaftigkeit können EINSER ihrer Umgebung gut vermitteln, welche Bedeutung und welches Gewicht bestimmten Projekten oder Werthaltungen zukommt und wo Verharmlosung oder Verniedlichung fehl am Platz ist.

3.2 Fähigkeiten des SELBST

Die EGO-Fähigkeiten sind ein wichtiger Teil unseres Ressourcenschatzes. Sie bergen aber auch die Gefahr der Verengung auf ein begrenztes Verhaltens-repertoire, das wie ein eingefahrenes Programm abläuft. Wenn wir unser IDEALISIERTES SELBSTBILD überwinden und unser **WAHRES SELBST** entfalten wollen, müssen wir diese EGO-Fähigkeiten überschreiten. Das bedeutet, dass wir die sichere gewohnte Insel unseres mustertypischen Verhaltens verlassen und uns neue Strategien erobern, die wir nicht automatisch „im Programm haben".

Diese heißen in der Sprache des Enneagramms **GEISTESFRÜCHTE** [6]. Sie sind das, was wir ernten, wenn wir bezüglich unserer Persönlichkeitsentwicklung die Erde bereitet, gesät und das Feld bestellt und gepflegt haben.

GEISTESFRÜCHTE sind die Fähigkeiten, die uns nicht offensichtlich in die Wiege gelegt sind. Wir erwerben sie, indem wir uns ernsthaft mit unseren individuellen Lebensaufgaben beschäftigen und unsere wiederkehrenden Themen unermüdlich durcharbeiten. Sie sind die Fähigkeiten, die uns frei machen, wirklich wir selbst zu sein. Es sind die Grundhaltungen, die uns an reifen Persönlichkeiten faszinieren. Es ist das, was uns zutiefst heil und glücklich macht. Diese Fähigkeiten werden uns geschenkt, wenn wir uns mit uns selbst versöhnen. Auch sie sind nicht für alle Menschen gleich, sondern je nach Typus können wir die uns persönlich herausfordernde und gleichzeitig heilsame GEISTESFRUCHT ernten. Für jeden Typus sind diese GEISTESFRÜCHTE auf den ersten Blick eine Zumutung. Gerade deshalb bringen sie die Befreiung aus den eingefahrenen Bahnen des EGO. Wenn wir es schaffen, diese Herausforderung anzunehmen, bringen wir damit unser WAHRES SELBST zum Wachsen und werden zu reifen Persönlichkeiten.

TYP 2 - DEMUT

Eine demütige ZWEI hat erkannt, dass sie selbst bedürftig ist. Sie hat ihren Stolz überwunden und kann ihre eigene Hilfsbedürftigkeit annehmen. Sie lässt zu, dass andere ihr etwas abnehmen, sie unterstützen und sie ist frei, diese Hilfe leichten Herzens anzunehmen. Eine demütige ZWEI ist die „beste" ZWEI, die es gibt.

TYP 3 - WAHRHAFTIGKEIT / GLAUBWÜRDIGKEIT

Eine wahrhaftige DREI biegt sich die Wirklichkeit nicht so hin, dass sie in ihr Erfolgskonzept passt. Sie schaut genau hin, um alle Facetten wahrzunehmen. Sie nutzt ihre Leistungs- und Beziehungsfähigkeit, um wichtige Grundwerte zu verwirklichen und würdigt den Beitrag aller Beteiligten. Eine wahrhaftige DREI ist die „beste" DREI, die es gibt.

TYP 4 - AUSGEGLICHENHEIT / BALANCE

Eine ausgeglichene VIER setzt ihre Sensibilität ein, um wirklich auf andere einzugehen und sie nicht nur als Spiegel für sich selbst zu sehen. Sie tritt aus der Welt der subjektiven Gefühle und findet eine stärkere Orientierung in Erfordernissen von außen. Sie strukturiert sich und ihre Umgebung und setzt sich für überdauernd für Werte ein unabhängig von ihrer augenblicklichen Befindlichkeit. Eine ausgeglichene VIER ist die „beste" VIER, die es gibt.

TYP 5 - INNERE FREIHEIT / OBJEKTIVITÄT

Eine FÜNF, die innere Freiheit gewonnen hat, kann sich auf andere Menschen einlassen. Sie nutzt ihr Wissen und ihren Überblick dazu, Menschen und Situationen unvoreingenommen anzuschauen. Sie kann großzügig mit ihrer Zeit, ihren Ressourcen und ihrer Zuwendung umgehen und teilt sich und ihre Erfahrung anderen aus sich heraus mit. Eine innerlich freie FÜNF ist die „beste" FÜNF, die es gibt.

TYP 6 - MUT / VERTRAUEN

Eine mutige SECHS handelt entschlossen und ohne Zögern statt sich in Gedankenspielen und Vermutungen zu verlieren. Sie traut ihrer inneren Stimme und ihrer eigenen Kraft. Sie hat akzeptierend verinnerlicht, dass sie sich nicht gegen alle Eventualitäten absichern kann. Sie hat viele Ängste überwunden und lässt sich nicht von zur Schau gestellter Stärke und Imponiergehabe beeindrucken. Eine mutige SECHS ist die „beste" SECHS, die es gibt.

TYP 7 - NÜCHTERNHEIT / MÄSSIGUNG

Eine nüchterne SIEBEN hat gelernt, die Freuden des Lebens zu genießen ohne die Schattenseiten zu negieren. Sie kann Vergnügungen aufschieben um einer wichtigen Sache willen. Sie wählt aus ihren vielfältigen Plänen aus, was sie verwirklichen will, und setzt es dann konsequent und ideenreich um. Sie wendet sich Menschen ernsthaft zu und kann bei anderen tiefgreifende Ermutigung, Hoffnung und Selbstakzeptanz bewirken statt oberflächlicher Aufmunterung. Sie hat gelernt, sich auf Wichtiges zu konzentrieren. Eine mäßige SIEBEN ist die „beste" SIEBEN, die es gibt.

TYP 8 - ARGLOSIGKEIT / UNSCHULD

Eine arglose ACHT fühlt sich nicht ständig bedroht oder angegriffen. Sie hat gelernt, die Befindlichkeit ihres Gegenübers wahrzunehmen. Sie entwickelt ein Gespür dafür, wo ihre Power andere einschüchtert oder überrollt. Sie setzt ihre Stärke angemessen und gezielt ein, wo es notwendig ist, und kann sich zurücknehmen, wenn sie zu dominant wird. Sie kann ihre schwachen Seiten zulassen und Mitgefühl, Verständnis und Liebe zeigen. Eine arglose ACHT ist die „beste" ACHT, die es gibt.

TYP 9 - ANGEMESSENES HANDELN / TAT

Eine tätige NEUN handelt angemessen, mit Augenmaß und besonnen. Sie kann Prioritäten setzen und sich für die wichtigen Angelegenheiten tatkräftig einsetzen. Eine handelnde NEUN kann die Vertreter unterschiedlicher Meinungen und ihre Positionen integrieren statt sich von der für sie unerträglichen Erwartung, Partei zu ergreifen, lähmen zu lassen. Sie entwickelt ein Gespür für ihre eigenen Interessen und Bedürfnisse. Sie nimmt sich selbst wichtig genug, um ihr eigenes Profil zu entwickeln. Eine handelnde NEUN ist die „beste" NEUN, die es gibt.

TYP 1 - HEITERE GELASSENHEIT

Eine heitere, gelassene EINS hat gelernt, auch mal fünf gerade sein zu lassen. Sie erkennt und akzeptiert, dass es zwischen Schwarz und Weiß viele Grautöne gibt. Sie kann tolerant sein und die Dinge in ihrer Unvollkommenheit akzeptieren und lieben, ohne ihre Werte und das, was möglich ist, aus den Augen zu verlieren. Eine heitere EINS wird für andere zum kühnen Visionär und zum mutigen Reformer, der in der Sache kompromisslos den Weg zeigt und gleichzeitig den Menschen mit Nachsicht und Milde begegnet. Eine heitere EINS ist die „beste" EINS, die es gibt.

4. Steine im Weg: Mögliche Stolpersteine und Hindernisse

> *„Auch aus Steinen, die einem in den Weg gelegt werden,*
> *kann man Schönes bauen."*
> *(J.W.v.Goethe)*

Der Weg der persönlichen Entwicklung ist kein gerader, auf dem es ungehindert stetig vorangeht. Er ist vielmehr mit Fallen und Stolpersteinen ausgestattet, deren Überwindung eine Voraussetzung für persönliche Entwicklung ist, andererseits aber auch schon für sich ein Stück Wachstum bedeutet. Jeder Persönlichkeitstypus hat seine spezifischen Stolpersteine, die ihn zu Fall bringen, oder an denen er sich immer wieder die Füße wund stößt.

Um mit diesen Hindernissen so fertig zu werden, dass wir an ihnen wachsen, müssen sie erst einmal als solche wahrgenommen werden. Denn im unerlösten Zustand sehen wir sie eher als Trittbrett für ein schnelles Vorankommen. Sie sind uns vertraut und wohlbekannt. Da sie unser IDEALISIERTES SELBSTBILD schützen und stützen, scheinen sie eine bewährte Möglichkeit zu sein für unseren persönlichen Fortschritt. Das heißt also, dass wir die tatsächliche Herausforderung dieser Hindernisse oft nicht erkennen. Vielmehr laden sie uns zunächst einmal ein, „mehr desselben zu tun". Das bedeutet, dass wir mit erhöhter Anstrengung den engen Pfad unseres Musters vertiefen, statt darüber hinauszugehen und unsere Möglichkeiten zu erweitern.

Erst einmal gilt es wahrzunehmen, was unsere persönlichen Stolpersteine sind. Dann müssen wir die darin liegende individuelle Herausforderung verstehen, unser WAHRES SELBST zum Vorschein kommen und wachsen zu lassen und unsere Geistesfrüchte zu ernten. Auf diese Weise können wir uns befreien von der Engführung und Versuchung unseres Musters, immer den leichten vertrauten Weg zu wählen. So bringen wir den Schatz unseres wahren Wesenskerns zum Vorschein.

4.1 Typische Fallen

Zu den Stolpersteinen auf unserem Entwicklungsweg gehören die typischen Fallen oder Versuchungen. Es sind die Werte und Verhaltensweisen, die scheinbar unsere Daseinsängste beruhigen. Indem wir uns einreden, dass sie uns guttun, rutschen wir unmerklich in sie hinein. Doch sie sind eine Sackgasse auf dem Weg der persönlichen Entwicklung. In Wirklichkeit bewirken sie nämlich, dass wir an unserem IDEALISIERTEN SELBSTBILD festhalten, und unser Muster verengen und verfestigen. Deshalb erscheinen sie uns ungefährlich, da wir unsere Vorstellung über uns selbst nicht in Frage stellen müssen. Lieber machen wir uns vor, dass wir gerade diese Vorgehensweisen vermehren oder verstärken müssten auf unserem persönlichen Entwicklungsweg. So erzeugen wir vor uns und anderen Illusion, dass wir uns selbstkritisch um stetige Besserung bemühen, während wir in Wirklichkeit unser EGO füttern.

ZWEIER neigen dazu anderen gefällig zu sein oder sich einzuschmeicheln.

DREIER neigen dazu sich auf Äußerlichkeiten zu konzentrieren und ihrer Eitelkeit zu erliegen.

VIERER neigen dazu in Melancholie zu schwelgen und eigenwillig auf Echtheit zu bestehen.

FÜNFER neigen dazu Wissen überzubewerten und mit sich und ihrer Zeit zu geizen.

SECHSER neigen dazu auf Nummer sicher zu gehen und sich vorsichtig zurückzuhalten.

SIEBENER neigen dazu unersättlich ihr Vergnügen zu planen und Zerstreuung zu suchen.

ACHTER neigen maßlos ihre Macht zu demonstrieren oder Vergeltung zu üben.

NEUNER neigen dazu sich selbst herabzusetzen und aus Bequemlichkeit nachzugeben.

EINSER neigen dazu dogmatisch zu sein und überempfindlich auf Kritik zu reagieren.

4.2 Typische Vermeidungen

Während wir damit beschäftigt sind, die Verhaltensweisen zu verstärken, die unsere persönliche Falle darstellen, übersehen wir eine andere Sorte von Stolpersteinen, unsere spezifischen Vermeidungen. Das sind die Werte und Verhaltensweisen, um die wir uns erfolgreich herumdrücken. Sie liegen häufig einladend im Weg, manchmal direkt vor unseren Augen oder Füßen, aber wir übersehen sie geflissentlich. Diese Vermeidungen sind ebenfalls mustertypisch und dienen genau wie die Fallen dazu, unser EGO zu bestätigen und zu nähren. Es sind genau die Grundhaltungen, die wir ergänzend brauchen könnten, um unsere Illusion über uns selbst zu erschüttern. Wenn wir bereit sind, sie wahrzunehmen, uns ihnen anzunähern und sie zu erproben, werden sie zu Glückssteinen. Dann ermöglichen sie genau das Verhaltensspektrum, das uns jeweils fehlt, um unser wirkliches Potential auszuschöpfen.

ZWEIER vermeiden es etwas oder jemanden zu brauchen oder Hilfe in Anspruch zu nehmen.

DREIER vermeiden es Versagen oder Misserfolg zuzugeben.

VIERER vermeiden es wie andere zu sein, das heißt gewöhnlich oder alltäglich zu sein.

FÜNFER vermeiden es sich mitzuteilen oder etwas her zu geben.

SECHSER vermeiden es etwas falsch zu machen oder etwas zu riskieren.

SIEBENER vermeiden es etwas Schmerzliches, Ernsthaftes oder Langweiliges auszuhalten.

ACHTER vermeiden es Schwäche zu zeigen oder nachzugeben.

NEUNER vermeiden es sich aus der Ruhe bringen zu lassen oder Konflikte zu riskieren.

EINSER vermeiden es ihre Prinzipien zu relativieren und Kritik und Ärger zuzulassen.

4.3 Typische Abwehrmechanismen

Wenn andere Menschen oder Erlebnisse unser EGO in Frage zu stellen drohen, gerät es in die Klemme. Dann greifen wir zu einem letzten Mittel, um unsere Idealisierung aufrechtzuerhalten, das ist der mustertypische Abwehrmechanismus. Es sind die Verhaltensweisen, die wir zeigen, wenn wir bezüglich unseres Selbstbildes unter Druck geraten, aber innerlich noch nicht bereit sind, unsere Selbsttäuschung aufzugeben und unser WAHRES SELBST zu entwickeln.

Wie die Fallen und die Vermeidungen sind auch die Abwehrmechanismen in der Regel unbewusste Strategien. Sie machen für uns Sinn, solange wir glauben, unser idealisiertes EGO als Mittel gegen unsere Ängste aufrecht erhalten zu müssen. Wir können erst auf sie verzichten, wenn wir bereit sind, uns unseren Ängsten und Unsicherheiten zu stellen und zu unserem wahren Wesen zu stehen. Das ist nicht unbedingt ein prinzipieller Entwicklungssprung. Es kann sein, dass wir dies gegenüber einzelnen Menschen oder in bestimmten Situationen wagen, in anderen aber unsere unbewussten Abwehrstrategien noch benötigen und einsetzen.

ZWEIER wehren sich, indem sie andere manipulieren, unterdrücken oder Rachegedanken schmieden.

DREIER wehren sich, indem sie sich ganz mit ihren Rollen identifizieren und tricksen, um doch noch gut dazustehen.

VIERER wehren sich, indem sie sich in angenehme Phantasien flüchten oder Frustrierendes künstlerisch sublimieren.

FÜNFER wehren sich, indem sie sich noch mehr zurückziehen und sich mit ganz kleinen Einheiten beschäftigen.

SECHSER wehren sich, indem sie ihre Ängste auf andere projizieren und sich selbstgefällig rechtfertigen.

SIEBENER wehren sich, indem sie alles schön rationalisieren und sehr rigide ihre Interessen verteidigen.

ACHTER wehren sich, in dem sie Imponiergehabe zeigen und leugnen, was ihnen nicht passt.

NEUNER wehren sich, in dem sie sich selbst durch Betäubung beschwichtigen und Ohnmacht demonstrieren.

EINSER wehren sich, in dem sie sich noch mehr kontrollieren und ihre Aggressivität hinter Sachlichkeit verstecken.

4.4 Stolpersteine überwinden

Diese Stolpersteine Falle, Vermeidung und Abwehrmechanismus können bewirken, dass wir uns in einem mustertypischen Ursache–Wirkung–Kreislauf verstricken, in dem immer wieder unser EGO „bedient" wird. Je stärker positive Resonanz und Bestätigung von außen unserem EGO zu gelten scheinen, umso schwächer wird unser Selbstwertgefühl. Dann greifen wir verstärkt auf Verhaltensweisen zurück, mit denen wir uns selbst dabei im Wege stehen, unsere tiefste Sehnsucht zu erkennen, unseren wahren Bedürfnissen Raum zu geben und unsere Ängste wirksam zu überwinden. Wir können jedoch an diesen Hindernissen wachsen. Wenn wir bereit sind, sie vorbehaltlos als Blockaden zu erkennen und aus dem Weg zu räumen, eröffnen wir uns selbst den Weg zur persönlichen Reife. Dafür können wir auch die Hauptenergiezentren stärker aktivieren, die wir von unserer Grundorientierung her eher vernachlässigen.

TYP ZWEI

Die Falle für die ZWEIER ist es, anderen gefällig zu sein. Wenn ZWEIER unter Druck geraten, verstärken sie ihre Helfertätigkeit und versuchen sich unentbehrlich zu machen. Sie bemühen sich, andere durch Schmeichelei und Nettigkeit dazu verführen, auf ihre gut gemeinten Angebote einzugehen. ZWEIER sind in Gefahr, Hilfsbereitschaft und die Unterstützung anderer absolut zu setzen. Sie können sich sogar in inneren Vorwürfen ergehen, nicht genug für andere da gewesen zu sein.

Ihre besondere Verstrickung besteht darin, dass sie sich und anderen vormachen, zu sehr an sich selbst gedacht zu haben. Ihre automatischen „Selbstverbesserungsreaktionen" zielen auf noch mehr Opferbereitschaft und Selbstlosigkeit. Gerade damit aber verstärken sie ihre persönliche Problematik. Sie geraten in ihren Abwehrmechanismus, andere zu manipulieren, wenn sie nicht „gefügig" sind, ihre Hilfe annehmen und dadurch ihren Selbstwert bestätigen. ZWEIER müssen erkennen, dass sie ihre Stolpersteine dadurch aus dem Weg räumen können, dass sie ihren Stolz, selbst bedürfnislos und nicht auf Hilfe angewiesen zu sein, aufgeben. Wenn sie aus freien Stücken um Hilfe bitten und darauf verzichten, für andere etwas zu tun, was diese selber können (und wollen), dann erst werden sie wirklich frei und unabhängig und finden ihren Wert aus sich selbst heraus.

ANREGUNG FÜR ZWEIER:
Nutzen Sie Ihr Bauchgefühl, um wahrzunehmen, wenn Sie das Bedürfnis für andere zu handeln „automatisiert" umsetzen. Setzen Sie Ihren Kopf ein, um unabhängig von ihren Gefühlen zu entscheiden, ob diese Hilfe oder dieser Einsatz aus der Perspektive der anderen wirklich nötig ist oder eher dazu dient, Ihnen selbst gute Gefühle zu verschaffen.

TYP DREI:

Die Falle für die DREIER ist ihre Tüchtigkeit und ihre Eitelkeit, nicht zulassen zu können, dass sie etwas nicht gewachsen sein könnten. Stolpersteine versuchen sie mit Effektivität und Leistungsbereitschaft aus dem Weg zu räumen. Sie sind in Gefahr, ihr pragmatisches Handeln und das Zurechtrücken der Wirklichkeit zu übertreiben, um die Erfahrung von Misserfolg, Scheitern oder Versagen zu verhindern. Ihre Herausforderung ist es, die Wirklichkeit ungeschminkt anzuschauen, wie sie ist, ohne etwas zu beschönigen.

Wenn DREIER in Schwierigkeiten kommen, reden sie sich und anderen Probleme aus, interpretieren Misserfolge zu Erfolgen um, betonen ihren Anteil am Erfolg und negieren ihren Anteil am Misserfolg. So geraten sie in ihre Selbstverstrickung, mit immer mehr Leistung und Einsatz an einem glänzenden Image zu stricken. Bleibt die erwartete Resonanz aus, neigen sie dazu, ihre Selbsttäuschung noch zu verstärken, indem sie sich immer stärker mit den verschiedenen Rollen, die sie verkörpern, identifizieren. DREIER müssen akzeptieren, dass ihre Stolpersteine dadurch verschwinden, dass sie ihre Neigung aufgeben, um jeden Preis ihr positives Image zu retten. Wenn sie sich selbst und die Wirklichkeit so annehmen können wie sie sind, dann werden sie wirklich frei. Sie sind dann in ihrem Handeln nicht mehr abhängig vom Applaus und der Zustimmung anderer und können auf Betrug und Beschönigung verzichten.

ANREGUNG für DREIER:
Setzen Sie Ihren Kopf ein, um kühl und nüchtern die Lage zu betrachten und herauszufinden, wie die Dinge „objektiv" liegen. Nutzen Sie Ihre vitale Bauchenergie, um sich zu erden und so aufzutreten, wie Sie sind, ohne sich mit einem besseren Image maskieren zu wollen.

TYP VIER:

Die Falle für die VIERER ist ihr Streben nach Originalität und Besonderheit und ihre Tendenz, in Schwermut zu geraten und zu verharren, weil ihr Leben ihnen banal, durchschnittlich und ganz gewöhnlich erscheint. Wenn VIERER dadurch unter Druck geraten, streben sie vermehrt danach, sich unter allen Umständen abzuheben, etwas Echtes und große tiefe Gefühle zu erleben und geraten so in ihre Selbstverstrickung. Sie werfen sich dann vor, Gewöhnlichkeit zugelassen zu haben und können überheblich werden, sich als etwas Besseres erleben und Situationen sublimieren bis hin zur Dekadenz. Je mehr sie das tun, umso stärker erhalten sie von der Umwelt Signale, dass man sie für extravagant und abgehoben hält und ihnen nahe legt auf den Boden der normalen Tatsachen zurückzukehren. Dieses Ansinnen bringt VIERER wiederum dazu, unter Beweis zu stellen, wie echt und tiefgründig sie sind und dass ihre Gefühle ein Teil der Wirklichkeit sind.

Wenn VIERER einsehen, dass ihre Stolpersteine genau darin bestehen, dass sie verführt werden, in allem etwas Besonderes zu suchen und sich mit Durchschnittlichem nicht abfinden zu können, dann ist der Boden dafür bereitet, ihren Neid auf die anderen aufzugeben und in einfachen Dingen und Situationen Zufriedenheit zu finden. Sie brauchen dann nicht mehr mit Phantasie und Sublimierung aus der schnöden Wirklichkeit zu flüchten, sondern können in der Gegenwart, im Hier und Jetzt, das annehmen und schätzen, was ist.

ANREGUNG für VIERER:
Benutzen Sie ihre Bauchenergie, um sich in der Gegenwart zu verwurzeln und sich selbst und die Verhältnisse so wahrzunehmen und anzunehmen wie sie sind. Schaffen Sie sich mit kühlem Kopf einen beobachtenden Standpunkt von außen, wenn Sie in ihrer subjektiven Gefühlswelt zu versinken drohen.

TYP FÜNF:

Die Falle für FÜNFER ist, um jeden Preis in ihrem Wissen autark zu sein und es für sich zu behalten. Wenn FÜNFER sich in Gemeinschaft von anderen vereinnahmt fühlen, neigen sie dazu, sich körperlich, mental und emotional noch stärker zurückzuziehen. Sie machen sich vor, dass diese Vereinnahmung nur geschehen konnte, weil sie nicht genug darauf geachtet haben, unabhängig und objektiv zu bleiben. Sie wollen noch mehr Informationen anhäufen und ihr ohnehin umfangreiches Wissen vergrößern und vertiefen, bevor sie mit anderen in Beziehung treten.

FÜNFER müssen begreifen, dass ihre besondere Falle darin besteht, dass sie sich durch ihre Selbstbezogenheit und latente Verweigerungshaltung immer wieder dazu bringen, sich von anderen über Gebühr abzugrenzen und dass sie dadurch in ihre Selbstverstrickung geraten: Je größer ihr Rückzug, desto mehr fühlen sie sich durch „normales" Verhalten von anderen bedrängt, und desto mehr müssen die anderen aufrücken um Kontakt herzustellen. Das wiederum löst den Fünfer-typischen Abwehrmechanismus Rückzug (aus den Gefühlen in Wissen und Fakten) und Segmentierung (sich auf Details verlegen) aus.

Erst wenn FÜNFER auf das Sammeln, Horten und Festhalten von geistigen und materiellen Vorräten verzichten und wenigstens teilweise Leere riskieren können, werden sie die Erfahrung machen, darauf vertrauen zu können, dass von all dem genug da ist. Wenn FÜNFER die Falle überwinden, Wissen und Dinge anzuhäufen und mit dem Weitergeben zu geizen, erleben sie, dass die Bereitschaft mit anderen zu teilen und sich mitzuteilen sie keinesfalls ärmer macht, sondern ihnen wirkliche Unabhängigkeit beschert. Aus der eigenen Gedankenwelt herauszutreten und sich auf andere Menschen einzulassen ebnet für FÜNFER den Weg zur Überwindung ihrer mustertypischen Begrenzung.

ANREGUNG für FÜNFER:
Öffnen Sie Ihr Herz, um Ihre Gefühle wahrzunehmen und mitzuteilen. Nutzen Sie Ihre vitale Bauchenergie, um aus Ihrer Gedankenwelt herauszutreten, sich zu zeigen und tatkräftig zu handeln.

TYP SECHS:

Die Falle für SECHSER ist Sicherheit. Je mehr Schwierigkeiten und Hindernisse SECHSER vermuten, desto stärker versuchen sie, vorzusorgen und auf Nummer Sicher zu gehen. Gelingt ihnen das nicht in ausreichendem Maße, verlegen sie sich verstärkt darauf, sich anzupassen und die Erwartungen der Umgebung herauszufinden und zu erfüllen. Sie zweifeln, ob sie loyal und pflichtbewusst genug sind und werfen sich vor, Regeln oder Normen vernachlässigt zu haben. In Wirklichkeit neigen sie in diesen kritischen Situationen zur Selbstgerechtigkeit und sonnen sich in dem Bewusstsein, dass sie sich nichts vorzuwerfen haben und nicht schuld sind an auftretenden Problemen.

Wenn SECHSER einsehen, dass ihre Falle darin besteht, sich auf alles vorzubereiten und sich in jedem Fall absichern zu wollen, können sie ihre Vorsicht und Feigheit überwinden und eigenständig und intuitiv aus der Situation heraus handeln. Sie brauchen dann nicht mehr jegliche Schuld von sich zu weisen und ihre Befürchtungen auf andere zu projizieren, womit sie bei sich selbst ein noch größeres Sicherheitsbedürfnis erzeugen. Wenn SECHSER verstanden und akzeptiert haben, dass es absolute Sicherheit nicht gibt, haben sie sich den Weg frei geräumt, ihre Zweifel an sich und anderen zu überwinden und vertrauensvoll und mutig vorwärts zu gehen. Die Überwindung des EGO liegt für sie darin, sich selbstverantwortlich und eigenständig zu engagieren ohne sich ständig absichern zu müssen.

ANREGUNG für SECHSER:
Verlassen Sie sich nicht nur auf Ihren Kopf, sondern auch auf Ihre Gefühle und trauen Sie Ihrer Intuition. Riskieren Sie es, spontan aus dem Bauch heraus zu handeln und auch mal vorzupreschen oder alleine zu stehen mit Ihrer Meinung.

TYP SIEBEN:

Die Falle für SIEBENER heißt Unbeschwertheit und Maßlosigkeit. Wenn es für SIEBENER mühselig zu werden droht, reagieren sie verstärkt mit Vergnügtheit und Optimismus. Sie entziehen sich Situationen und Menschen, die erfordern, sich ernsthaft einzulassen, Verletzung und Schmerz zu riskieren und zu akzeptieren und konsequent „dran zu bleiben". Wenn die Dinge schwierig werden, werfen SIEBENER sich vor, die Sache zu ernst genommen zu haben, rationalisieren die Verhältnisse zum Positiven hin und entwickeln Pläne, wie sie den Problemen im weiteren aus dem Wege gehen oder ihnen die Schwere nehmen können. In Wirklichkeit verschärfen sich viele Probleme durch ihre Flatterhaftigkeit und Unzuverlässigkeit, was bei anderen das Bedürfnis verstärkt, sie festzunageln und zu konfrontieren.

So geraten SIEBENER in ihre Selbstverstrickung, indem sie immer unmäßiger Genuss und Ablenkung um jeden Preis suchen. SIEBENER räumen sich ihre Stolpersteine aus dem Weg, indem sie sich nüchtern den Anforderungen stellen und auch Durststrecken aushalten, um Dinge konsequent zu Ende zu bringen oder sich mit Menschen in aller Ernsthaftigkeit und Tiefe auseinander zu setzen. Wenn sie auf diese Weise lernen, sich in ihrem Streben nach Vergnügen zu mäßigen, ebnet sich für sie durch Selbstbeherrschung der Weg zu wahrer Freiheit und Unabhängigkeit. Dann überwinden sie den Zwang, immer „gut drauf" sein zu müssen zugunsten einer angemessenen Tiefe und ungezwungenen Lebensfreude.

ANREGUNG für SIEBENER:
Nutzen Sie Ihre Herzenergie dazu, ihr ganzes Gefühlsspektrum einschließlich der „negativen" Emotionen zu spüren und auszuhalten. Lassen Sie sich von Ihrer Bauchenergie erden, um an wichtigen Dingen ohne Ausweichen „dran zu bleiben" und sie konsequent zu Ende zu bringen.

TYP ACHT:

Die Falle für ACHTER ist Machtdemonstration und Vergeltung. Unter Druck neigen ACHTER dazu, jedem möglichen Angriff durch eigene Machtausübung zuvorzukommen, insbesondere wenn sie unfaire Aktionen oder Ungerechtigkeiten wittern. Sie geraten in ihre Selbstverstrickung, wenn sie durch ihr dominantes Auftreten die Menschen um sie herum erschreckt oder verprellt haben. Je mehr die anderen die ACHTER dann ablehnen oder ihnen ihr Vertrauen entziehen, umso mehr fühlen diese sich darin bestätigt, dass sie sich nicht verletzlich machen dürfen und ihren weichen Kern schützen müssen.

Erst wenn ACHTER einsehen, dass ihre Falle gerade darin besteht, ohne Berücksichtigung des Kontextes und des Gegenübers ihre Stärke zu demonstrieren und sich vorsorglich nichts gefallen zu lassen, können sie freiwillig auf aggressives und unverschämtes Vorgehen verzichten. Sie brauchen sich dann nicht mehr hinter Imponiergehabe zu verstecken und nicht mehr alles zu verleugnen, was ihnen nicht ins Konzept passt, zum Beispiel auch die Grenzen ihrer eigenen Belastbarkeit und Kraftreserven.

Auf diese Weise lernen ACHTER, andere in ihren Befindlichkeiten wahrzunehmen und rücksichtsvoll und milde mit eigenen Schwächen und denen anderer umzugehen. Sie gewinnen die Arglosigkeit und Unschuld, die sie brauchen, um ihre Stärke mit Augenmaß zum eigenen Wohl und dem der anderen einzusetzen statt sich permanent zu behaupten und die Lage unter Kontrolle zu halten. Durch die Aussöhnung mit eigenen und fremden Schwächen gewinnen sie wirkliche Unabhängigkeit.

ANREGUNG für ACHTER:
Analysieren Sie mit kühlem Kopf die Situation und denken Sie über angemessene Reaktionsweisen nach, bevor Sie unbedacht auf vermeintliche oder tatsächliche Gegner losgehen. Setzen Sie Ihre Herzenergie ein, um sich in andere Menschen einzufühlen und ihre Bedürfnisse zu berücksichtigen statt sie zu überrollen.

TYP NEUN:

Die Falle für NEUNER ist Bequemlichkeit und die Neigung sich selbst herabzusetzen. Wenn sie in Stress kommen, neigen NEUNER dazu, bewegungslos zu werden. Indem sie sich darauf konzentrieren, vor allem Ruhe zu bewahren, sich nicht aufzuregen und Gelassenheit zu signalisieren, verlieren sie den Kontakt zu sich selbst und ihre eigenen Interessen aus dem Auge. Sie geben sich der Illusion hin, dass es in jedem Fall das Beste ist, Streit, Auseinandersetzung und innere Unruhe zu vermeiden und sich mit Gegebenheiten abzufinden, die man ohnehin nicht ändern kann. In Wirklichkeit weichen sie Konflikten und einer Konfrontation aus, die es erfordern würde, dass sie Farbe bekennen und ihre eigene Position erkennen und vertreten.

Die Verwicklungsdynamik besteht für NEUNER darin, dass sie ihren eigenen Standpunkt immer stärker zugunsten des anderen aufgeben, je weniger sie sich selbst wichtig nehmen. Dadurch wirken sie immer weniger greifbar, unentschlossener und zögerlicher, was die anderen veranlasst, sie entweder anzutreiben oder zu übergehen. Beides führt dazu, dass NEUNER aufkommende Aggressionen betäuben und in den passiven Widerstand gehen.

Wenn NEUNER einsehen, dass ihre Falle darin besteht, um jeden Preis zu vermitteln und zu beschwichtigen, können sie ihre Bequemlichkeit und „falsche" Bescheidenheit überwinden und stattdessen ihre Interessen und Standpunkte formulieren. Sie erleben dann, dass sie keineswegs ohnmächtig sind, sondern wohltuenden Einfluss auf Menschen ausüben können. So erfahren sie, dass echte Kompromisse und tragfähige Lösungen für alle Beteiligten erst möglich sind, wenn man Unterschiedlichkeit offen gelegt und Auseinandersetzung zugelassen hat.

ANREGUNG für NEUNER:
Setzen Sie Ihren Kopf ein, um Dingen auf den Grund zu gehen, eigene Ziele zu formulieren und Umsetzungsschritte verbindlich festzulegen. Nutzen Sie Ihre Herzenergie, um ihre eigenen Gefühle wahrzunehmen, ernst zu nehmen und zu zeigen.

TYP EINS:

Die Falle für EINSER ist Vollkommenheit. Wenn sie in Schwierigkeiten geraten, verstärken sie ihr Streben nach Perfektion und Korrektheit. Ihre Aufmerksamkeit verengt sich zunehmend auf Unvollkommenheiten und Schwachstellen und sie kritisieren mit der ihnen eigenen Gründlichkeit an sich, an anderen und an den Verhältnissen herum. In Phasen von Druck werfen EINSER sich vor, nicht wachsam genug auf Fehler und Versäumnisse geachtet zu haben. Dabei besteht ihr eigentliches Problem darin, dass sie ihren inneren Groll und ihre Wut wegen eigener und fremder Unzulänglichkeiten unterdrücken und verleugnen, weil diese Regungen ihrem idealisierten Selbstbild zuwiderlaufen. Sie vermeiden es auf jeden Fall, unbeherrscht zu erscheinen. Stattdessen werden sie auf der Sachebene zunehmend dogmatisch und rigide und lassen keine anderen Sichtweisen mehr zu.

So geraten sie in ihre Selbstverstrickung. Je mehr EINSER sich kontrollieren und ihren Ärger mit vorgeblich sachlicher Argumentation kaschieren, umso stärker lösen diese unterdrückten Aggressionen bei anderen ein Gefühl der eigenen Unzulänglichkeit aus. Wenn diese sich dann wehren oder (demonstrativ) an ihren unvollkommenen Verhaltensweisen festhalten, erleben EINSER das als Kritik an ihrer eigenen Person und fühlen sich selbst immer mehr in Frage gestellt. Das führt wiederum dazu, dass sie umso unnachgiebiger und kompromissloser in der Sache werden.

Wenn EINSER einsehen, dass sie ihre Stolpersteine dadurch überwinden, dass sie ihren inneren Zorn wahrnehmen und annehmen, können sie aufhören, ständig Urteile über sich, andere Menschen und die Verhältnisse zu fällen. Erst wenn sie sich selbst mit all ihren Gefühlen, Trieben und Unvollkommenheiten akzeptieren, können sie auch weniger streng mit anderen sein. So lernen sie Geduld und Gelassenheit, um Entwicklungen ihre Zeit zu lassen und sich mit Unfertigem und Ungelöstem zu versöhnen. Wenn sie mit mehr Leichtigkeit und weniger Anstrengung den Dingen auch ihren Lauf lassen können, werden sie sich selbst und andere motivieren statt anzutreiben und am Ende viel mehr an Erneuerung und Verbesserung erreichen.

ANREGUNG für EINSER:

Setzen Sie Ihre Herzenergie ein, um die Menschen in ihrer Umgebung in ihren besonderen Eigenarten mit Liebe annehmen und lassen zu können. Nutzen Sie Ihre kognitiven Fähigkeiten, um zu überprüfen, ob ihre ehrgeizigen Ziele realistisch sind und um immer wieder Alternativen und Lösungsoptionen zu entwickeln.

5. Wege und Ziele: Persönliche Entwicklungsrichtungen

Das Enneagramm ist ein dynamisches Persönlichkeitsmodell. Es beschreibt nicht nur Verhaltensweisen und Persönlichkeitsstile. Es weist auch darauf hin, in welche Richtung (in der Abb.2 gegen die Pfeilrichtung) unser individueller Entwicklungsweg positiv verläuft, weil wir unsere besonderen Gaben entfalten und unsere Persönlichkeit ins Gleichgewicht bringen können. Ebenso zeigt es, in welcher Richtung (in der Abb. 2 mit der Pfeilrichtung) wir verstärkt in unsere typischen Fallen laufen und dadurch unsere Entwicklung selbst behindern.

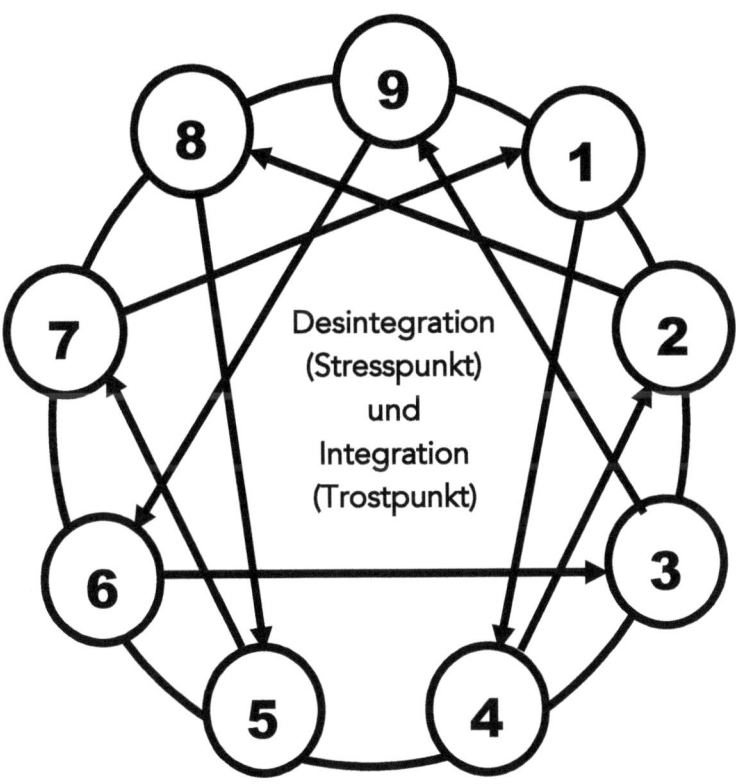

Abb. 2 © M.Gruhl

5.1 Der spezifische Giftschrank: Desintegrations-richtung

Für jeden Persönlichkeitsstil gibt es eine Bewegungsrichtung, die seine problematischen Erscheinungsformen und Ausprägungen verstärkt. Das ist der so genannte STRESSPUNKT oder die DESINTEGRATIONSRICHTUNG, für jeden Typ der jeweils nächste Enneagrammpunkt **in** Pfeilrichtung. Wir neigen dazu, insbesondere die problematischen Verhaltensweisen dieses Stresspunkt - Musters anzunehmen, wenn wir in Bedrängnis geraten. Mit Stress ist nicht gemeint, dass wir viel zu tun haben, sondern dass wir persönlich Druck und Angst empfinden, weil wir beispielsweise in einer Krise stecken oder unser idealisiertes Selbstkonzept ins Wanken gerät. Die Auslöser dafür sind abgesehen von äußeren Ereignissen mustertypisch unterschiedliche Erfahrungen und Erlebensweisen.

Unsere Reaktionsweisen, wenn wir in die Enge kommen, laufen meist wie nach einem Programm mit sich steigernden Eskalationsstufen ab. Das erste Mittel zu dem wir unter Stress greifen, sind die mustertypischen ABWEHRMECHANISMEN (s. Kapitel 4). Wenn diese nicht ausreichen, um unser EGO zu schützen, tendieren wir dazu, uns auf unseren DESINTEGRATIONSPUNKT zuzubewegen und mit dessen problematischen Verhaltensweisen in der Krise gegensteuern zu wollen. In Wirklichkeit aber verstärken gerade diese Haltungen noch unseren Druck. Es ist so, als würden wir aus einem Giftschrank zielsicher das für uns schädlichste Mittel herausgreifen. Und wenn es ganz schlimm kommt, erhöhen wir noch die Dosis und tun mehr desgleichen. Mit der Bewegung auf den Stresspunkt zu, sind wir auch immer in Gefahr, zu den problematischen Verhaltensweisen dieses Typs auch noch seine spezifischen Fallen und Abwehrmechanismen zu übernehmen.

Diese Zusammenhänge sind keine theoretischen Überlegungen. Das Enneagramm gibt in seiner Struktur nur die

Reaktionsmechanismen wieder, die an unzähligen Menschen weltweit beobachtet wurden. Viele, die sich mit dem Enneagramm beschäftigen, erkennen in der nachträglichen Reflexion, dass sie haben in schwierigen Lebensphasen oder krisenhaften Situationen genau so reagiert haben. Es bestätigt sich für sie auch, dass sie sich dadurch erst recht in Schwierigkeiten gebracht und ihre innere Not vergrößert haben.

5.2 Desintegrationsrichtungen der einzelnen Persönlichkeitstypen

Ihren persönlichen Stress erleben ZWEIER, wenn ihre gut gemeinten Hilfsangebote nicht gewürdigt werden oder wenn das Gefühl in ihnen aufsteigt, selbst zu kurz zu kommen.

Dann können sie problematische Eigenschaften der ACHTER annehmen, und Aggression und Feindseligkeit brechen heraus. Wenn sie mit ihrem mustereigenen Abwehrmechanismus Manipulation nicht weiterkommen, fühlen sie sich gezwungen zu anderen Mitteln greifen. Sie gehen zum direkten Angriff über oder schmieden Rachepläne. Ihre Umgebung muss sich dann aggressive Ausbrüche und bittere Vorwürfe gefallen lassen, dass keiner ihre Anstren-gungen würdigt und alle gar nicht wissen und schätzen, wie gut sie es dank der ZWEI haben.

Silkes Ehe ist seit einiger Zeit in der Krise. Sie fühlt sich einerseits von ihrem Mann chronisch missverstanden und vernachlässigt, kann sich andererseits aus der Beziehung nicht lösen. Zurzeit hat sich ihr Mann beruflich nach Korea versetzen lassen, um Abstand zu gewinnen. Was ihre Ehe angeht, hängt Silke völlig in der Luft. Als Mutter definiert sich Silke sehr stark über ihre enge Beziehung zu ihren beiden Töchtern. Sie lobt vor anderen besonders auch deren freiwillige Mithilfe im Haushalt und erklärt, dass es ihnen auch mit ihren 17 und 20 Jahren noch wichtig ist, dass sie alle Mahlzeiten gemeinsam einnehmen. Doch immer häufiger unternehmen die beiden etwas, das mit den Zeiten der Familienmahlzeiten kollidiert. Silke fühlt sich vernachlässigt, reagiert verärgert und versucht teils bewusst, teils unbewusst gegenzusteuern. Wenn Julia, die Jüngste, in den Augen ihrer Mutter zu viel unterwegs ist, kommen auf der ersten Stufe indirekte Fragen („Wäre es nicht angebracht, wenigstens ein paar Abende in der Woche zu Hause zu sein?") und Hinweise („Die Bügelwäsche steht schon seit drei Tagen da.") Wenn Julia darauf nicht anspringt, erzählt Silke abends beiläufig und mit etwas beleidigtem Unterton, dass sie total kaputt sei, sie habe nicht mal ihre übliche Teepause gehabt („War ja auch keiner da!")

Kommt auch darauf nicht die gewünschte Reaktion, folgt die nächste Stufe, der inszenierte Vorwurf: Obwohl sie weiß oder ahnt, dass die beiden nicht zum Essen da sein werden, kocht sie etwas Aufwändiges und deckt den Tisch besonders schön für drei. Wenn dann zum Essen tatsächlich keiner da ist, hinterlässt sie deutlich sichtbar die Spuren, dass sie selbst nur ein paar Bissen gegessen hat und lässt den Rest als Mahnung stehen, bis Julia und Elena es zur Kenntnis genommen haben. Danach räumt sie unter Umständen voll Selbstmitleid und unterdrückter Wut das Ganze alleine auf. Meistens aber erzeugen Aktionen auf dieser Stufe in ihren Töchtern genug schlechtes Gewissen, dass sie ihrer Mutter dann wieder verstärkt zu Gefallen sind. Im Extremfall, wenn beide auch darauf nicht wie gewünscht reagieren, weil sie von dieser Strategie auf genervt sind, tritt Stufe drei ein. Silke steigert sich in Wut und Selbstmitleid, schreit ihre Töchter aus nichtigem Anlass an und verteilt verbale Rundumschläge. Julia und Elena fühlen sich dann von ihren aggressiven Ausbrüchen überrollt und haben keine Gelegenheit zu erklären, wieso sie nicht zum Essen kommen konnten oder wollten. Nach solchen Aktionen hat Silke ein schlechtes Gewissen, kann es aber nicht zugeben, sondern versucht ihren Ausbruch mit besonderen Aufmerksamkeiten wieder gut zu machen.

DREIER erleben ihren spezifischen Stress, wenn sich Misserfolgserlebnisse einstellen oder sogar häufen. Sie haben den Eindruck, nicht (mehr) bei anderen gut anzukommen und ihr Image droht Schaden zu nehmen.

Dann können sie problematische Eigenschaften der NEUNER annehmen und auf stur schalten. (*„Wenn das alles nicht ankommt, dann mache ich eben gar nichts mehr.“*) Wenn sie noch stärker in verschiedene Rollen geschlüpft sind, sie mit großem Engagement persönlich ausgefüllt haben und trotzdem nicht die gewünschte Wirkung erreichen, laufen sie Gefahr, antriebslos und deprimiert zu werden, sich keine Ziele mehr zu setzen und sich durch den Tag treiben zu lassen. Anders als NEUNER wirken sie dabei oft beschäftigt, widmen sich aber unwichtigen beliebigen Details und sind mit ihrer Aufmerksamkeit mal hier und mal da.

Für VIERER entsteht persönlicher Stress vor allem, wenn sie sich gekränkt fühlen, weil andere sie nicht verstehen oder zurückweisen, was ihr inneres Mangelgefühl verstärkt.

Dann können sie problematische Eigenschaften der ZWEIER annehmen und kompensieren ihre Verletztheit durch Fürsorglichkeit. Wenn sie auch mit Phantasie und Sublimierung nicht weiterkommen, geben sie sich der Illusion hin, bestimmte von ihnen gewünschte und vorgestellte Veränderungen nur für andere zu inszenieren. (*„Für dich wäre es das Beste, wenn wir...“* oder *„Ich mache das nur wegen Benno, er braucht die Ruhe.“*) Sie versuchen um jeden Preis doch noch Zuwendung und Zustimmung zu bekommen und verleugnen dafür sich und ihre Interessen. Dann klammern sie sich an die vermeintlich oder tatsächlich Hilfsbedürftigen, werden übertrieben anhänglich und abhängig und häufig ausgesprochen dominant, denn diese Zuwendung gilt dann nicht in erster Linie der anderen Person in ihrer Eigenart, sondern ist der letzte verzweifelte Versuch, ihren Selbstwert zu spüren.

Ihren individuellen Stress erleben FÜNFER, wenn sich ein Gefühl innerer Leere einstellt und sie von Existenzängsten überfallen werden.

Dann können sie problematische Eigenschaften der SIEBE-NER annehmen und entwickeln hektische Aktivitäten, um die Leere zu füllen und gegen ihre Ängste anzugehen. Diesen spezifischen Stress erleben viele FÜNFER dann besonders stark, wenn sie Menschen um sich haben, zu denen ein intensiver Kontakt möglich wäre, sie sich aber wie abgeschnitten fühlen. Mit ihrer „normalen" Abwehrstrategie Rückzug kommen sie nicht mehr weiter und ihre Neigung zur Beschäftigung mit Details übersteigern sie dann durch Gedankenspielereien, die im luftleeren Raum bleiben. Diese Ausweichmanöver in vages Phantasieren und optimistisches Pläneschmieden verstärkt die Ängste der FÜNFER, denen ja als objektive Analysierer im Grunde bewusst ist, dass sie so nur Luftschlösser bauen und sich immer mehr von der Realität entfernen.

SECHSER geraten in persönlichen Stress, wenn ihnen ihre Selbstzweifel und ihre Unsicherheit in aller Heftigkeit bewusst werden. Sie verlieren in dem Fall jegliches Selbstvertrauen und entwickeln übertriebene Minderwertigkeitskomplexe.

Dann können sie problematische Eigenschaften der DREIER annehmen und in Aktionismus verfallen. Sie tun vor sich und anderen so als ob sie keine Herausforderung schrecken könnte, überfordern sich in ihrer Leistungsfähigkeit und entwickeln daraus ein übersteigertes Selbstvertrauen. Wenn sie unter Druck geraten und ihre normale Abwehrstrategie, ihre Ängste und Probleme auf andere zu projizieren, nicht mehr ausreicht, packen sie sich mit Aufgaben voll und vernachlässigen die Menschen in ihrer Umgebung. Sie täuschen Souveränität vor und tun so als ob sie alles mit Leichtigkeit schaffen könnten. Doch sie wissen zu jedem Zeitpunkt, dass sie damit auf Sand bauen, was ihren spezifischen Stress verstärkt.

Mustertypischer Stress für die SIEBEN entsteht, wenn andere Menschen oder äußere Umstände es schwierig oder sogar unmöglich machen, positive Umdeutungen vorzunehmen oder Alternativen offen zu halten. Sie fühlen sich unter Druck gesetzt, wenn man sie konfrontieren, einschränken oder festnageln will.

Dann können sie problematische Eigenschaften der EINSER annehmen, ihrem aufkommenden Ärger Luft machen und sehr rigide auf ihren Perspektiven bestehen. Wenn es nicht mehr ausreicht, die Verhältnisse schön positiv umzudeuten, versuchen sie voller Frust und Ärger einen Plan um jeden Preis zu realisieren, rücksichtslos ihre Positionen durchzusetzen und rechthaberisch ihre Sichtweisen zu verteidigen. Sie verlieren auf diese Weise ihre Flexibilität, was ihren Stress noch verstärkt.

ACHTER erleben ihren subjektiven Stress, wenn sie Schwäche eingestehen müssen oder ihnen bewusst wird, dass sie durch ihr impulsives Vorgehen viele Menschen verprellt haben.

Wenn sie gehäuft oder besonders heftig die Erfahrung machen, dass andere sie ablehnen, können sie problematische Eigenschaften der FÜNFER annehmen und sich aus ihren sozialen Kontakten ganz zurückziehen. Der Versuch, alles mit starker Hand zu kontrollieren, scheitert, es bringt nichts mehr zu trommeln und sich aufzubauen, also treten sie den Rückzug an. Auch wenn das Leugnen ihrer Grenzen nicht mehr hilft, zum Beispiel wenn sie sich einer ernsthaften Erkrankung stellen müssen, würden sie am liebsten in Einsamkeit ihre Wunden lecken. Isolation und Abkapselung aber bringen ACHTER noch viel mehr unter Druck und verstärken ihre Ängste.

Der subjektive Stress für NEUNER entsteht, wenn sie merken, dass sie nicht daran vorbeikom-men, ihre Interessen zu vertreten und sich zu behaupten, beispielsweise wenn sie einen Konflikt riskieren oder demonstrativ Position beziehen müssen.

Dann können sie problematische Eigenschaften der SECH-SER annehmen und Ängste und Zweifel die Oberhand gewinnen lassen. Es reicht nicht mehr aus, schulterzuckend in die Defensive zu gehen oder sich durch Ablenkung ruhig zu stellen. Wenn NEUNERN die Pistole auf die Brust gesetzt wird, überschätzen sie leicht Risiken und Bedrohung und lähmen sich noch mehr durch ständiges „wenn" und „aber". Ängste und Zweifel an der eigenen Wichtigkeit werden durch dieses übervorsichtige Abwägen weiter genährt.

Ihren persönlichen Stress erleben EINSER, wenn ihnen klar wird, dass all ihre Bemühungen nicht ausreichen, um ihrem eigenen hohen Anspruch genügen zu können.

Dann können sie problematische Eigenschaften der VIERER annehmen und sich in einen melancholischen Fatalismus fallen lassen: alle Anstrengung ist vergebens, sie selbst, die Menschen um sie herum und Welt bleiben unvollkommen und fehlerhaft. Sich zu kontrollieren und zu disziplinieren und zu sachlicher Auseinandersetzung zu zwingen, kann den Druck nicht mehr auffangen. So ergehen sie sich in bitteren Selbstvorwürfen, vielleicht doch nicht genug getan zu haben und versinken in depressiven Verstimmungen, was ihren persönlichen Stresspegel noch erhöht.

Diese Präparate aus dem Giftschrank kommen häufig zum Einsatz in sich wiederholenden Themen und Konflikten. Die Erfahrung zeigt, dass diese Mittel keine positive Lösung bieten, sondern im Gegenteil unsere problematischen Verhaltensweisen und Einstellungen nur noch verstärken und erhärten. Wir fühlen uns in diesen Situationen wie in einer Sackgasse, aus der kein Weg herauszuführen scheint. Wir haben das Gefühl, dass wir uns selbst nicht steuern können, als würden wir immer wieder in derselben Filmszene mitspielen ohne den Ablauf beeinflussen zu können. Doch wir können das Drehbuch verändern. Wir müssen uns nur umdrehen und die Richtung ändern zu den so genannten Trostpunkten hin.

5.3 Lebensaufgabe und Zaubertrank: Integrationsrichtung

Für alle Persönlichkeitsmuster ergeben sich entsprechend ihren typischen Themen und Fragestellungen unterschiedliche Lebensaufgaben, deren schrittweise Bewältigung ihnen dabei hilft, ihre Daseinsängste konstruktiv zu bewältigen, ihre besonderen Geistesfrüchte zu entwickeln und immer mehr sie selbst zu werden. Diese Lebensaufgaben sind für alle nicht nur irgendeine, sondern die Herausforderung schlechthin. Wenn wir uns dieser Herausforderung stellen, müssen wir immer unsere „rote Linie" überwinden. Das bedeutet, dass wir unsere Denkgewohnheiten, das eigene Verhaltensrepertoire und unseren Handlungsspielraum erweitern über die Komfortzone unserer Automatismen hinaus. Auf diese Weise kann jeder genau die Fähigkeiten zu entwickeln, die ihm fehlen, um sein Potential und seine Anlagen optimal zu entfalten und persönlich in Balance zu sein.

Was die einzelnen Persönlichkeiten brauchen, um ihre Lebensaufgabe zu erfüllen, sind nämlich jeweils ganz bestimmte Fähigkeiten und Grundhaltungen, die über die „natürlichen", das heißt die automatischen ihres Musters hinausgehen. Diese können wir uns zu Eigen machen, wenn wir uns im Enneagramm–Modell **gegen** die Pfeilrichtung an den so genannten INTEGRATIONS- oder TROSTPUNKTEN orientieren. Von den dort angesiedelten Persönlichkeitsmustern, vor allem in ihren positiven Eigenschaften und Verhaltensweisen, können wir genau das lernen, was wir für unsere positive Weiterentwicklung und innere Balance noch brauchen. Der INTEGRATIONS-PUNKT ist sozusagen eine Quelle, aus der wir den spezifischen Zaubertrank nehmen können, der uns auf der Reise zu uns selbst und durch das Leben nährt und stärkt.

Die Denkweisen und Strategien der Trostpunkte werden nicht nur bewusst angestrebt und übernommen. Man kann beobachten, dass Menschen in unbewusster Klugheit genau das tun, wenn sie „bei sich sind" und „in einer guten Phase" sind. Das Enneagramm ist nicht erfunden worden, um Menschen vorzuschreiben, wie sie sich zu entwickeln haben. Es beschreibt und strukturiert vielmehr in seinem System die unzähligen Beobachtungen, wie Menschen sich in ihrer Alltagsrealität verändern, wenn sie in guter Verfassung und auf ihrem guten Weg sind.

Der Zaubertrank entfaltet seine Wirkung in zweifacher Hinsicht: Einerseits führt er uns in gute Zustände, andererseits gehören zu seinen Zutaten genau die Haltungen und Verhaltensweisen, die wir an uns beobachten können, wenn wir in einer besonders positiven Verfassung oder Lebensphase sind. Diese Phasen sind nicht unbedingt in linearer chronologischer Abfolge zu verstehen als eine kontinuierliche Entwicklung und

Reifung, dann hätten junge Menschen ja fast nur mit ihrem Stressverhalten zu tun, während ältere sich auf dem höchsten Entwicklungsstand befänden. Natürlich gibt es grundsätzlich eine solche biographische Entwicklungskurve, doch sie wird auch überlagert von äußeren Einflüssen, einschneidenden Ereignissen, Lebenskrisen und besonderen Chancen, „guten und schlechten Tagen" und Jahren. Es kann sein, dass wir uns in einer bestimmten Umgebung oder mit einzelnen Menschen in unserer besten Form erleben, authentisch, mit uns selbst und der Welt im reinen, und im Vollbesitz unserer Möglichkeiten, während wir in anderen Situationen so unter Druck kommen, dass wir auf unser ganzes Repertoire an destruktiver Verarbeitung zurückgreifen.

5.4 Integrationsrichtungen der einzelnen Persönlichkeitstypen

Für ZWEIER heißt die zentrale Lebensaufgabe sich selbst anzunehmen und zu lieben und sich in seinem Selbstwertgefühl von der Resonanz anderer unabhängig zu machen.

Bei Punkt VIER finden sie die Fähigkeit, sich mit sich selbst und den eigenen Gefühlen zu beschäftigen, sehr stark ausgeprägt. Was für VIERER eine Selbstverständlichkeit ist, sich selbst wahrzunehmen und bei der eigenen subjektiven Befindlichkeit zu verweilen, ist für ZWEIER eine manchmal unüberwindlich scheinende Hürde. Sie zu nehmen beschenkt ZWEIER mit ihrer Geistesfrucht Demut und macht sie zu ZWEIERN die ihren Wert in sich selbst finden.

Wenn ZWEIER in einer guten Phase sind, erspüren sie ihre persönlichen Bedürfnisse und entdecken ihre eigene Kreativität. Dadurch werden sie frei, ihr natürliches Talent, etwas für andere zu tun, zu entfalten ohne darauf angewiesen zu sein, dass ihnen durch Dankbarkeit gezeigt wird, wie liebenswert und unersetzlich sie sind.

Julia und Elena erleben im Urlaub ihre Mutter immer von einer ganz anderen Seite. Sie fahren seit vielen Jahren an den gleichen Ort an der Nordsee. Seit ihre Töchter größer sind und nicht mehr so viel Betreuung brauchen, nimmt Silke regelmäßig an Malkursen in einem kleinen Atelier teil. Sie fühlt sich dort in ihrem Element. Sie hat sich gegen eine geringe Gebühr im Atelier einen Tisch gemietet, so dass sie dort kommen und gehen kann wie sie will. Das Malen ist zu einem festen Bestandteil ihres Urlaubs geworden, auf das sie nicht verzichten will. Seit sie dieses Hobby für sich entdeckt hat, lässt sie Julia und Elena viel entspannter ihre eigenen Wege gehen. Sie treffen sich zu bestimmten Zeiten, unternehmen Radtouren oder Spaziergänge am Meer und essen zusammen. In diesem Jahr bereitet Silke zusammen mit anderen Malkolleginnen eine kleine Ausstellung vor.

Das nimmt sie so in Anspruch, dass sie einmal die Zeit völlig vergessen hat, die Geschäfte schon zu hatten und sie nichts mehr einkaufen konnte. Nachdem Julia und Elena erst völlig überrascht waren, haben sie gemeinsam etwas zum Abendessen improvisiert und dann für den Rest des Urlaubs Einkaufen und Kochen aufgeteilt. Silke hat gelernt zu genießen, dass sie große Töchter hat, die ihr etwas abnehmen und zu akzeptieren, dass sie es auf ihre Weise tun. Als sie einmal völlig kaputt aus dem Atelier kommt, kann sie es sogar zulassen, sich einfach nur bedienen zu lassen. Sie umsorgt ihre Töchter auch im Urlaub immer noch gern, lässt ihnen aber viel mehr Freiraum und beansprucht den auch für sich. Der Umgang miteinander ist herzlich, fröhlich und ungezwungen. "Oh, haben wir heute Inselitis?" pflegt Elena liebevoll zu spotten, wenn dieser Zustand manchmal auch im Alltag durchblitzt.

Für DREIER heißt die zentrale Lebensaufgabe Zugang zu ihren eigenen Gefühlen zu entwickeln und die Wirklichkeit ohne Beschönigung anzunehmen wie sie ist.

Von Punkt SECHS können DREIER lernen, sich für Menschen oder eine Sache zu entscheiden und dann loyal dazu zu stehen, unabhängig davon, wie die Lage sich entwickelt. SECHSER sind Meister darin, Schwachstellen zu entdecken und vorauszusehen, was schief gehen kann. Die bei der SECHS übertriebenen Selbstzweifel bewirken bei DREIERN, dass sie sich in ihrer einseitigen Leistungsorientierung selbst in Frage stellen. Sie helfen ihnen, Versagen nicht zu beschönigen, sondern zu akzeptieren und sich zuzugestehen. Wenn DREIER sich darauf einlassen können, ohne Schönfärberei und Zweckoptimismus die Realität anzuschauen und auf Schein zu verzichten, kommt ihr Talent, tüchtig und effizient zu sein und andere motivieren zu können, zu seiner besten Entfaltung, weil sie es nicht mehr dazu benutzen müssen, Schönheitsfehler zu verdecken und ihr Mäntelchen nach dem Wind zu drehen. DREIER, die glaubwürdig sind und auf die man sich verlassen kann, haben sich aus ihrer Selbstverstrickung befreit.

Wenn DREIER in einer guten Phase sind, treten Erfolg und Leistung in den Hintergrund. Sie finden Zugang zu ihren persönlichen Gefühlen, erkunden, wer sie wirklich sind und entdecken Tätigkeiten, die nicht nur nützlich sind, sondern einen tieferen Sinn in sich selbst haben.

Für VIERER heißt die zentrale Lebensaufgabe zufrieden zu sein mit dem, was ist, und das einfache Glück zu schätzen.

Bei Punkt EINS finden sie das, was sie dazu brauchen, in hohem Maße. Von EINS können sie lernen, von ihrer subjektiven Befindlichkeit abzusehen und allgemeine Wertmaßstäbe, Normen und Verbindlichkeiten zu entwickeln und anzuerkennen. Das bedeutet beispielsweise, ordentlich zu sein um der Ordnung willen und unabhängig davon wie sie sich gerade fühlen. Damit entkommen VIERER dem Zwang, sich immer wieder neu für oder gegen etwas entscheiden zu müssen und gerade das nicht zu schaffen, weil sie dabei das wirklich Große, Wahre verpassen könnten. Extrovertiert zu sein und sich wie EINSER der Welt zuzuwenden, holt VIERER aus ihrer Isolation, in der sie nur um sich selbst kreisen, und ermöglicht ihnen, ihre Gabe Sensibilität im Engagement für reale wirklichkeitsnahe Projekte ausleben zu können, ohne sich immer wieder als etwas Besonderes erleben und darstellen zu müssen.

Wenn VIERER in besonders guter Verfassung sind, verfügen sie über eine klare Sicht der Dinge. Sie entwickeln Prinzipien und verbindliche persönliche Wertvorstellungen und setzen sie in konkretes Handeln um, ohne sich von ihren Gefühlen überwältigen zu lassen.

Für FÜNFER heißt die zentrale Lebensaufgabe sich auf andere Menschen einzulassen und freigebig sich selbst, ihr Wissen und Materielles mit anderen zu teilen.

Dazu brauchen sie die Fähigkeit nach außen aufzutreten und ohne Aufforderung von sich aus etwas verlauten zu lassen. Das kann auch heißen, laut zu werden. Diese Fähigkeiten können sie von Punkt ACHT lernen, wo sie zum Grundrepertoire gehören. Wenn FÜNFER auf diese Weise ihre Neigung zum Rückzug und zur Verweigerung überwinden, ernten sie ihre Geistesfrucht, wahre innere Freiheit und Unabhängigkeit, die nichts mit Isolation und Elfenbeinturm zu tun hat. Das Talent der FÜNFER, objektiv zu beobachten und weise zu interpretieren, kommt allen am meisten zugute, wenn sie sich unter die Leute mischen und sich mitteilen.

Wenn FÜNFER in einer guten Phase sind, lassen sie mehr Nähe zu und riskieren mehr Vertrauen und Offenheit in Beziehungen. Sie beziehen in konstruktiver Auseinandersetzung andere in ihre Überlegungen und Pläne ein statt sie am Ende vor vollendete Tatsachen zu stellen. Sie sagen direkt und konsequent ihre Meinung und treten, wenn es nötig ist, auch kämpferisch auf.

Für SECHSER heißt die zentrale Lebensaufgabe, ihre Skepsis und Vorsicht zu überwinden und sich selbst und anderen zu vertrauen.

Um das zu können, müssen sie lernen, ihre Gedankenspielereien und Projektionen zu relativieren und deren Bedeutung nicht so wichtig zu nehmen. Diese Lektion holen sie sich am besten bei Punkt NEUN ab. Die Gelassenheit der NEUNER und ihre Fähigkeit, von sich selbst abzusehen, geben SECHSERN den Mut, zu akzeptieren, dass sie sich nicht gegen alles absichern können, die Courage, auch mal ein Risiko (auch in Bezug auf Menschen) einzugehen und die Zuversicht, dass die Welt nicht untergeht, wenn mal was schief geht. Wenn SECHSER das schaffen, wird ihr Talent, umsichtig und vorbeugend zu handeln, zum Segen für alle, weil es nicht aus dem Zwang sich abzusichern geschieht, sondern in gelassener Umsicht und Zuverlässigkeit.

Wenn SECHSER in einer guten Phase sind, strahlen sie Selbstvertrauen und innere Ruhe aus. Sie vertrauen darauf, dass die Dinge sich zum Guten wenden, und reagieren flexibel auf Menschen und Situationen ohne ständig alle Eventualitäten zu hinterfragen. Sie sind in Kontakt mit ihrem Körper und vertrauen ihrer eigenen Intuition.

Für SIEBENER heißt die zentrale Lebensaufgabe, Maß zu halten und konsequent bei einer Sache zu bleiben.

Dazu müssen SIEBENER die Fähigkeit erwerben, nicht die Abwechslung zu suchen, sondern sich auf ausgewählte Dinge zu konzentrieren. Dies können sie bei FÜNFERN lernen, die

Meister darin sind, in die Tiefe zu gehen und sich zum Experten zu entwickeln. Dann wird es ihnen auch gelingen, Dinge zu Ende bringen, bevor sie etwas Neues anfangen, und sie werden in ihren Beziehungen verlässlicher und berechenbarer.

Unter solchen Voraussetzungen können andere sich anstecken lassen von ihrer Lebensfreude und ihrem Optimismus und ihre Genussfähigkeit kommt in angemessener Weise zum Tragen und nicht als Zwang zu immerwährendem Frohsinn. Erst wenn SIEBENER in der Konzentration auch den dunklen Seiten des Lebens nicht ausweichen, können ihre Talente, immer noch etwas Positives zu sehen und immer noch eine Alternative in petto zu haben, die größtmögliche Wirkung für sie selbst und für andere entfalten.

Wenn SIEBENER in einer guten Verfassung sind, schotten sie sich zeitweise von äußeren Reizen ab und wenden sich nach innen. Sie gehen langfristige Bindungen an Menschen und Lebensumstände ein und erleben eine tiefere Dimension von Glück, das gewonnen wird durch die zeitweilige Annahme von Schmerz, Auseinandersetzung oder auch Langeweile.

Für ACHTER heißt die zentrale Lebensaufgabe, sensibel zu werden für die innere Befindlichkeit anderer und mit Stärke und Macht angemessen umgehen zu lernen.

Dazu brauchen sie die Fähigkeit, die Bedürfnisse anderer Menschen wahrzunehmen und sich auf sie einzustellen, die sie hervorragend bei Punkt ZWEI erwerben können. Wenn es ACHTERN dann noch gelingt, ihre weiche Seite zu spüren und zu zeigen, werden sie die Menschen in ihrem Umfeld nicht mehr einschüchtern, sondern sich für sie einsetzen und sich selber Einhalt gebieten, wenn sie Gefahr laufen, die Grenzen anderer zu überschreiten. Auf diese Weise „gezähmt" wird ihre Energie zum Segen für ihre Umgebung, weil sie so auch anderen die Kraft geben, ihr Potential zu entwickeln.

Wenn ACHTER in bester Verfassung sind, haben sie ein offenes Herz für andere Menschen und stellen sich schützend vor Familie, Freunde und Mitarbeiter. Ihre harte Schale wird dünner und sie können ihren weichen Kern, ihre eigene Verletzlichkeit und Schwäche wahrnehmen, sichtbar machen und berücksichtigen.

Für NEUNER heißt die zentrale Lebensaufgabe, ins Handeln zu kommen, die Motive dafür in sich selbst und nicht bei anderen zu finden, ihre eigenen Interessen ernst zu nehmen und für sich selbst zu sorgen.

Die dafür nötigen Lektionen bekommen sie bei DREIERN, die als „Macher" pragmatisch entscheiden und dann ohne zu zögern handeln. Wenn es NEUNERN mit dieser Strategie gelingt, sich nicht fatalistisch mit Gegebenheiten abzufinden, sondern Stellung zu beziehen und etwas zu verändern, dann entfalten ihre integrativen Talente ihre stille Kraft. Sie überwinden Ablenkung, Selbstbeschwichtigung und Vergesslichkeit und handeln tatkräftig und entschlossen.

Wenn NEUNER in einer guten Phase sind, sind sie aktiv und finden Erfüllung in effizientem, zielorientiertem Handeln. Sie spüren und berücksichtigen ihre Bedürfnisse nach Autonomie und können es wohlwollend akzeptieren, im Mittelpunkt zu stehen, während sie schwierige Situationen managen.

Für EINSER heißt die zentrale Lebensaufgabe zu akzeptieren, dass es nicht nur richtig und falsch gibt, sondern dass es mehr als einen „richtigen" Weg gibt.

Die Fähigkeit, optional zu denken, können sie bei SIEBENERN lernen genauso wie das fünf grade sein lassen. Wenn EINSER diese Hürde meistern, dann werden ihre visionären und reformerischen Anteile auch von anderen gewürdigt. Dann brauchen sie nicht mehr mit Strenge zu (be)urteilen, sondern können manche Ungereimtheiten, Widersprüche und Unvollkommenheiten lassen wie sie sind und sich vom Zwang des eigenen Anspruchs lösen. Mit ihrer Geistesfrucht heitere Ausgeglichenheit erreichen sie wesentlich mehr an Veränderung als mit kritischem Perfektionismus.

Wenn EINSER in einer guten Verfassung sind, sind sie entspannt und gelöst und gehen humorvoll mit sich und anderen um. Ihr innerer Kritiker tritt in den Hintergrund, sie richten ihr Augenmerk mehr auf positive Entwicklungen als auf Fehler und erleben Leichtigkeit und Lebensfreude.

6. Fallbeispiele für persönliche Entwicklung

Typ 2

Andreas unterscheidet sich als Oberarzt in einem großen Klinikum von vielen seiner Kollegen dadurch, dass er mit den Patienten besonders aufmerksam und einfühlsam umgeht. Es gelingt ihm meistens schnell, zu ihnen persönlichen Kontakt herzustellen. Andreas betrachtet es als große Herausforderung, gerade auf schwierige und abweisende Patienten so gut einzugehen, dass sie letzten Endes „weich" werden und ihm auf einer persönlichen Ebene begegnen. Auf seinem Weg nach Hause geht er häufiger noch mal über die Station, sieht nach dem einen oder anderen Patienten oder setzt sich einfach ein paar Minuten zu einem Patienten ans Bett. So kann er sich leichter ein Bild von der Gesamtsituation des Patienten machen und einen individuellen Hilfeplan entwickeln, der manchmal auch über die rein medizinische Seite hinausgeht. Viele sind sehr dankbar für diese besondere Zuwendung. In den Augenblicken, in denen er die Wertschätzung und Anerkennung seiner Patienten erfährt, hat Andreas das Gefühl, dass sich sein Einsatz und seine Mühen lohnen. Daraus zieht er seine Energie, auch wenn er noch so müde ist.

ZWEIER konzentrieren ihre Aufmerksamkeit gerne auf andere, beraten und unterstützen sie. Sie neigen dazu, sich unentbehrlich zu machen. ZWEIER versuchen zum Bezugspunkt für andere zu werden, indem sie nett, liebenswürdig und hilfsbereit sind. Ihre Aufgaben fallen ihnen am leichtesten im persönlichen Kontakt.

ZWEIER finden es meistens demotivierend, in festen Strukturen und nach schematischen Vorgaben zu arbeiten ohne menschlichen Bezug und ohne die Möglichkeit, spontan nach ihrem Gefühl zu handeln.

Auch Kollegen gegenüber ist Andreas gern gefällig, indem er ihnen spontan etwas abnimmt oder bereitwillig Dienste tauscht. Wenn jemand ein Terminproblem hat oder einen unbeliebten Dienst loswerden will, spricht er in der Regel zuerst Andreas an, weil jeder davon ausgeht, dass es von ihm in der Regel kein Nein gibt. Sein Einsatz und seine großzügige Hilfsbereitschaft in der Klinik führen allerdings oft zu einem schlechten Gewissen gegenüber seiner Familie. Er macht fast nie pünktlich Feierabend, und auf seinen Dienstplan ist langfristig kaum Verlass.

ZWEIER können sich nur schwer abgrenzen. Einerseits fürchten sie, sich unbeliebt zu machen, wenn sie anderen eine Bitte abschlagen, andererseits empfinden sie es als Verlust von Einfluss, wenn sie nicht gefragt werden.

Immer häufiger gibt es deswegen Auseinandersetzungen mit seiner Frau Vera, die in vielen Alltagsdingen - von der Gartenpflege bis zu Bankgeschäften - mit ihm rechnet. Als ihre beiden Kinder Sebastian und Alessa noch kleiner waren, haben sie ihn meistens mit großer Ungeduld erwartet, weil er in mancherlei Hinsicht ihre Hauptbezugsperson ist. Vera ist von Haushalt, Kindern und den Erwartungen der Umwelt oft genervt und überfordert: Mit vielen Menschen aus ihrer Umgebung – wie mit ihren Eltern und den Schwiegereltern – kommt sie nicht besonders gut zurecht. Andreas versucht, zwischen ihr und den anderen zu vermitteln und Verständnis für alle Seiten zu zeigen. Ihre Ehe harmonisch zu gestalten fordert ihm zwar einiges ab, aber er spürt manchmal eine große Nähe zwischen ihnen, und er weiß, dass Vera ohne ihn nicht klarkäme. Dass er häufig erschöpft ist, weil er auch zu Hause selten zur Ruhe kommt, ist ihm kaum bewusst.

ZWEIER sind häufig Dreh- und Angelpunkt in der Familie oder auch in anderen Gruppen. Sie fühlen sich für alles zuständig und wollen für alle sorgen. ZWEIER bemühen sich meistens, eine Atmosphäre von Nähe und Herzlichkeit herzustellen.

Mit den Kindern gibt es viele kleine Gewohnheiten im Alltag, für die er zuständig ist, und die sie auch von ihm einfordern. Früher hat er sie beispielsweise immer mit Gute-Nacht-Geschichte und mindestens zwei Zugaben ins Bett gebracht. Heute fährt er sie selbstverständlich zu Freunden oder Veranstaltungen und holt sie auch spät in der Nacht wieder ab oder geht mit ihnen einkaufen und erfüllt dabei Extrawünsche. Er möchte ein verständnisvoller und liebenswerter Vater sein. Seit ihrer Pubertät ist er manchmal enttäuscht, dass beide häufig abweisend oder gleichgültig reagieren und so wenig Herzlichkeit von ihnen zurückkommt. Doch ist seine Familie alles in allem der wichtigste Bestandteil seines Alltagslebens.

Gebraucht zu werden motiviert ZWEIER zum Handeln und weckt ihre Lebensgeister ohne Berücksichtigung der eigenen Befindlichkeit. Auf diese Weise tragen sie oft selbst zu Ritualen bei, die andere dann von ihnen einfordern.

Eine zentrale Rolle in der Familie zu spielen, ist Andreas schon aus seiner Kindheit vertraut. Als Ältester von vier Geschwistern aus einem Geschäftshaushalt ist er meistens Ersatzmutter für seine jüngeren Geschwister, während seine Eltern im Betrieb arbeiten. Andreas Mutter ist sehr froh darüber, dass er in dieser Rolle so aufgeht. Sie lobt auch vor anderen, Verwandten, Bekannten, Kunden, immer wieder seine Fürsorglichkeit und Hilfsbereitschaft. Sein Vater beachtet ihn nicht besonders. Als sich herausstellt, dass Andreas sich nicht für Handwerk und den elterlichen Betrieb interessiert, wird das Interesse des Vaters noch geringer. Am liebsten würde Andreas Erzieher werden, doch um dem Vater zu imponieren, bewirbt er sich erfolgreich um einen Studienplatz in Medizin.

Viele ZWEIER haben schon früh gelernt, sich um andere zu kümmern. Als Kinder empfinden sie, dass sie um ihrer selbst willen nicht genug geliebt werden. Aus der Befürchtung übersehen zu werden, wenn sie so, wie sie sind, nicht gefallen, investieren ZWEIER viel, um Nähe, Wertschätzung und Anerkennung zu bekommen.

Im theoretischen Studium sind Andreas Leistungen durchschnitt-
lich, seine Stärken zeigen sich in den Praxisphasen im Umgang mit
Patienten und Mitarbeitern. Für Patienten wie auch für das Pflege-
personal hat er immer ein freundliches Wort. Er erledigt auch schon
mal kleine Gefälligkeiten, die streng genommen nicht zu seinen Auf-
gaben gehören. Auch zu seinen Anleitern baut er eine gute Beziehung
auf, indem er schnell herausfindet, wie er sich nützlich machen kann.
In dieser Zeit lernt er auch Vera kennen. Sie ist beeindruckt, wie er
sich um sie kümmert, und sonnt isch in seinem Prestige als angehen-
der Arzt. Veras Anerkennung erfüllt Andreas mit Stolz und motiviert
ihn noch mehr, sie zu umsorgen und zu verwöhnen. Zudem zeigt er
sich gerne mit dieser schönen Frau, die oft bewundernde Blicke auf sich
zieht. Seine Familie äußert manchmal ihre Bedenken, Veras Untüch-
tigkeit sei in erster Linie Bequemlichkeit, und sie nutze ihn aus. Doch
er beschützt sie und betont, es gehöre schließlich zu einer Beziehung,
dass man sich gegenseitig hilft, so hätten sie es in der Familie ja auch
immer gehalten.

ZWEIER bauen Beziehung dadurch auf, dass sie herausfinden, was dem anderen gefällt und was er braucht, und dann dafür sorgen. ZWEIER fühlen sich selbst aufgewertet, wenn sie
Menschen mit Prestige, Macht oder anderer Bedeutung in ihrer
Nähe haben.

Sich gegenseitig helfen bedeutet für ZWEIER in der Regel,
dass sie die helfende Person sind und das Gegenüber der Emp-
fänger. Sie selbst ziehen es vor, bedürfnislos und unabhängig
aufzutreten.

Wenn sich auch äußerlich alles gut gefügt hat in seinem Leben,
wirklich glücklich ist Andreas selten. Er fühlt sich zunehmend er-
schöpft und ausgebrannt. Der Tod seines Vaters erschüttert ihn uner-
wartet tief. Sein Beruf hat ihm zwar, auch bei seinem Vater, ein großes
Ansehen beschert, doch leidet er sehr unter der Vorstellung, dass die-
ser ihn links liegengelassen hätte, wenn er Erzieher geworden wäre.
Zwar hat er sich immer auch um seinen Vater gekümmert, aber er

fühlte sich von ihm nie grundsätzlich akzeptiert. Als Person ist er ihm nie wirklich nahegekommen. In dieser Stimmung fallen ihm noch weitere Situationen ein, in denen ihm trotz aller Anstrengung die Anerkennung vorenthalten wird, die er verdient und sich sehnlich wünscht.

Fehlende Anerkennung und Wertschätzung der ihnen nahestehenden Menschen verletzen ZWEIER und untergraben ihr Selbstwertgefühl.

Tiefgreifende Umstrukturierungen in der Klinik lösen unter den Mitarbeitern eine feindselige Stimmung aus, die ihn deprimiert. Nachdem er für sein Teil versucht hat, es allen recht zu machen, mit jeder Berufsgruppe und mit jedem Einzelnen das Gespräch zu suchen, empfindet er als persönlichen Angriff, dass einzelne Mitarbeiter ihm dadurch in den Rücken fallen, dass sie in der Personalversammlung völlig überraschend konträre Positionen vertreten. Eine Kollegin, die seine Betroffenheit bemerkt, legt ihm unter vier Augen nahe, das Ganze nicht persönlich zu nehmen. Den meisten Mitarbeitern bereite es ein schlechtes Gewissen, im direkten Kontakt mit ihm auf Konfrontation zu gehen, da er sich häufig um sie bemüht und für sie eingesetzt habe. Einzelne Mitarbeiter hätten aber auch geäußert, sie seien aus von ihnen nicht nachvollziehbaren Gründen von ihm fallen gelassen worden und sähen jetzt auch keinen Grund, ihn zu unterstützen. Den gut gemeinten Rat der Kollegin, stärker zwischen Arbeit und Beziehung zu trennen, um sich aus solchen Verwicklungen zu lösen, kann Andreas zu diesem Zeitpunkt gar nicht nachvollziehen. Er nimmt sich vor, in Zukunft die Kommunikation mit solchen Leuten auf das Nötigste zu beschränken. Irgendwann würden sie die Quittung für ihr Verhalten schon kriegen. Sein angeschlagenes Selbstwertgefühl überträgt sich auch auf den Umgang mit den Patienten: wenn Patienten einen seiner Kollegen als behandelnden Arzt vorziehen, ist er persönlich gekränkt und lässt die Betreffenden das bei unumgänglichen Kontakten wie beispielsweise Vertretungsdiensten auch spüren.

ZWEIER versuchen auch Probleme im Arbeitsleben häufig über persönliche Kontakte zu lösen. Dabei fällt es ihnen schwer, zwischen der Position in der Sache und persönlicher Beziehung zu trennen. Wenn ZWEIER sich übersehen oder nicht genug gewürdigt fühlen, können sie es den Betreffenden mit beleidigtem Rückzug oder Liebesentzug heimzahlen.

Vera hat sich nach einer Kur, die Andreas für sie arrangiert hat, ziemlich verändert; er hat den Eindruck, dass sie ihm immer mehr entgleitet. Zwar schafft sie viele Dinge immer noch nicht allein, doch empfindet sie seine Unterstützung mittlerweile eher als Bevormundung und erklärt diese Dinge als nicht so wichtig. Die Kinder sind inzwischen in der Pubertät und konfrontieren ihn ziemlich skrupellos damit, dass er ihnen auf die Nerven geht. Doch nehmen sie seine Fahrdienste und Gefälligkeiten selbstverständlich weiterhin gerne in Anspruch, ohne sich jedoch dafür mal zu bedanken oder gar zu revanchieren. Andreas gerät zunehmend in die Defensive. Er beschäftigt sich mit Rachegedanken, träumt davon, wie er allen zeigen wird, was sie an ihm haben, und wie es ihnen leidtun wird, wenn sie feststellen, dass sie ihn völlig verkannt haben. Durch seine Opferhaltung bekommt immer weniger Distanz zu seinen eigenen Verhaltensweisen. Dadurch verliert er zunehmend den Kontakt zu den Menschen in seiner Umgebung, was seine Kränkung noch verstärkt.

ZWEIER können sich leicht in die Vorstellung verstricken, dass sie dadurch an Bedeutung gewinnen, dass andere von ihnen abhängig sind. Wenn diese Menschen sich dann von ihnen lösen oder abwenden, sinkt ihr Selbstwertgefühl, weil es ihnen schwerfällt, ihren Wert unabhängig von anderen zu sehen.

Fühlen sich ZWEIER verkannt oder ausgenutzt, stellen sie zwar mit vorwurfsvoller Aggressivität Distanz zu den anderen her. Doch beschäftigen sie sich weiter mit ihnen statt mit ihren eigenen Bedürfnissen.

*An Ostern erfährt Andreas eher beiläufig, dass Sebastian und A-
lessa mit ihrer Clique wegfahren und Vera mit Freundinnen über die
Feiertage einen Wellness - Urlaub gebucht hat, ohne sich darum zu
kümmern, dass er dienstfrei hat. Unerwartet an diesem langen Wochenende allein zu Hause fühlt Andreas sich ziemlich verloren. Als
erstes bietet er den Dienst habenden Kollegen auf elegante Weise an,
Vertretung für sie zu machen, aber keiner zeigt sich interessiert. Einerseits haben sie sich in ihren Planungen schon auf ihr Dienstwo-
chenende eingestellt, andererseits wollen sie nicht, dass Andreas
ihnen schon wieder einen Gefallen tut, und sie noch mehr in seiner
Schuld stehen. Angesichts des stillen, leeren Hauses und der Tatsache, dass alle anderen ihre Pläne ohne ihn gemacht haben, befallen ihn
Unruhe und Selbstmitleid. Er schaltet den Fernseher ein, um die
Stille zu vertreiben. Doch ist er so erschöpft, dass er sich dann einfach
nur im Wintergarten auf die Liege legt und aus dem Fenster schaut.
Nach kurzer Zeit ist er eingeschlafen. Im Wachwerden wird er sich
seiner Situation langsam wieder bewusst, ihm kommen die Tränen,
und er kann nicht aufhören zu weinen. Zum ersten Mal an diesem
langen Wochenende ist er froh, alleine zu sein, damit ihn niemand in
dieser Verfassung erlebt.*

Ausgeschlossen werden erleben ZWEIER genau wie unfrei-
williges Alleinsein als ziemlich traumatisch.
Es fällt ihnen schwer, mit sich allein etwas anzufangen. Auch in
ihren Gedanken sind sie meistens bei anderen.

Wie kaputt und ausgebrannt sie sind, spüren ZWEIER oft
erst, wenn sie auf sich selbst zurückgeworfen sind. Solange jemand da ist, auf den sie ihre Aufmerksamkeit richten können,
überspielen sie meistens ihre Erschöpfung oder nehmen sie gar
nicht wahr.

*Antriebslos und gleichzeitig unruhig geistert Andreas durchs
Haus. Den Gedanken seine Mutter zu besuchen verwirft er wieder.
Sie würde sich sicher freuen, aber auch Fragen stellen und er befürch-
tet, dass er seinen derzeitigen Zustand nicht verbergen könnte. Was*

den Rest der Familie anbetrifft, geht es ihm ähnlich: So niedergeschlagen und verzweifelt bei seinen Geschwistern aufzukreuzen, wäre ihm sehr unangenehm. Er beschließt voller Selbstmitleid und Resignation, ein Bad zu nehmen, um wenigstens noch ein bisschen zu entspannen. Während das Wasser läuft, fällt ihm ein, dass er neue CDs bestellt, aber noch keine gehört hat. Er nimmt sich einen CD – Player mit ins Bad, lehnt sich zurück und genießt Musik und Wärme. Danach fühlt er sich eher wohlig müde als verzweifelt.

ZWEIER haben ihren Stolz und vermeiden, dass andere sie hilflos und schwach erleben. Sie sind auf einem guten Weg, wenn sie sich die Mühe machen, auch sich selbst etwas Gutes tun. Solange andere Menschen um sie herum sind, fließen ihre Energien aber ständig in deren Richtung.

Am nächsten Morgen fühlt er sich erfrischter und beschließt, im Wintergarten zu frühstücken. Als er beim Bäcker statt der üblichen Tüte nur zwei Brötchen verlangt, erfasst ihn wieder Niedergeschlagenheit. Er überlegt kurz, mit frischen Brötchen in der Klinik vorbeizufahren, schreckt dann aber vor den zu erwartenden Nachfragen der Kollegen zurück und kauft sich lieber noch eine Zeitung. Zu Hause bemerkt er, dass er sein einsames Frühstück zu genießen beginnt, die ungewohnte Ruhe tut ihm gut; zwischen der Zeitungslektüre hängt er immer mal wieder seinen Gedanken nach.

Zur Ruhe kommen, für sich sein, und das genießen zu können, ist für die meisten ZWEIER gewöhnungsbedürftig.

Als sein Bruder Frank überraschend an der Tür klingelt, will Andreas sich nichts anmerken lassen. „Komm rein", heuchelt er Munterkeit und tut, als ob alles in bester Ordnung wäre. „Vera macht ein verlängertes Weiberwochenende; tut ihr sicher gut, mal raus zu kommen. Die Kinder sind wie immer unterwegs, und ich bin ganz froh, auch mal meine Ruhe zu haben. Wollen wir heute Abend zusammen grillen?" Aber Frank lässt sich nicht abspeisen: „Andreas, hör auf. Ich weiß von Anna, dass Vera das nicht mit dir abgesprochen hat.

Und ich weiß auch, was bei euch in der Klinik los ist. Mir kannst du
nichts vormachen. Ich weiß, was du dir all die Jahre aufgeladen hast.
Und ich sehe auch, wie du dich dabei verrennst. Also lass uns reden."
Andreas spürt, dass er eine große Chance vertun würde, wenn er
nicht auf Franks offene Worte einginge. Zum ersten Mal schüttet er
seinem jüngeren Bruder sein Herz aus und redet sich von der Seele,
wie wertlos er sich zurzeit fühlt und von allen im Stich gelassen, für
die er sich aufgeopfert hat. Frank hört Andreas einfach zu und fragt
ihn schließlich, was er denn aus dem Ganzen für sich lernen und ge-
winnen könne. "Ja, ich bin dabei, meine Lektion zu lernen", gibt An-
dreas zu. „Ich sehe, dass ich die anderen mit meiner ständigen Hilfs-
bereitschaft erdrückt und abhängig gemacht habe und ihre vorsichtige
Abwehr einfach nicht akzeptiert habe. Dafür muss ich jetzt ihren mas-
siven Widerstand ertragen. Jetzt muss ich Stück für Stück das Nein
zu anderen und vor allem das Ja zu mir selber lernen. Das wird sicher
nicht leicht."

Für ZWEIER ist es ein Lernprozess, vor anderen zugeben zu
können, dass sie Probleme haben, die sie nicht ohne weiteres alleine bewältigen können.

Um ihr eigenes Verhalten objektiver betrachten zu können,
müssen ZWEIER ihre persönlichen Gefühle zulassen und wahrnehmen, wie es ihnen selbst geht. Wenn sie ihre eigenen Bedürfnisse genauso ernst nehmen wie die der anderen und selbst
auch Hilfe annehmen, können sich ehrliche und herzliche Beziehungen zwischen gleichwertigen Partnern entwickeln.

Am nächsten Morgen kann man durch das offene Fenster die Kla-
rinette hören, die Andreas wieder ausgepackt hat. Früher hat er oft
ganz versunken musiziert und dabei Entspannung und Ausgleich ge-
funden. Dann hat er die Klarinette lange Jahre nicht mehr angefasst,
weil Vera und später die Kinder an „so einer altmodischen Musik"
keinen Gefallen gefunden haben. Es braucht noch einige Gespräche
mit Frank und etliche Stunden alleine, bis Andreas für sich eine heil-
same Wende vollzogen hat.

ZWEIERN tut es gut, etwas ohne praktischen Nutzen und ohne Zustimmung anderer nur für sich zu tun.

Andreas fällt es heute viel leichter, die Kinder ihre eigenen Wege gehen zu lassen. Er ist sich sicher, dass er immer für seine Kinder da sein wird und sie unterstützen will. Aber er schaut genauer hin, ob er das wirklich aus freien Stücken tut, ohne Wertschätzung als Gegenleistung zu erwarten. Auch Vera muss damit zurechtkommen, dass Andreas ab und an eigene Interessen verfolgt und beim Klarinettespielen nicht ansprechbar ist. Dafür nimmt er ihr nicht mehr alles aus der Hand und traut ihr zu, alleine zu regeln, was für sie wichtig ist. Die Kollegen wundern sich manchmal, wie unbequem Andreas auch sein kann, doch erfährt er dadurch mehr Respekt als früher. Seit er sich selbst mehr Anerkennung zollt, kann er sich den Patienten ungezwungen und mit professionellem Einfühlungsvermögen widmen, weil er sein Selbstwertgefühl nicht mehr von ihrer persönlichen Wertschätzung abhängig macht.

Wenn er „rückfällig" wird, tritt Frank ihm schon mal auf die Füße. Die Beziehung zu ihm hat durch die offenen Gespräche eine ganz neue Qualität bekommen. Manchmal denkt Andreas, dass allein schon die Erfahrung, wie gut es ihm tat, Hilfe von seinem Bruder zu erfahren und annehmen zu können, die ganze Krise wert war.

Um Beziehungen entstehen zu lassen, in denen alle Beteiligten geben und nehmen, müssen ZWEIER ihre eigene Bedürftigkeit und Unzulänglichkeit akzeptieren. Erst wenn sie verinnerlicht haben, dass sie nicht jedem gefallen müssen, um etwas wert zu sein, wird ihre Hilfsbereitschaft wirklich uneigennützig. Dann erleben sie, dass andere ihre Wertschätzung unaufgefordert aus freien Stücken zum Ausdruck bringen.

Typ 3

Carla ist als Frau eines Fabrikanten und Mutter von drei Kindern rund um die Uhr beschäftigt. Gleich nach ihrem Marketing–Studium hat sie geheiratet und sich früh darauf konzentriert, ihre Familie zu einem vorzeigbaren Unternehmen zu machen. Mit der Heirat übernimmt sie die Position der Firmenchefin und gestaltet sie mit Charme und strategischem Geschick aus. Nicht zuletzt dank ihrer Ideen und Initiativen ist aus dem etwas antiquierten Betrieb ein zeitgemäßes Unternehmen geworden. Den Führungsstil ihres Mannes erlebt Carla manches Mal als unnötig autoritär und ungeschickt. Vergeblich versucht sie Ferdinand unter vier Augen zu vermitteln, dass er mit einer verbindlicheren Art viel mehr erreichen könnte. Sie führt beeindruckende Konzepte für die Personalentwicklung und Mitarbeiterbindung ein und sorgt dafür, dass sie öffentlichkeitswirksam umgesetzt und präsentiert werden.

DREIER richten ihre Aufmerksamkeit darauf, erfolgreich zu sein und Eindruck zu machen, was ihnen in den meisten Lebenssituationen auch gelingt. DREIER wollen etwas Produktives zu tun. Sie identifizieren sich mit dem, was sie aufbauen oder vermarkten.

Statt der direkten Konfrontation bevorzugen DREIER andere Mittel und Wege um etwas zu verändern. Sie haben gern ein eigenes Spielfeld, auf dem sie sich hervortun können.

Carla kennt viele Mitarbeiter persönlich. Es fällt ihr leicht, zu den unterschiedlichen Berufsgruppen Kontakt herzustellen. Im Lauf der Jahre wird sie zu einer äußerst beliebten Chefin, die vieles ausbügelt und glättet, was ihr Mann in seiner direkten konfrontativen Art aufwühlt. Beispielsweise weigert sich Ferdinand schlichtweg, einen Betriebsrat einzurichten. Er droht Mitarbeitern, die sich dafür stark machen, sogar mit Entlassung. In dieser verfahrenen Situation gelingt es Carla, den Mitarbeitern eine Lösung ohne Betriebsrat als die für sie letztlich günstigere zu präsentieren. Sie setzt ihre Vorstellungen eher mit leichter Hand durch als mit Massivität. Freundlich und gewandt erreicht sie ihre Ziele. Allerdings wird häufig unterschätzt, wie viel Zeit und Energie sie in ihre eleganten Lösungen steckt.

Als Beziehungsmenschen finden DREIER zu unterschiedlichen Menschen den richtigen Draht. Sie setzen ihre ganze Persönlichkeit ein, um zu überzeugen und motivieren. Sie übernehmen gezielt bedeutungsvolle Funktionen und füllen diese Rollen so aus, dass sie Anerkennung und Bestätigung finden.

Carla will schon als Kind alles können und sich beweisen. Sie ist Papas Prinzessin, die er bei Verwandten und Freunden voller Stolz vorführt. Auch bei seinen Kunden erhält sie viel Aufmerksamkeit und Beifall und lernt schnell herauszufinden, was gut ankommt. Ihre beiden jüngeren Schwestern stellt sie immer in den Schatten. Carlas Vater setzt allerdings auch besonders hohe Erwartungen in sie. Carla muss nicht nur gut sein, sondern auch blendend aussehen. Um seine Anerkennung zu bekommen, muss sie sich nicht nur auf Skiern halten, sondern schon als Anfängerin dabei eine gute Figur machen. Mit der Zeit lernt sie, die kleinen Zeichen der Enttäuschung bei ihrem Vater zu erkennen, wenn sie nicht ganz überzeugt hat, und darauf zu regieren. Ihr Ehrgeiz wird angefacht. Um ihren Vater damit zu beeindrucken, wie schnell sie es zu etwas bringen kann, kommt ihr die Verbindung mit dem älteren und geschäftlich erfolgreichen Ferdinand gerade recht. Ihr Verhältnis zum Vater ist bis heute ambivalent geblieben. Sie mögen sich sehr und bewundern sich gegenseitig, konkurrieren aber ständig miteinander darum, wer besser ankommt und mehr Erfolg bei anderen hat.

Schon als Kind lernen DREIER, dass sie sich den Wertvorstellungen ihrer Bezugsperson anpassen müssen, um Bestätigung zu finden. Auch indirekte Signale für Erwartungen anderer nehmen sie auf und präsentieren nur das von sich, was Aufmerksamkeit und Bewunderung hervorruft.

Dass sie ohne Leistung nichts wert sind, hat DREIER als Kind so verletzt, dass sie ihr Herz verschließen. Weil sie ihre eigenen Gefühle nicht mehr wahrnehmen, verwechseln sie leicht ihre wahren Bedürfnisse mit dem, womit sie etwas erreichen.Die Kränkung, wenn jemand anderes besser ankommt als sie, setzen DREIER in Konkurrenzverhalten um.

In der Firma sind Ferdinand und Carla ein Team, zu Hause ist Carla allein zuständig. Sie ist der Meinung, dass sich das alles bewältigen lässt, wenn man nur gut organisiert ist. Es ist ihr Ziel, dass die Kinder ohne Scheu auf unterschiedliche Menschen zugehen und sich in jeder Situation gut benehmen können. Sie setzt sich auf vielen Ebenen für die Kinder und ihr Vorwärtskommen ein, erwartet aber auch, dass sie überdurchschnittlichen Einsatz zeigen und stets ihr Bestes geben. Seit vielen Jahren ist sie Stadtelternvertreterin und engagiert sich in verschiedenen Vereinen, in denen die Kinder ihren Interessen nachgehen. Sie weiß sich und das entsprechende Anliegen immer hervorragend zu präsentieren und ist bereit, ihre unzähligen Verbindungen für einen guten Zweck und ein gutes Image zu nutzen.

DREIER können sich selbst und alle möglichen Dinge ins vorteilhafteste Licht rücken und wirken in der Regel sehr überzeugend. Sie sind Organisationstalente, die nicht nur sich selbst, sondern auch ihre Familie, ihre Firma oder ihre Projekte einbeziehen um Eindruck zu machen.

Da DREIER sich selbst nicht schonen, haben sie wenig Verständnis und Geduld für Menschen, die nicht so leistungsfähig oder –willig sind wie sie selbst.

Als Vorstandsmitglied des örtlichen Kulturvereins hat Carla schon viele interessante Künstler in die Stadt geholt und auf diesem Wege auch ihre Firma schon häufig glänzend in der Öffentlichkeit darstellen können. Es gefällt ihr, zu den wichtigen und bekannten Leuten der Stadt zu gehören und überall gut dabei zu sein. Doch verlangen all ihre Aktivitäten Carla auch so viel Einsatz ab, dass es kaum einmal

Lücken in ihrem Terminkalender gibt. In letzter Zeit ist sie häufiger abgespannt oder hat Rückenschmerzen. In seltenen ruhigen Augenblicken macht sich in ihrem Herzen eine Leere breit, die sie erschreckt und belastet.

DREIER sind gerne Trendsetter und exponieren sich persönlich, wenn sie sich davon Erfolg versprechen. Dabei laufen sie Gefahr, in Aktivismus zu verfallen, um in jedem Fall auf der Siegerseite zu stehen.
Gesundheitliche Beeinträchtigungen nehmen sie oft vor lauter Geschäftigkeit nicht ernst.

Carlas Krise manifestiert sich, als der Besuch japanischer Geschäftspartner ins Haus steht, von deren Auftragsvolumen einiges abhängt. Das Programm weiß Ferdinand bei Carla in guten Händen und verlässt sich ganz auf sie. Bei den letzten Vorbereitungen durchschießt sie plötzlich ein höllischer Schmerz und sie kann sich nicht mehr aufrichten. Der Arzt überweist sie ungeachtet ihrer Einwände mit einem Bandscheibenvorfall sofort ins Krankenhaus. Carla versucht noch telefonisch Details für den Besuch der Japaner zu regeln. Als sie Ferdinand endlich erreicht, beschäftigt ihn in erster Linie, wie dieser wichtige Abend trotzdem reibungslos verlaufen kann. Als er aufgelegt hat, nimmt Carla zum ersten Mal bewusst wahr, wie ausgepowert sie sich fühlt. Sie ist sehr betroffen und gekränkt, dass ihr Befinden und die anstehende Operation Nebensache sind.

DREIER erwecken gerne den Eindruck, dass es nichts gibt, womit sie nicht locker fertig würden. Treten Hindernisse auf oder ergeben sich Schwierigkeiten auf, setzen sie alles daran, eine Lösung zu finden, um den Erfolg eines Projektes nicht zu gefährden.

Im Grunde sehnen sich DREIER in Beziehungen danach, dass sie um ihrer selbst geschätzt werden, nicht nur wegen ihrer Leistung. Doch vermitteln viele DREIER den Menschen in ihrem Umfeld, dass sie alles managen und in jeder Lebenslage funktionieren.

Erst am nächsten Morgen kommt Ferdinand ins Krankenhaus. Er erfährt, dass Carla auch nach der Operation eine Zeit lang nicht einsatzfähig sein wird. „Aber organisieren und telefonieren kannst du doch?" fragt er. Obwohl sie selbst immer erklärt hat, dass alles geht, wenn man nur will, hinterlassen seine Worte ein schales Gefühl. Carla fühlt sich leer und apathisch.

Dass sie nach der Operation viele Besuche im Krankenhaus erhält, schmeichelt Carla zunächst. Doch hat sie bei vielen den Eindruck, dass sie vor allem kommen, um mit oder bei ihr gesehen zu werden. Die meisten Gespräche drehen sich oberflächlich um Neuigkeiten, Leute und Projekte. Persönliche Gedanken und Gefühle kommen nicht zur Sprache. Carla fragt sich, wie viele Menschen es wohl gibt, die sie wirklich kennen.

Wird das Erfolgsprogramm der DREIER durch höhere Gewalt durchkreuzt, werden sie mit ihrer inneren Leere konfrontiert. Auf sich selbst zurückgeworfen können sie antriebslos, phlegmatisch und deprimiert werden.

Als Carla sich bei ihrer Tochter Annika beklagt, dass alle nur daran denken würden, wann sie wie einsatzfähig wäre, auch ihr Vater, meint diese „Wieso wundert dich das? Du bist doch genau so. Für dich zählt auch nur das, was einer bringt, und nicht was er ist." Annikas Worte treffen Carla ins Herz und gehen ihr nicht mehr aus dem Kopf. Die erzwungene lange Ruhe zeigt eine tiefgehende Wirkung: Carla ist viel mit sich selbst beschäftigt und lässt auch zu, dass immer wieder Anflüge von Traurigkeit in ihr hochkommen. Sie stellt sich der Tatsache, dass sie ihre eigenen Gefühle immer übergangen hat und sich selbst gar keine Chance gegeben hat, zu spüren, was sich in ihr regt und was sie wirklich braucht.

DREIER neigen dazu, Beziehungen danach zu beurteilen und zu pflegen, wie nützlich der andere für sie sein kann. Wenn DREIER es aushalten, sich mit ihrer inneren Leere zu konfrontieren, gelingt es ihnen mit der Zeit, die verdrängten Gefühle dahinter wahrzunehmen und zuzulassen. In dem Bewusstsein, nicht wirklich leer und wertlos zu sein, können sie sich darauf einlassen, mehr über sich selbst in Erfahrung zu bringen.

Es überrascht Carla stellt fest, dass ihre Sportfreundin Maja sie regelmäßig besucht, ohne großes Aufheben je nach Stimmung mit ihr spricht oder schweigt. Sie hat sich früher mit der unauffälligen Maja nur wenig befasst. Auch ihre mittlere Tochter Annika lässt sich regelmäßig sehen. Mit ihrer Schüchternheit ist sie für Carla immer ihr „Problemkind" gewesen. Sie hat Annika immer angespornt aus sich herauszugehen und zu zeigen, was in ihr steckt, und sie damit sehr unter Druck gesetzt. Da Annika sicher ist, mit ihren temperamentvollen und kontaktfreudigen Geschwistern nicht mithalten zu können, wird sie immer stiller und entzieht sich, so gut es geht. Jetzt finden Mutter und Tochter auf neue Weise zueinander. Annika freut sich sichtlich, dass ihre Mutter sie nicht mehr so viel herum dirigiert. Carla genießt die vertraulichen Gespräche und lernt Annikas vorsichtige Art zu schätzen.

DREIER laufen Gefahr, sich von eindrucksvollem Auftreten und gesellschaftlicher Stellung blenden zu lassen. Stillen, unauffälligen Menschen, deren Besonderheiten sich erst auf den zweiten Blick erschließen, werden sie häufig nicht gerecht. Lassen sie sich dagegen auf Menschen ein, mit denen sie vertrauensvoll auch über ihre Ängste und Schwächen reden können, lernen sie echte Zuneigung kennen.

Entwickelte DREIER können einen sehr positiven Einfluß auf andere ausüben, indem sie ihnen helfen und sie ermutigen, ihr Potential auszuschöpfen.

Es macht Carla Angst zu realisieren, wie viel in ihrem perfekten Leben Fassade ist und vor allem Außenwirkung dient. Mit Maja als vertrauenswürdigem Gegenüber traut sie sich zu, diese Fassade Stück für Stück aufzubrechen. Ihre äußerliche Bewegungsunfähigkeit hat Bewegung in ihr Inneres gebracht. Nachdem sie einmal damit begonnen hat, sich selber ehrlich wahrzunehmen, will sie konsequent ihr Leben verändern. Offene und schwierige Gespräche mit Ferdinand stehen jetzt an. Carla ist bereit, das Risiko einzugehen, dass er nur die Erfolgsfrau wollte und mit der echten Carla nichts anfangen kann. Doch die Wahrhaftigkeit ist ihr lieber als sich jetzt sehenden Auges weiter zu verbiegen. Gleichzeitig bekommt Ferdinand aber auch zum ersten Mal die Chance, seine Frau wirklich kennen zu lernen.

DREIER können ihrem Leben eine neue Richtung geben, indem sie Beziehungen aufbauen, die auf Ehrlichkeit und Vertrauen beruhen. Wenn sie auf ihr Herz hören und bereit sind, dafür die Zustimmung und Bewunderung anderer aufs Spiel zu setzen, werden sie authentisch. Die Erfahrung, so angenommen und geliebt zu werden, lässt ihre Verletzungen heilen.

Carla fragt sich, wer von ihrem großen Bekanntenkreis wohl übrigbleiben wird, wenn sie nicht mehr so einsteigen will wie vorher. Durch Maja wird Carla klar, wie wichtig Menschen sind, auf die man sich verlassen kann, die zu einem stehen, ob man nun gerade ganz oben ist oder ganz unten. Sie ist sich sicher, dass sie in Zukunft lieber auf gute Freunde als auf flüchtige Siege baut. Carla ist dankbar, dass sie aufgewacht ist, bevor sie auch noch Annika ganz und gar unter Erfolgszwang gesetzt hat. Sie freut sich sehr daran, dass die Beziehung zu Annika immer aufrichtiger und verständnisvoller wird.

Wenn DREIER es schaffen, mit anderen zu leben und zu arbeiten ohne sich hervorzutun oder ihre persönlichen Interessen zu verfolgen, lernen sie ehrliche Verbundenheit kennen. Setzen DREIER ihre Fähigkeiten selbstlos für gute Zwecke und gemeinsame Ziele ein, werden sie zu beeindruckenden

Persönlichkeiten. Wenn sie dafür bewundert werden, können sie das genießen, sind aber nicht mehr darauf angewiesen.

Carla hat das Malen wiederentdeckt und will sich darauf einlassen, egal, was dabei herauskommt. Um der Gefahr zu entgehen, dass sie sich doch auf vorzeigbare Ergebnisse fixiert, erzählt sie vorerst niemandem davon. Nach und nach trennt sie sich von etlichen Statussymbolen. Als sie in der Firma wieder anfängt, richtet sie ihr Augenmerk stärker auf die Mitarbeiter, die sie bisher eher übersehen hat und lässt sich nicht mehr so stark von denen blenden und beeindrucken, die sich gut ins rechte Licht zu rücken wissen. Immer noch ist sie mit ihrer starken organisatorischen und mitreißenden Ader Motor für vieles. Doch sie strebt nicht mehr nach Erfolg und Prestige um jeden Preis und sei es, ihre Gesundheit oder die eigene Seele zu opfern. Verstärkt schaut Carla kritisch hinter gefällige Fassaden. Sie nimmt ihre eigenen Gefühle wahr und zeigt sie auch – bei vertrauenswürdigen Menschen. Carla weiß, dass sie von Zeit zu Zeit Ruhe und Alleinsein braucht, um ihre Antennen für die Außenwelt einzuziehen und zu sich selbst zu kommen. Die wohltuende Erfahrung, dass sie dabei nichts verpasst, sondern sich selbst näherkommt, macht ihr immer wieder bewusst, dass sie sich mit ihrer Leistungsorientierung fast kaputt gemacht hat. Den Weg zu ihrem persönlichen Glück findet sie in der Erkenntnis, dass sie nichts leisten oder darstellen muss, um geliebt zu werden. Schon ihren Schwestern ist es gerade deshalb schwer gefallen sie wirklich zu lieben, weil sie sich als Vorzeigetochter unerreichbar für sie war.

Kreative Tätigkeiten, die um ihrer selbst willen ausgeübt werden, können DREIERN helfen, mit sich selbst in Kontakt zu sein. Wenn es ihnen gelingt, ihre Aufmerksamkeit von außen nach innen zu verlagern, finden sie Zugang zu ihren Herzenswünschen. Indem sie frei sind, ihre wahre Identität zu entdecken, nehmen sie sich selbst liebevoll an und begegnen anderen offen und wahrhaftig.

Authentische DREIER sind von ihrem Wert unabhängig von anderen überzeugt. Da sie nicht mehr darauf angewiesen sind, um Anerkennung und Bewunderung zu werben, können sie ihre Energien für ein wirklich erfülltes und interessantes Leben einsetzen.

Typ 4

Gabriele ist eine aparte, feinsinnige Frau mit Stil. Wer ihr begegnet, hat den Eindruck, es mit einem besonderen Menschen zu tun zu haben. In ihrem Haus lassen originelle Dekorationselemente und ungewöhnliche Zusammenstellungen erkennen, dass sie ein „Händchen" für Gestaltung hat. Ihren beiden Kindern Yanis und Joanna ist Gabriele eine einfühlsame und aufmerksame Mutter und widmet sich ihrer Erziehung mir großer Hingabe. Ihre Lebensweise und ihren Tagesablauf gestaltet sie so, dass die beiden sich wohl fühlen und sich gut entwickeln können. Gabriele tut alles, was in ihren Kräften steht, um ihre Kinder optimal zu fördern. Wenn sie aus Kindergarten oder Schule nach Hause kommen, versucht sie ihre Stimmungen zu erspüren und auf sie einzugehen. Sie hat sich entschieden, ihre Erfüllung darin zu finden, ein niveauvolles, kultiviertes und harmonisches Familienleben zu schaffen.

VIERER verwenden viel Aufmerksamkeit auf ein stilvolles stimmiges Äußeres und eine ebensolche Umgebung. Sie empfinden einen engen Zusammenhang zwischen Stimmung und Aufmachung. Auf der Grundlage ihrer persönlichen Vorstellungen entwickeln VIERER hohe Ansprüche an sich selbst und an ihre Umgebung.

Ihrem Mann Peter liegt viel daran, sie zufrieden zu stellen, was ihm aber häufig nicht gelingt. Peter ist beruflich sehr eingespannt. Doch Gabriele erwartet, dass er pünktlich zu Hause ist, sich ihr dann voll und ganz widmet und Anteil nimmt an dem, was sie beschäftigt.

Deshalb verzichtet Peter seit Yanis Geburt auf seinen geliebten Bas-
ketballsport. Dennoch wirft Gabriele ihm häufiger vor, dass er sich
nicht wirklich für seine Familie interessiert. Andererseits macht er in
ihren Augen vieles nicht richtig, wenn er sich zu Hause um die Kin-
der kümmert. Sie kann sich sehr aufregen, wenn Peter Yanis eine „fal-
sche" Jacke anzieht oder Joanna etwas zum Naschen gibt. Peter kann
nicht nachvollziehen, wieso sie solchen Nebensächlichkeiten eine der-
artige emotionale Bedeutung beimisst. Doch was Gabriele als wichtig
und stimmig erkannt hat, verfolgt sie beharrlich und mit Nachdruck.
Es trifft sie sehr, wenn ihre Familie den Wert ihrer Überzeugungen
nicht einsieht oder ihren persönlichen Einsatz nicht anerkennt.

VIERER wünschen sich von den Menschen in ihrer Nähe persönliche Aufmerksamkeit, emotionale Zuwendung und Bestätigung. Viele VIERER haben auch in Kleinigkeiten eine ausgeprägte subjektive Vorstellung davon, wie Dinge getan oder gestaltet werden sollten. Sie versuchen auf ihre Umgebung einzu-
wirken, damit diese Vorstellungen verwirklicht werden.

Wenn ihre Bemühungen nicht gewürdigt werden, reagieren
VIERER häufig beleidigt oder gekränkt. Sie können nicht verstehen, wieso die anderen das nicht genauso empfinden wie sie.
Doch geben sie ihre Ziele nicht so schnell auf, sondern versuchen eher, die anderen doch noch irgendwie dahin zu bringen.

Als Kind hat Gabriele in ihrer Familie keine einfache Rolle. Ihren
Vater erlebt sie als sehr introvertierten Menschen, der sich vor Prob-
lemen oder Auseinandersetzungen in seinen Heimwerkerkeller zu-
rückzieht. Er schenkt seinen Töchtern wenig Beachtung, und Gabriele
fühlt sich von ihm in ihrer persönlichen Eigenart nicht wahrgenom-
men. Für ihre Mutter wird sie schon als junges Mädchen eine ein-
fühlsame Stütze, als ihre jüngere Schwester Konstanze an Mager-
sucht erkrankt. Mit großem Einsatz springt sie ihrer einerseits domi-
nanten, andererseits überforderten Mutter zur Seite. Auch um Kon-
stanze kümmert sie sich, obwohl sie kein besonders enges Verhältnis

zueinander haben. Sie hat das Gefühl, keinen in der Familie im Stich lassen zu dürfen.

In ihren Familien erlangen VIERER häufig als emotionale „Kümmerer" besondere Bedeutung, was ihren Grundbedürfnissen entgegenkommt. Doch fällt es ihnen schwer, Grenzen zu ziehen. Sie geraten unter Druck, wenn sie den Eindruck gewinnen, sich „zu verströmen" an andere und persönlich zu kurz zu kommen.

Wenn ihr alles zuviel wird, träumt Gabriele sich häufig in eine andere Welt. Sie malt sich aus, wie sie später mit einem Künstlercafé eine geschmackvolle und anregende Umgebung für kreative und ungewöhnliche Menschen schaffen würde. Oder sie sieht sich im Mittelpunkt ihrer eigenen Familie, in der sie einen ganz anderen Lebensstil pflegen würden als hier zu Hause. Sie würde ihren Kindern vor allem Verständnis, Wärme und Nähe entgegenbringen. In liebevoller und kultivierter Umgebung sollten sie ihre Individualität entfalten können.

Viele VIERER fühlen sich als Kind verlassen, unverstanden oder zurückgesetzt. Sie ziehen sich dann in die Welt ihrer Gefühle und subjektiven Empfindungen zurück und schaffen sich in ihrer Phantasie einen attraktiven Ersatz, den sie aber selten in die Realität umsetzen.

Bei allem Mitgefühl für ihre Mutter und Konstanze leidet Gabriele selbst auch, vor allem darunter, dass sie persönlich so wenig wahrgenommen wird. Niemand fragt danach, wie es ihr geht und wie sie mit den Problemen in der Familie fertig wird. Oft fühlt sie sich einsam und unverstanden. Wenn sie ohne besonderen Anlass von Traurigkeit oder Weltschmerz überschwemmt wird, verstärkt sie ihren persönlichen Einsatz für die Familie. Dennoch spürt sie, dass sie darin nicht ihre wirkliche Erfüllung findet. Häufig fühlt sie sich durch die familiäre Situation nachhaltig eingeschränkt. Bis weit in ihr Erwachsenenleben hinein schmerzt sie die Vorstellung, was sie alles ihrer

Mutter zuliebe gemacht hat oder worauf sie wegen Konstanze verzichtet hat.

VIERER können sich emotional sehr gut in andere hineinversetzen. Wenn andere nicht merken, wie es ihnen geht, sind sie enttäuscht und verletzt. Unaufmerksamkeit empfinden sie leicht als grob und rücksichtslos. Unter Stress neigen sie dazu, sich als Opfer der Verhältnisse zu fühlen. Sie sind überzeugt, alles Mögliche anderen zuliebe zu machen und blenden aus, was sie im eigenen Interesse tun.

Für ihre berufliche Lieblingsvorstellung, sich als Archäologin auf alte Schmuckkultur zu spezialisieren, müsste sie weit weg von zu Hause studieren und sich viel im Ausland aufhalten. Weil sie ihre Familie nicht im Stich lassen will, entschließt sie sich, vor Ort eine Ausbildung zur Krankenschwester zu machen. Sie sieht sich schon als einfühlsame Krankenschwester mit tiefem Verständnis für die Sorgen und Nöte der Patienten und ihrer Angehörigen. Die Patienten in ihrer Vorstellung sind liebenswert und dankbar. Sie schätzen Gabriele für ihre warme Zuwendung und echte Anteilnahme. Während der Ausbildung hat Gabriele häufig mit ihrer Empfindsamkeit zu kämpfen. Es fällt ihr schwer, sich emotional gegenüber Kranken abzugrenzen, die in ihren Augen ein besonders schweres Schicksal tragen. Auf der anderen Seite hat sie große Schwierigkeiten mit Patienten, die sie als grob, unhöflich oder undankbar erlebt.

Mit lebhafter Phantasie malen sich VIERER ihr Fühlen und Handeln in zukünftigen Situationen aus. Die Wirklichkeit stellt sich dagegen oft enttäuschend und ernüchternd dar. Weniger feinfühliges Verhalten empfinden sie oft als Rücksichtslosigkeit oder Unverschämtheit und nehmen es persönlich.

In dieser Zeit lernt Gabriele auf einem Fest Peter kennen, ihren späteren Mann. Von Beginn an fasziniert sie seine besondere Ausstrahlung und sein gutes Aussehen. Es schmeichelt ihr, dass sie diesen attraktiven Mann auf sich aufmerksam machen kann. Sie zeigt sie ihm ihre Faszination aber nicht, sondern lässt sich von ihm umwerben.

VIERER konzentrieren ihre Aufmerksamkeit auf das Unerreichbare. Zeigt sich ein Gegenüber interessiert, ziehen sie sich zurück. Desinteresse des anderen bringt sie dazu, wieder um seine Aufmerksamkeit zu werben.

Gabriele hofft, dass sie miteinander ein lebenserfüllendes Glück in einer besonders engen und romantischen Beziehung finden können. Dafür erwartet sie von Peter, dass er ganz auf sie eingeht und seine tiefen Gefühle mit ihr teilt. Wenn Peter sich von so viel Nähe und emotionalem Anspruch überfordert fühlt, zieht sich zurück in Arbeit oder Sport oder schottet sich in seinen Gedanken und Gefühlen ab. Gabriele fühlt sich dadurch verletzt und missachtet und zweifelt, ob Peter sie wirklich liebt. Sie wirft ihm dann vor, dass er nicht einmal versuche, sie zu verstehen. Ihre Beziehung erscheint ihr in diesen Momenten ganz oberflächlich und unzureichend und ihre Sehnsucht nach Glück unerfüllt.

VIERER suchen nach Intensität und Echtheit, insbesondere im emotionalen Erleben. Menschen, die wenig Zugang zu ihren Gefühlen haben, erscheinen ihnen oberflächlich oder unlebendig. Gefühle auszutauschen oder zu teilen ist für sie ein unverzichtbares Kennzeichen einer intensiven persönlichen Beziehung.

Ihren Beruf empfindet Gabriele zunehmend als Belastung. Ernüchtert stellt sie fest, dass ihre tägliche Arbeit auf der Intensivstation wenig mit dem zu tun hat, was sie sich einmal unter dem Pflegeberuf ausgemalt hat. Ihre Aufgaben erfordern in erster Linie fachliche, technische und organisatorische Kompetenzen und Aktivitäten. Einfühlung und Verständnis spielen eine eher nebensächliche Rolle. Nach Feierabend kann sie sich nur schwer von beruflichen Erlebnissen lösen. Sie hat das Gefühl, das Eigentliche nicht tun zu können.

VIERER machen sich lebhafte Vorstellungen davon, wie es sein wird, wenn sie bestimmte Dinge erreicht haben. Entspricht die Realität dann nicht ihrer subjektiven Vorstellung, verstärken sie beharrlich ihre Phantasie oder sie wenden sich einer ganz anderen Möglichkeit zu, wirklichen Sinn und Erfüllung zu finden.

Gabriele wird schwanger. Ihre Beziehung zu Yanis ist von Anfang an außergewöhnlich eng. Sie registriert jede kleinste Regung und Veränderung und geht sofort darauf ein. Um Yanis optimal zu versorgen und zu fördern, scheut sie keine Mühen und lässt sich auf keine Kompromisse ein. Ihrer eigenen Erschöpfung nachzugeben erlaubt sie sich nicht. Peter wirft sie Egoismus und mangelndes Einfühlungsvermögen vor. Viele seiner Äußerungen empfindet sie als persönliche Kränkung oder Zumutung. Beispielsweise löst Peters Frage, ob sie etwas gekocht hat, gleichzeitig Wut und Selbstmitleid aus. Sie schafft es nicht einfach zu sagen, dass es noch eine halbe Stunde dauert, oder dass sie auch zu müde zum Kochen ist.

VIERER geraten unter Stress, wenn sie sich ganz auf andere konzentrieren. Sie übernehmen dann für diese Verantwortung im Übermaß und fühlen sich gekränkt, wenn jemand nicht mitzieht. Unter Druck nehmen VIERER die Dinge sehr persönlich. Selbst arglose Fragen und sachliche Äußerungen werden dann dramatisiert und mit emotionaler Bedeutung aufgeladen

Unzufrieden mit sich selbst und ihrem Alltag wirft sie Peter vor, er sei langweilig geworden, ein gefühlloser Egoist, der nur seinen eigenen Interessen nachgehe. Sie dagegen habe alles für die Familie geopfert, klagt sie voll Selbstmitleid. Peter versucht, ihren Anspruch bezüglich Kindererziehung und Familienleben auf ein „normales" Maß herunterzuschrauben. Schließlich fügt er sich aber resigniert Gabrieles Vorstellungen, um Streit und Gefühlsausbrüche zu vermeiden.

VIERER haben eine Neigung zu symbiotischen Beziehungen. Auch darin suchen sie das Wunderbare und Einmalige, nach dem sie sich sehnen. Besonders in Krisenzeiten sind sie in Gefahr, sich in der Beziehung zu anderen zu verstricken und sich fast ausschließlich darüber zu definieren.

Das Grundgefühl der VIERER, nicht wirklich verstanden zu werden, kann sich in Vorwürfen und in verstärkter Sublimierung Luft machen.

Die Geburt ihrer Tochter Joanna kann Gabriele nur kurzfristig glücklich machen. Auch ihr will sie eine besonders verbundene Mutter sein. Doch der Alltag mit den zwei kleinen Kindern erschöpft und desillusioniert sie. Manchmal hat sie Anflüge von ausgefallenen Vorhaben, dann wieder reicht ihre Energie nicht aus, um den normalen Alltag zu bewältigen. Frustriert und gelangweilt vom ewig gleichen Tagesablauf lästert sie gern über Leute, die sich damit zufriedengeben, dass „ihr Leben so vor sich hinplätschert". Es macht Gabriele sehr zu schaffen, dass sie ziemlich an Gewicht zugenommen hat. Sie war immer stolz auf ihre sehr mädchenhafte Figur. Erstklassig gekleidet aufzutreten und eine besondere Wirkung zu erzielen macht einen großen Teil ihres Selbstwertgefühls aus. Sie kann sich nur schwer vorstellen, dass es Menschen gibt, denen das äußere Erscheinungsbild tatsächlich völlig nebensächlich ist. Auch Peters Behauptung, ihm sei es viel wichtiger, dass sie ausgeglichen und harmonisch miteinander leben, kann sie nicht glauben. Zwar wird sie in ausgesuchten Boutiquen immer noch fündig und trägt gelegentlich originelle Stücke und Farbzusammenstellungen. Doch ist ihre Freude daran sehr getrübt, weil sie selbst ihrem Ideal nicht mehr entspricht. Wenn sie sich morgens lustlos etwas überzieht, worin sie sich selbst nicht leiden kann, beeinträchtigt das den ganzen Tag ihre Stimmung.

Es kann die eigene Unzufriedenheit der VIERER verstärken, wenn sie erleben, dass andere Menschen sich mit Mittelmäßigkeit, Oberflächlichkeit und Banalitäten gut zu arrangieren scheinen. Dies löst bei ihnen manchmal eine Mischung aus Neid und arroganter Herablassung aus.

Da VIERER auch über ihre Aufmachung ihrer Persönlichkeit Ausdruck verleihen wollen, ist ihr Wohlbefinden auch damit verknüpft, dass sie sich selbst gefallen. Auch in alltäglichen Situationen verwenden sie gerne viel Sorgfalt auf ihr Erscheinungsbild. Wenn VIERER ihr Äußeres vernachlässigen, ist das ein ziemlich deutliches Signal dafür, dass es ihnen nicht gut geht.

Gabriele hat zwei wunderbare Kinder, keine finanziellen Sorgen, und Peter erträgt ihre Launen sehr geduldig. Dennoch ist sie immer häufiger frustriert und deprimiert. Immer wieder holt sie das unbestimmte Gefühl ein, dass ihre Lebensträume einem täglichen Einerlei zum Opfer gefallen sind. Auch die Kinder leiden unter der oft gespannten Atmosphäre und den Stimmungsschwankungen. Angesichts von Yanis' wiederholt auftretenden ungeklärter Bauchschmerzen legt der Arzt die Aufnahme in eine psychosomatische Klinik nahe. Da wird Gabriele mit erschreckender Deutlichkeit klar, dass sie sich alle in einer ähnlich verwickelten Situation wiederfinden, wie sie es aus Kindheit und Jugend kennt, trotz oder gerade wegen ihrer unentwegten Anstrengungen ein besonderes, wunderbares Nest für ihre Familie zu schaffen. Es fällt ihr von Herzen schwer, sich von Yanis zu trennen. Doch nachdem sie für sich klar erkannt hat, dass sie ihre gegenseitige Verstrickung lösen müssen, um Yanis zu helfen, ist sie auch in der Lage, die dafür nötigen Schritte konsequent zu tun. Peter und sie nehmen die Angebote der Klinik für Elterngespräche und Familientherapie wahr und kommen sich auf diese Weise auch als Paar wieder näher.

Viele VIERER sind unbewusst überzeugt, sie hätten es nicht verdient, glücklich zu sein. So tun sie ohne bewusste Absicht alles, um diesen Zustand nicht wirklich eintreten zu lassen: Sie brüskieren die Menschen in ihrer Nähe und stellen sich selbst ihrem Glück in den Weg.

VIERER überwinden persönliche Krisen, indem sie lernen, konsequent und unbeirrt das Notwendige zu tun ohne sich von ihrer augenblicklichen subjektiven Befindlichkeit davon abbringen zu lassen.

Gabriele führt jetzt häufiger Küchentisch – Gespräche mit ihrer Nachbarin Margret. Gabriele hatte vorher wenig mit ihr zu tun, ihre unspektakuläre Lebensweise hat sie in keiner Weise angesprochen. Als Margret sich während der häufigen Krankenhausbesuche bei Yanis spontan angeboten hat, Joanna nach dem Kindergarten zu sich zu holen, sind sie in näher in Kontakt gekommen. Margrets ruhige Selbstverständlichkeit hat es Gabriele leichter gemacht, ihr Joanna gelegentlich anzuvertrauen. Dennoch fällt es Gabriele zunächst schwer hinzunehmen, dass Joanna in Margrets Familie andere Gepflogenheiten kennenlernt. Sie muss aber vor sich selbst zugeben, dass es Joanna keineswegs schadet und sie sehr gut unterscheiden kann, welche Regeln wo gelten. Das wiederum regt Gabriele an, einige ihrer Vorstellungen zu lockern und manche Alltags-situationen pragmatischer und entspannter anzugehen.

VIERER können sich entlasten, indem sie ihre Gefühle wie auch ihre Ansprüche relativieren statt sich von ihnen überwältigen und beherrschen zu lassen.

Erst durch ihre Krisen hat Gabriele zu schätzen gelernt, dass Peter immer unerschütterlich zu ihr steht, während sich die meisten ihrer schillernden Freunde zurückziehen, als es schwierig wird. Was sie so langweilig und egoistisch an ihm gefunden hat, ist letztlich die Widerspiegelung ihrer eigenen Unzufriedenheit. Im Laufe der Familientherapie kommt Gabriele zu der unangenehmen und schmerzhaften Erkenntnis, dass sie vieles von dem, was sie ihrer Familie zum Opfer zu bringen glaubte, für sich selbst getan hat. Es ist befreiend für sie, sich selbst und ihre Gefühle relativieren zu können und ihre Aufmerksamkeit und Einfühlungsgabe tatsächlich auf die Kinder und auf Peter zu richten. So nimmt sie wahr, was deren Vorstellungen und Stimmungen sind und kann sie ihnen auch zugestehen, wenn sie von ihren eigenen abweichen.

Wenn VIERER die schwere Lektion lernen, das Alltägliche, Beständige und Unscheinbare wirklich zu achten und wertzuschätzen, kommen sie zur Ruhe.

Besonders, wenn es ihnen nicht gut geht, glauben VIERER oft, alles nur für die anderen zu tun und sich aufzuopfern. Dabei brauchen sie die anderen, um ihre eigenen Vorstellungen zu verwirklichen. Herauszu-finden, was sie wirklich trägt, lenkt die Sehnsucht der VIERER nach Tiefgründigkeit in eine Sinn gebende Richtung.

Gabriele macht sich heute in ihrem Tagesablauf nicht mehr so abhängig von ihrer jeweiligen Befindlichkeit. Wenn es Zeit zum Mittagessen ist, dann kocht sie etwas, ohne besonderen Anspruch, einfach, weil es jetzt daran ist. Und wenn sie Lust hat, ein schönes Essen zu inszenieren, dann tut sie auch das. Sie lernt immer mehr sich klar abzugrenzen und andere konkret um etwas zu bitten statt zu erwarten, dass diese von sich aus merken, was mit ihr los ist. Heute stellt sie ausgefallene Deko-Elemente für den Wohnbereich her und verkauft sie an zwei Nachmittagen im Laden einer Bekannten. An diesen Zeiten hält sie fest, egal wie sie gestimmt ist, oder was mit den Kindern ist. Sie kann gut akzeptieren, dass es im Laden mal mehr, mal weniger interessant ist. Der Traum vom Künstlercafé besteht immer noch. Gabriele äußert selbst manchmal die Vermutung, dass es für sie wichtiger ist, den Traum zu haben als ihn zu verwirklichen, solange er sie nicht unzufrieden mit der Gegenwart macht.

Viele VIERER erleben es als entlastend, ihren Tagesablauf klar zu strukturieren und konkrete To-Do-Listen abzuarbeiten. Wenn VIERER aus ihrem Gefühls-Karussell aussteigen und konsequent ins Handeln kommen, sind sie auf einem guten Weg. Sie akzeptieren dann den Wert von festen Gewohnheiten und sind bereit, sich verbindlich in vorhandene Strukturen einzuordnen.

Yanis hat seine Bauchschmerzen nur noch ganz selten. Seit Gabriele es sich selbst erlaubt, die Kinder für einige Stunden jemand anderem anzuvertrauen, kann sie es Peter gut zugestehen, regelmäßig zum Sport zu gehen. Margret ist für sie eine vertraute Freundin geworden, bei der sie sich erden kann, wenn ihre Gefühle sie überschwemmen. Gabriele kann inzwischen gut mit anderen zusammen sein ohne eine Sonderrolle einnehmen zu müssen und ohne dass etwas Besonderes passieren muss. Gerade dann suchen andere den Kontakt und das Gespräch mit ihr. Ihr besonderes Talent für Gestaltung ist häufig gefragt und sie wird für ihr Einfühlungsvermögen und ihre Sensibilität geschätzt und anerkannt.

Die persönliche Eigenart der VIERER erscheint umso echter und sympathischer, je unabhängiger sie von äußerer Zustimmung, besonderen Aufmerksamkeiten und dem Zwang zu Originalität und Besonderheit sind. Wenn sie andere nicht (miss)brauchen, um sich selbst zu bestätigen, können Momente von wirklicher Nähe und echtem Verständnis entstehen, nach denen VIERER sich sehnen.

Typ 5

Doris ist Psychologin und stellvertretende Leiterin einer großen Erziehungs- und Lebensberatungsstelle. Ihr Auftreten ist zurückhaltend und dezent. Sie ist schlicht gekleidet und scheint nicht viel Wert auf große Aufmachung zu legen. Bei genauerem Hinschauen entdeckt man jedoch manchen stilvollen Akzent und die unauffällige erstklassige Qualität ihrer Kleidung. Vertritt Doris die Einrichtung und ihr Konzept nach innen oder außen, zeigt sie sich als sachkundige und überzeugende Expertin, die jederzeit begründen kann, was sie sagt und tut. In Beratungssituationen wirkt sie eher abwartend und nachdenklich. Auch in verworrenen und stark emotionalisierten Beratungsfällen gelingt es Doris eine nüchtern analysierende Beobachterin zu bleiben. Dass sie sich weder mental in ein Familiensystem

verstricken noch von starken Gefühlen anstecken lässt, ermöglicht ihr,
zum geeigneten Zeitpunkt wirksame Interventionen zu wählen.

FÜNFER sind analytische Denker und Planer, die sich umfassend und grundlegend mit Sachthemen befassen. Fundierte Kenntnisse sowie Rationalität und Logik ihrer Vorgehensweisen sind ihnen wichtiger als ihre Wirkung nach außen und die Pflege von Kontakten.

FÜNFER neigen dazu, Gefühle bei sich selbst und anderen zu dämpfen und emotional aufgeladene Situationen zu entdramatisieren.

Zu ihrem Vorgesetzten Harald hat Doris ein positives, kollegiales Verhältnis. Er lässt ihr genug Freiraum, sich detailliert und gründlich mit fachlichen oder organisatorischen Fragestellungen zu befassen. Da er offensichtlich Wert auf ihr Wissen und ihre Einschätzung legt, zeigt sie ihm gegenüber bereitwillig ihre fundierte Sachkenntnis und gründliche Beschäftigung mit dem jeweiligen Thema. Manchmal macht es Doris richtig Spaß, mit Harald über fachliche Stellungnahmen oder Konzeptionen zu diskutieren. Er setzt sich sachlich intensiv mit ihr auseinander ohne persönliche Animositäten zu entwickeln.

FÜNFER haben einen starken Hang zu Spezialgebieten und Expertentum. Für komplizierte Problemstellungen detaillierte Lösungen auszutüfteln motiviert sie genauso wie fachlich und logisch vertretbare Konzepte oder ausgeklügelte Projektpläne zu entwickeln. Wenn es um fachliche Belange geht, scheuen sie auch Auseinandersetzungen nicht.

Dass manche Kollegen Meinungsverschiedenheiten in der Sache ganz persönlich nehmen, ist für Doris schwer nachzuvollziehen. Harald findet es für ein gutes Betriebsklima wichtig, dass die Kollegen auch bei der Arbeit mal ihr Herz ausschütten oder die Beziehungen untereinander thematisieren können. Doris fühlt sich dagegen leicht überfordert und gleichzeitig gelangweilt, wenn Kollegen in der

Dienstbesprechung ausführlich ihre Beziehungsprobleme miteinander und ihre subjektiven Befindlichkeiten zur Sprache bringen. Solche Diskussionen führen ihrer Meinung nach in der Sache nicht weiter und dienen in erster Linie dazu, unangemessene Empfindlichkeiten und Gefühlsausbrüche zu rechtfertigen. Im Grunde kann sie die Aufregungen nicht nachvollziehen und ist ratlos, wie sie darauf reagieren soll. Ihre Versuche, die Diskussionen wieder zu Sachthemen zurückzuführen, scheint einige noch stärker zu emotionalisieren.

Im Beruf sind FÜNFER leicht irritiert und konsterniert, wenn persönliche Befindlichkeiten und private Belange die Beschäftigung mit den Inhalten beeinträchtigen oder gar überlagern. Von Gefühlsäußerungen in Sachzusammenhängen sind FÜNFER manchmal peinlich berührt oder ratlos. Emotionalen Ausbrüchen begegnen sie entweder mit dem Versuch der Versachlichung oder mit Ironie.

Diese Erfahrungen bestärken Doris in ihrer Gepflogenheit, Beruf und Privatleben nicht zu vermischen. In ihrer ohnehin knappen Freizeit möchte sie jederzeit frei entscheiden können, womit sie sie verbringt und wen sie dabei um sich haben möchte. Doris selbst käme nicht auf die Idee, unangemeldet bei Bekannten zu erscheinen. Genauso wenig liebt sie Überraschungsbesuche anderer. Wenn sie das Gefühl hat, dass andere ungefragt und ungebeten ihre private Zeit in Anspruch nehmen, wird sie wortkarg und verschlossen.

FÜNFERN ist es ein Bedürfnis, ihre Privatsphäre zu schützen. Sie erleben ständiges Zusammensein mit anderen als Belastung und tanken auf, wenn sie allein sind. FÜNFER grenzen sich selbst stark ab. Andererseits sind sie sich auch nie sicher, ob sie bei anderen willkommen sind und halten deshalb lieber Distanz.

Schon als Kind fällt Doris durch Wissensdurst und Forscherdrang auf. Sie kann sich stundenlang alleine beschäftigen. Doris lernt sehr früh lesen und erlangt so früh einen erstaunlichen Wortschatz. Die

Welt der Gedanken und Worte fasziniert sie. Im Lauf der Zeit wird zum ständigen Gast in der Bücherei und sucht ihre Lektüre immer gezielter nach bestimmten Spezialgebieten aus. Zu Hause erzählt Doris kaum etwas über die Themen, die sie sich erschließt. Lediglich ihre gezielten und manchmal provokanten Fragen und Kommentare könnten ihren Eltern Hinweise geben, womit Doris sich beschäftigt. Diese sind allerdings wenig davon begeistert, dass ihre Tochter die Nase lieber in Bücher steckt und ihre Umgebung mit schlauen Reden nervt statt sich nützlich zu machen. Ihr Vater sucht schließlich den Beruf der Hauswirtschafterin für sie aus, damit sie ihre Defizite im praktischen Bereich ausgleicht. Die Vorstellung reizt Doris überhaupt nicht, doch hat sie kein Interesse daran, sich ihren Eltern offen zu widersetzen. Nachdem sie Zeit hatte, die Gegebenheiten zu durchdenken, kann sie dieser Lösung etwas für sich abgewinnen. Dass sie während der Ausbildung in einer Art Internat wohnen wird, sieht sie als gute Möglichkeit, mehr Abstand von ihrer Familie zu bekommen.

Wenn FÜNFER sich für etwas interessieren, wollen sie das in aller Tiefe durchdringen und immer mehr darüber wissen. Die ständige Aufnahme von Wissen und die gedankliche Verarbeitung machen viele FÜNFER wortgewandt und geistreich. Sie haben jedoch oft kein großes Mitteilungsbedürfnis. Es genügt ihnen, sich um der Sache willen mit etwas zu beschäftigen.

Bevor FÜNFER sich freiwillig mit nahe stehenden Menschen in eine emotionale Auseinandersetzung begeben, entziehen sie sich lieber oder erfüllen formal die Erwartungen, während sie ihre Aufmerksamkeit unbewusst darauf richten, ihren persönlichen Spielraum zu wahren oder zu vergrößern, ohne Gefühlsausbrüche riskieren zu müssen.

Die inhaltlichen Anforderungen der Ausbildung sind für Doris kein Problem. Ihre Erwartung, im Internat unbehelligt ihren Interessen nachgehen zu können, erfüllt sich jedoch nur teilweise. Es gibt nur Doppelzimmer und die meisten Mädchen suchen Kontakt und besprechen stundenlang große und kleine Mädchengeheimnisse.

Doris prägt ihre Fähigkeit sich abzugrenzen noch stärker aus und entwickelt sich immer mehr zur Außenseiterin. Da sie für ihre Themen, Interessen und Gedanken keine angemessenen Gesprächspartner findet, übernimmt sie nach und nach die Rolle der umfassend informierten Expertin, die Mitschülerinnen wie Ausbilderinnen gelegentlich mit einem gewissen Hochmut vermittelt, dass sie ihr nicht das Wasser reichen können.

FÜNFER, die dauernd mit anderen zusammen sein müssen, entwickeln die Fähigkeit, körperlich anwesend zu sein und sich gleichzeitig in ihre Gedankenwelt zurückzuziehen, während sie ausblenden, was um sie herum vorgeht.

Wenn FÜNFERN ebenbürtige Gesprächspartner fehlen, laufen sie Gefahr, sich abzukapseln. Gelingt es ihnen nicht, ihr eigenes Denken mit der Außenwelt zu verbinden, entsteht Selbstunsicherheit, die sich in Arroganz wie in auch in Unschlüssigkeit niederschlagen kann.

Der Mensch, mit dem Doris in dieser Zeit am meisten verbindet, ist Ludger. Er kommt aus dem gleichen Dorf wie sie, ist einige Jahre älter und will Lehrer werden. Ludger ist ernsthaft und introvertiert und hat wie Doris wenig Interesse an großen Partys und alterstypischen Feten. Bei einem Schützenfest haben sie sich näher kennen gelernt und sich auf Anhieb gut unterhalten. Sie sehen sich nur, wenn sie beide ab und an übers Wochenende nach Hause fahren. In seitenlangen Briefen philosophieren sie über die Themen, mit denen sie sich gerade beschäftigen, und entwickeln Theorien über die Welt und die Menschen. In Ludger findet Doris ein Gegenüber, mit dem es ihr Spaß macht, sich zu mitzuteilen. Er hört ihr ausdauernd zu, geht bereitwillig auf ihre Interessen ein und bewundert ihren Scharfsinn. Langsam entwickelt sich aus der Freundschaft gegenseitige Liebe. Sie beschließen, zusammenzuziehen, wenn Doris ihre Ausbildung beendet hat.

FÜNFER nehmen Kontakt zu anderen meist über gemeinsame Interessen auf. Beziehungen zu einzelnen Personen gehen sie leichter ein als zu größeren Gruppen. FÜNFER haben zwar ausgeprägte Interessen, wissen aber oft nicht, was sie fühlen. Je weniger sie emotional bedrängt werden, desto eher können sie ihr Schneckenhaus zu verlassen und sich auch auf ihre Gefühle einlassen.

Mit einer Halbtagsstelle in der Mensa der Universität hat Doris Zeit, das Abitur nachzuholen, denn ihr ist klar, dass Hauswirtschaft kein Job auf Lebenszeit für sie sein wird. Doris und Ludger beschließen zu heiraten, da sie dann mit ihrem Gehalt und Ludgers Studienförderung allein über die Runden kommen können. Sich mit gebrauchten Möbeln und Hausrat einzurichten und bescheiden zu leben, fällt Doris nicht schwer. Sie braucht nicht viel Materielles, möchte aber die kleine Wohnung so aufgeteilt haben, dass jeder von ihnen sein eigenes Zimmer hat. Ihre Beziehung verläuft ruhig und unaufgeregt, womit beide zufrieden sind. Sie verbringen viel Zeit zusammen, häufig auch, indem sie Hausarbeit erledigen oder bei irgendeiner Beschäftigung ihren Gedanken nachhängen ohne viel zu reden. Keiner von beiden ist aktiv daran interessiert, einen großen Bekanntenkreis aufzubauen oder ständig Freunde mit nach Hause zu bringen.

FÜNFER verlassen sich lieber auf ihre Vernunft als auf ihre Gefühle. Unabhängig sein ist ihnen wichtig. Sie können sehr genügsam leben und stellen keine großen Ansprüche an materielle Dinge, so lange sie das für ihre Interessen Notwendige um sich haben.

Als Ludger sein Referendariat antritt, beginnt Doris mit ihrem Studium. Ein Wochenendjob in einer Altenheimküche reicht zur Aufbesserung der Haushaltskasse aus. Nach zwei Jahren wird Doris schwanger. Während Ludger ganz begeistert ist von der Vorstellung Vater zu werden, reagiert Doris zunächst ziemlich reserviert. Auf keinen Fall will sie ihr Studium an den Nagel hängen. Ludger könnte seine erste Stelle an einer Schule in einer 40 km entfernten Kleinstadt antreten. Nach langen Überlegungen scheint es für alle Beteiligten die beste Lösung zu sein, dass sie zusammen dorthin ziehen und sich die Kindererziehung teilen. Sohn Niklas wird geboren und dank Doris durchdachter und konsequenter Organisation und Ludgers ruhiger Ausgeglichenheit funktioniert ihr Modell. Schon während der Schwangerschaft liest Doris eine Menge über frühkindliche Entwicklung und Elternrolle und beschäftigt sich auch nach der Geburt und neben dem Studium kontinuierlich weiter damit. Es ist ihr wichtig, nicht beliebig zu agieren, sondern Niklas nach bestem Wissen und einem systematischen Konzept zu erziehen. Ihre Grundsätze wie auch die Verhaltensweisen und Regeln, die sich daraus ableiten lassen, versucht sie auch Ludger und Anni beharrlich zu vermitteln.

In den meisten Lebenssituationen suchen FÜNFER Orientierung im Denken und in Strukturierung. Überraschende Ereignisse müssen sie erst gedanklich verarbeiten, bevor sie Zugang zu ihren Gefühlen bekommen.

Für komplexe Situationen mit konkreten Handlungsanforderungen entwickeln sie gern detaillierte Checklisten, die exakt umzusetzen sind. Wenn FÜNFER sich nach umfassender Information und reiflicher Überlegung für eine Vorgehensweise entschieden haben, wollen sie ihre Lösung auch konsequent und kompromisslos umsetzen.

Durch einen sehr strukturierten Tagesablauf mit festen Arbeitszeiten gelingt es Doris, ihr Studium ohne Pause durchzuziehen. Auch wenn Seminararbeiten und vor allem die Diplomarbeit zum größten Teil am häuslichen Schreibtisch entstehen, erliegt Doris nie der Versuchung, die Arbeit einfach mal liegen zu lassen oder sich zwischendurch mit Niklas abzulenken. Manchmal ist sie auch so vertieft in ihren Stoff, dass sie ihre Umgebung nicht wahrnimmt und überhaupt nicht merkt, wie die Zeit vergeht. Wenn Niklas „dran" ist, widmet Doris sich ihm ganz intensiv. Im Umgang mit ihrem Sohn ist sie bei aller Konsequenz viel weicher und gefühlvoller als sonst.

FÜNFER sind in der Lage, Dinge Sparte für Sparte zu erledigen und das auszublenden, was gerade nicht dran ist. Sie können aufgehen in der einen Beschäftigung und alles andere (Ablenkende) um sich herum vergessen oder zumindest in den Hintergrund treten lassen.

FÜNFER können enge Bindungen leichter aufbauen und ihre eigenen Gefühle (er)leben, wenn sie Beziehungen nicht als bedrohlich oder übergreifend erleben. Das ist zum Beispiel oft bei Kindern der Fall.

Nach ihrer Diplomprüfung findet Doris ziemlich schnell eine Vollzeitstelle in der Familienberatung. Sie geht darin auf, in eigener Verantwortung zu arbeiten und einen Fachbereich nach ihren Vorstellungen aufbauen und gestalten zu können. Ludger reduziert seine Arbeitszeit und übernimmt einen deutlich größeren Anteil der Erziehungs-arbeit, was ihm durchaus gefällt. Neben ihren beruflichen Verpflichtungen organisiseren beide den Haushalt unter den geänderten Rahmenbedingungen zu organisieren und verständigen sich so weit wie möglich über die Versorgung und Erziehung von Niklas. Die restliche Energie fließt in sich häufende Auseinandersetzungen über unterschiedliche Vorstellungen von der Erledigung von Hausarbeiten oder den Umgang mit Großeltern und anderen Verwandten. Beide nehmen nicht bewusst wahr, dass sie sich als Paar zu verlieren beginnen. Als Ludger sich ernsthaft in eine Teilnehmerin seiner Sportgruppe verliebt, versucht Doris besonnen und vernünftig mit der Situation umzugehen. Sie kommen überein, dass Niklas zunächst nichts erfahren soll; dafür halten sie ihr alltägliches Familienleben einschließlich gemeinsamer Urlaube aufrecht. Es dauert zwei Jahre, bis Doris klar wird, dass sie ihre Verletzungen zugunsten einer „vernünftigen" Lösung verdrängt und abgespalten hat. Erst als sie ihre Gefühle der Kränkung und Zurückweisung zulassen und aussprechen kann, ist sie in der Lage, diese so ernst zu nehmen, dass sie eine Trennung aktiv angeht.

Wenn FÜNFER unter Druck geraten, neigen sie verstärkt zur Segmentierung: sie suchen rationale Lösungen für begrenzte Problemstellungen und blenden andere Bereiche aus. Besonders ihre eigene Befindlichkeit wird abgespalten und subjektive Gefühle gar nicht mehr gespürt. Andere Beteiligte empfinden dann einen starken Widerspruch zwischen der Emotionalität der Situation und der betont sachlichen Argumentation und gefühlsmäßigen Distanz der FÜNFER.

In den Trennungsgesprächen kristallisiert sich heraus, dass jede Lösung, die Niklas von Ludger trennt, auch auf Dauer höchst konfliktträchtig bleiben würde. Ludger hat sich ganz darauf festgelegt, den größten Teil seines Alltags mit Niklas zu verbringen. Doris braucht Zeit, um die Situation zu reflektieren und zu analysieren. Von den täglichen Arbeitszeiten und Ferienregelungen her kann Ludger Niklas viel besser versorgen als sie selbst. Mit dieser Erkenntnis kann sie sich daran annähern, neue Lösungen zu denken, die dies berücksichtigen. Weil sie sich der eigenen Bindung an Niklas ziemlich sicher ist, ringt sie sich schließlich dazu durch, auszuziehen und damit die Situation zu einem vernünftigen und versöhnlichen Ende bringen.

Je belastender sie eine Situation erleben, desto mehr Zeit brauchen FÜNFER, sich damit zu befassen. Wenn sie die Lage nach allen Seiten beleuchten und gründlich analysieren können, sind sie zu erstaunlich unkonventionellen Lösungen fähig. Entscheidungen, zu denen sie aufgrund sorgfältiger Analyse und ohne äußeren Druck gekommen sind, setzen FÜNFER methodisch und konsequent um.

Doris kommt ganz gut damit zurecht, Niklas nicht täglich zu sehen, nachdem sich zeigt, dass er tatsächlich von sich aus die Beziehung zu ihr pflegt, wie sie das vermutet und gehofft hat. Indem sie ihre Energien nun wieder verstärkt auf den Beruf konzentrieren kann, entwickelt sie einige Ideen für die Zukunft der Beratungsstelle. Sie konzipiert ein neues Beratungsmodell für Alleinerziehende und leitet das Pilotprojekt zur Einführung. Obwohl sie aufgrund dieses Erfolges zur stellvertretenden Leiterin befördert wird, möchte sie selbst nicht weiter in dem Projekt arbeiten, weil damit viel praktische soziale Netzwerkarbeit verbunden ist, die ihr persönlich nicht wirklich liegt. Sie kann ihren Vorgesetzten davon überzeugen, dass sie stattdessen als seine Stellvertretung die konzeptionelle Modernisierung weiterer Arbeitsbereiche übernimmt.

FÜNFER sind bei neuen Aufgabenstellungen vor allem daran interessiert, sich das nötige Wissen anzueignen, die Inhalte systematisch zu verarbeiten und schlüssige Folgerungen zu entwickeln. Die praktische Umsetzung können sie gut anderen überlassen, wenn gewährleistet ist, dass sie den gewonnenen Erkenntnissen entspricht. Wichtiger als Status oder Karriere ist es FÜNFERN, eine Arbeit zu tun, für die sie sich wirklich für kompetent halten und die sie interessant finden.

Trotz dieser positiven Entwicklungen beschleichen Doris von Zeit und Zeit ungute Gefühle und Zweifel. Sie hat den Eindruck, dass etwas fehlt. Ihre wenigen sozialen Beziehungen sind in der Regel über Ludger gelaufen. Doris ist meistens ganz zufrieden gewesen, wenn sie sich in ihrer knappen Freizeit nicht noch nach anderen richten musste. Inzwischen fällt ihr auf, dass Niklas der einzige ist, zu dem sie von sich aus bewusst und aktiv Kontakt pflegt. Beruf und Privatleben hat sie immer getrennt. Die Nachbarn grüßt sie auf dem Flur oder im Hof, und diese Distanz ist ihr eigentlich immer angenehm gewesen. Doch inzwischen muss sie sich in ganz ehrlichen Momenten eingestehen, dass sie sich isoliert hat. Es fällt ihr zunehmend schwer, überhaupt ein tieferes Interesse für etwas außerhalb ihrer Arbeit zu entwickeln.

FÜNFER schenken weder ihren subjektiven Gefühlen noch ihren Beziehungsbedürfnissen viel Aufmerksamkeit. In einer kontaktfreudigen oder geselligen Umgebung sind sie unwillkürlich damit beschäftigt sich abzugrenzen. Wenn aber niemand da ist, der die Initiative ergreift, geraten manche

FÜNFER in Isolation, weil sie nicht gelernt haben, von sich aus Kontakt herzustellen und zunächst gar nicht merken, dass ihnen etwas fehlt. Nicht von anderen abhängig zu sein ist ihnen so wichtig, dass sie die Übergänge zur Vereinsamung nicht wahrnehmen.

Doris gewinnt den Eindruck, dass ihr Leben vorbeizieht, während sie dabeisteht und zusieht. Ihr fällt nichts ein, wie sie wieder Interessen entwickeln und unter Leute kommen kann.. Zwischendurch sagt sie sich, dass eben nichts, was andere in ihrer Freizeit tun, sie wirklich anspricht, und es keinen Sinn macht, beim Small Talk oder anderen beliebigen Beschäftigungen ihre Zeit zu verschwenden, nur um mit anderen zusammen zu sein. Als Niklas für ein Jahr als Austauschschüler in die USA gehen will, bestärkt sie ihn und unterstützt ihn finanziell, doch verschärft es ihr Problem. Sie fühlt sich gesundheitlich immer schlechter, hat chronische Gelenkschmerzen ohne dass eine Ursache festgestellt werden kann. Eines Tages bricht sie ohne Vorwarnung auf der Treppe zusammen und zieht sich eine Knieverletzung und eine Rippenprellung zu. Ihre Nachbarin Hella findet sie und bringt sie zum Arzt, der ein allgemeines Erschöpfungssyndrom diagnostiziert.

Ihre „automatische" Art des Umgangs mit anderen hält diese auf Distanz. Um aktiv zu anderen Kontakt herzustellen, müssen FÜNFER einen inneren Widerstand überwinden. Auf ungute Empfindungen reagieren FÜNFER zunächst mit rationalen Argumenten und scheinbar logischen Rechtfertigungen.

Doris bleibt eigentlich nichts anderes übrig, als auf Hellas spontanes Angebot für sie einzukaufen und regelmäßig vorbeizuschauen, einzugehen. Anfangs ist es ihr sehr unangenehm, dass eine fremde Person den Wohnungsschlüssel benutzt und sich zwanglos in ihrer Küche bewegt. Als sich durch eine zufällige Bemerkung herausstellt, dass sie eine Vorliebe für Chabrol–Filme teilen, vertiefen sie sich in eine angeregte Fachsimpelei über alte französische Filme, von denen Hella etliche auf Video hat. Auf Doris Bitte, diese ausleihen zu dürfen,

meint Hella, es wäre doch schöner, die Filme zusammen anzuschauen.
Obwohl Hella nach dem ersten Film viel länger bleibt als geplant, weil
sie sich noch sehr angeregt unterhalten, empfindet Doris das keines-
wegs als aufdringlich. Es hat ihr im Gegenteil sehr gutgetan, sich je-
mandem intensiver mitzuteilen.

FÜNFER tun sich schwer damit, anderen unkontrolliert Ein-
blicke und Eingriffe in ihre Privatsphäre zu gestatten.

Beziehung herzustellen fällt FÜNFERN leichter, wenn gemeinsame Interessen die Gesprächsgrundlage bilden. Sind
diese Voraussetzungen da, sind FÜNFER sehr anregende interessante Gesprächspartner, die freundlich, aufgeschlossen und
aufmerksam mit anderen umgehen können.

Ihren neuen Schwung nutzt Doris, um ihre Eltern anzurufen und
ihnen wenigstens zu erzählen, was der Stand der Dinge ist. Für Doris
ist es eine schöne Erfahrung, dass Eltern und Schwester sich offen-
sichtlich freuen, wenn sie sich meldet. Alle signalisieren ihr, dass sie
jederzeit willkommen ist. Es spielt sich wieder ein regelmäßiger Kon-
takt zur Familie ein, wobei Doris klarstellt, dass sie selbst überra-
schende Besuche wenig schätzt. Da das akzeptiert wird, wendet sich
Doris den Menschen in ihrer Familie bereitwillig zu. Wenn sie nicht
befürchten muss, über Gebühr vereinnahmt zu werden, ist sie bereit
sich, wenn sie gebraucht wird. Auf diese Weise kommen sich alle wie-
der näher.

Wenn FÜNFER sich selbst erlauben, die Erfahrung zu machen, dass sie bei anderen Menschen willkommen sind und
nicht aus vorauseilender Befürchtung Distanz halten, können
sie mit ihrer Umgebung in Kontakt sein ohne Angst sich aus-
zuliefern. Dann schätzt ihre Umgebung sie als kluge Ratgeber,
auf deren Erfahrungsschatz, Objektivität und Diskretion man
bauen kann ohne dass sie sich einmischen oder aufdrängen.

Durch die Mitarbeit im Förderverein ihrer Einrichtung erhofft Doris sich einen größeren Einfluss auf finanzielle Zuschüsse für bestimmte Projekte. Sie akzeptiert mittlerweile, dass sie sich dafür auf die unterschiedlich informierten und interessierten Vorstandsmitglieder einstellen muss. Doris zeigt sich bereit, ihnen genau das zu erklären, was sie wissen möchten, um eine positive Entscheidung zu fällen – nicht mehr, aber auch nicht weniger. Ihr Vorgesetzter Harald begrüßt ihr offensiveres Auftreten und signalisiert ihr, wenn sie zu schnell allein voraus denkt. Gelingt es ihr, die Beteiligten frühzeitig in ihre Gedankengänge einzubeziehen, sind diese oft beeindruckt, wie fundiert und stichhaltig ihre Überlegungen sind, und lassen sich gerne überzeugen.

Wenn FÜNFER energisch auftreten und sich zeigen, gewinnen sie an Profil und an Einfluss. Gereifte FÜNFER wissen, dass komplexe Ziele nicht über die Sachebene allein erreicht werden. Sie haben gelernt, sich auch auf andere einzustellen, um ihre Vorstellungen zu verwirklichen. Sie beziehen Beteiligte beizeiten in ihre Überlegungen ein statt unvermittelt im Stillen gereifte Entschlüsse zu verkünden.

Maja, die neu ist in der Vorstandsarbeit, bittet Doris ab und zu nach den Sitzungen, sie über einzelne Punkte ausführlicher zu informieren oder die Zusammenhänge zu verdeutlichen. Es ist ihr peinlich, vor den anderen ihre Unkenntnis zu demonstrieren. Doris nimmt ihr jede Verlegenheit und erklärt ihr geduldig und in verständlichen Worten alles, was sie wissen will. Eines Abends überredet Maja Doris, doch einmal mit ihr zum Spinning zu kommen. Dabei könne man sich richtig auspowern, jeder in seinem Tempo und nach seiner Kondition. Doris gefällt es, dass sie mit anderen zusammen trainiert und trotzdem ihr eigenes Rennen fährt. So treffen sie sich einmal wöchentlich zum Sport.

FÜNFER sind in der Regel begabte, geduldige und verständnisvolle Lehrer und Anleiter für Menschen, die ehrliches Interesse zeigen und etwas lernen wollen.

Sich körperlich zu betätigen hilft FÜNFERN von ihrer Kopf-lastigkeit in den Körper zu kommen. Es ist ein besonders guter Ausgleich, wenn sie dabei über das gemeinsame Tun mit anderen in Verbindung sind. FÜNFER können sehr konsequent sein, wenn sie sich etwas vorgenommen haben. Mit dieser Konsequenz können sie neue Gewohnheiten im Umgang mit sich und anderen entwickeln.

Ihre neu gewonnene Großzügigkeit und Entschlossenheit erleichtert es Doris, mit anderen in Kontakt zu kommen und damit ihre intellektuellen Fähigkeiten auch für andere zur Verfügung zu stellen. Damit entgeht sie der Versuchung, Dinge und Gedanken bei sich behalten zu wollen und sich damit zu isolieren. Seit sie auch bei den Kollegen mehr Verständnis für deren Beziehungsbedürfnisse zeigt, wissen diese ihre emotionale Zurückhaltung und sachliche Neutralität bei Differenzen im Team wirklich zu schätzen. Die Sicherheit, dass genug Zeit und Spielraum für sie selbst bleibt, macht es ihr möglich, von sich aus Beziehungen einzugehen und zu gestalten, statt sich von den Erwartungen anderer ständig bedrängt oder bedroht zu fühlen.

FÜNFER die in der Lage sind, zu wählen zwischen Nähe und Distanz, lassen sich auf verbindliche Beziehungen ein und gestalten sie aktiv mit statt ihnen aus dem Weg zu gehen. Wenn FÜNFER andere freiwillig an ihren Gedanken, ihren Gefühlen und ihrem Leben teilhaben lassen, schwindet ihre Angst vor Leere. Wie reich sie sind - an Wissen, an Zeit, an Dingen -, wird ihnen erst bewusst, wenn sie aus freien Stücken etwas von sich geben.

Typ 6

Inge ist stellvertretende Abteilungsleiterin bei der PARATE GmbH, die Büro-Service für soziale Einrichtungen anbieten. Viele Kunden schätzen Inges fundierte Sachkenntnis, ihre zurückhaltende Freundlichkeit und ihr umsichtiges Krisenmanagement. Wenn drei Mitarbeiter sich gleichzeitig krankmelden oder der Hauptserver abstürzt – Inge scheint die Ruhe zu bewahren und kümmert sich darum, das Problem zu lösen.

SECHSER strahlen in realen Krisensituationen oft Ruhe und Zuversicht aus. Da sie sich viele Gedanken machen und ständig mit Pech und Pannen rechnen, sind sie innerlich vorbereitet und können souverän agieren, wenn das Befürchtete tatsächlich eintritt.

Dass auf Inge jederzeit Verlass ist, haben auch ihre Vorgesetzten und Kollegen schon häufig erfahren. Bevor sie eine Aufgabe übernimmt, überlegt sie gern, ob und wie sie ihre Zusage einhalten kann. Beschließt ihr Chef neue Maßnahmen ohne ausreichende Vorbereitungszeit, fühlt Inge sich leicht überrumpelt und unbehaglich. Dennoch fühlt sie sich verpflichtet, diese Entscheidungen überzeugend nach außen zu vertreten, weil sie ihren derzeitigen Chef in Sachen Unternehmensführung für kompetent hält und überzeugt ist, dass man ihm trauen kann. Einen ihrer früheren Chefs, den sie für unfähig und unaufrichtig gehalten hat, hat Inge dagegen permanent mit bohrenden Nachfragen und skeptischen Bedenken genervt und manche seiner Entscheidungen unterlaufen. Die Personalchefin der PARATE ist angetan von Inges umsichtiger, vorausschauender Arbeitsweise und ihrer selbstverständlichen Verlässlichkeit. Inge geht freundlich und gleichzeitig bestimmt mit ihren Mitarbeitern um. Sie traut ihnen etwas zu, unterstützt und motiviert sie. Ihre Besprechungen laufen klar strukturiert und anschaulich. Der Ablauf von Projekten und komplexen Aufgaben ist durchdacht. Termine werden gut eingehalten, weil Inge meistens Sicherheitspuffer einbaut.

Um sich eine Meinung zu bilden oder zu einem Entschluss zu kommen, brauchen SECHSER Bedenkzeit. Entscheidungen der Leitung und Mehrheitsbeschlüsse setzen sie loyal um, auch wenn sie selbst ursprünglich anderer Meinung waren. Halten sie die Leitung für inkompetent oder nicht vertrauenswürdig, kündigen SECHSER die Loyalität. Entweder ziehen sie sich dann zur wachsamen Beobachtung zurück oder sie stellen die Leitung provokant in Frage.

Zuspruch und Rückendeckung von maßgeblichen Leuten macht es SECHSERN leichter, sich selbst etwas zuzutrauen. Wenn sie sich sicher fühlen, agieren sie souverän, ruhig und gehen wohlwollend mit anderen um. Klarheit und Struktur sind ihnen ein Bedürfnis.

Inges Kinder- und Jugendjahre sind sehr stark bestimmt von ihrem dominanten Vater, den sie als bedrohlich und unberechenbar erlebt. Ihre Mutter, gutmütig, aber machtlos und unselbstständig, lässt zu, dass Inge zur Zielscheibe seiner Launen wird. Inge weiß nie, womit sie rechnen muss. Manchmal wirkt ihr Vater aufgeräumt und zeigt sich interessiert an ihr, dann wieder macht er abfällige Bemerkungen über ihr Aussehen oder über ihre Person. Als ältere Schwester von Zwillingsbrüdern muss Inge zu Hause früh Pflichten übernehmen. In der Schule fühlt sie sich wie befreit. Als aufgeweckte, aber angepasste Schülerin findet sie bei der Lehrerin Anerkennung und wird von den Mitschülern in Ruhe gelassen. Sie beginnt, sich gegen den Vater mit Worten zu wehren. Seine Retourkutsche besteht darin, sie zu verletzen oder zu demütigen, indem er „ihr schlaues Getue" lächerlich macht.

Viele SECHSER hat die Grunderfahrung geprägt, dass sie jederzeit angegriffen, verletzt oder beschämt werden können und dass niemand da ist, sie zu beschützen. Daher funktioniert ihre Wahrnehmung als Frühwarnsystem für mögliche Bedrohungen: Gut aufpassen, Zusammenhänge verstehen und auf alle möglichen Reaktionen vorbereitet sein wird für SECHSER zu einer bewährten Strategie, ihr subjektives Sicherheitsgefühl zu erhöhen.

SECHSER können in Erwartung einer Gefahr ängstlich erstarren (phobisch) oder zum Angriff übergehen (kontraphobisch).

Der Höheren Handelsschule sieht Inge nach Abschluss der Realschule erwartungsvoll entgegen. Doch je näher der Schulbeginn rückt, desto mulmiger wird ihr beim Gedanken, was wohl auf sie zukommt. Sie hat keine Probleme, mit dem Stoff zurechtzukommen. Doch in fast allen Fächern wird erwartet, dass die Schüler Referate halten, Ausarbeitungen vorstellen oder an der Tafel Lösungswege erläutern. Sich solchen Situationen auszusetzen fällt Inge sehr schwer. Vor ihrem ersten Referat hat sie solche Angst, dass mehr Energie in ihre Phantasien fließt, was ihr alles Schlimmes widerfahren kann, als in die inhaltliche Vorbereitung. Dennoch findet der Fachlehrer ihren Vortrag vom Inhalt und Aufbau her gut und meint, sie müsse nur ihre unverhältnismäßige Nervosität besser in den Griff bekommen. Inge hat selbst das Gefühl, oft mehr zu wissen und zu verstehen als andere, und ärgert sich darüber, dass sie vieles davon nicht anbringt.

SECHSER sind oft hin- und her gerissen zwischen dem Reiz des Neuen und der Sicherheit des Bewährten.

Sich zu exponieren macht SECHSERN Angst. Je größer ihre Angst, desto farbiger malen sie sich aus, was schlimmstenfalls alles passieren kann. Die Wirklichkeit ist selten so schlimm wie die Phantasie der SECHSER. Deshalb ist es für sie wichtig, die Erfahrung zu machen und zu verankern, was sie alles schaffen können.

Inge gewinnt an Selbstvertrauen und löst sich immer mehr vom Elternhaus. Als sie bei der PARATE einen Ausbildungsplatz im kaufmännischen Bereich bekommt, kann sie sich ein kleines Apartment mieten. In der ersten Zeit macht sich viele Gedanken über die

Situationen und die Leute, mit denen sie es zu tun hat. Sie ist zurück-
haltend und vorsichtig, und stets darauf bedacht, nichts falsch zu ma-
chen und nicht anzuecken. Die Kollegen begegnen Inge zumeist
freundlich und offen. Eine Kollegin nimmt sie mit zum gemeinsamen
Mittagstisch und fragt sie, ob sie Lust hat, zum monatlichen Kolle-
genstammtisch zu kommen. Inge ist sehr froh, dass die Kollegin die
Initiative ergreift. Sie möchte gerne dazugehören, sich aber auf keinen
Fall irgendwo unerwünscht aufdrängen.

In neuen Situationen verhalten SECHSER sich abwartend,
weil sie unbewusst vermeiden, Anlass zu Missbilligung oder
Feindseligkeit zu geben. Bevor sie sich selbst äußern oder aktiv
werden, versuchen sie die ungeschriebenen Regeln und Gepflogenheiten der Gruppe herauszufinden. Wenn in einer
Gruppe andere mit ihnen Kontakt aufnehmen, gehen SECH-
SER in der Regel dankbar darauf ein.

Luzie, ihre Ausbilderin, überträgt Inge Schritt für Schritt immer
anspruchsvollere Aufgaben, schubst sie aber ab und zu auch mal ohne
Vorwarnung in eine neue Situation. Wenn Inge diese dann zu ihrer
Zufriedenheit bewältigt hat, ist sie stolz und hoch motiviert, weiter-
zumachen. So lange Inge nicht sicher ist, wie die anderen zu ihr ste-
hen, fühlt sie sich gezwungen, so zu tun, als hätte sie jederzeit alles
im Griff. Am Anfang ist sie sehr befangen, wenn sie in Gegenwart
anderer mit einem Kunden telefonieren muss. Je sicherer sie sich unter
den Kollegen fühlt, umso weniger machen ihr solche Situationen aus.
Die entspannte vertrauensvolle Atmosphäre im Team nimmt Inge die
Hemmung, auch mal vermeintlich banale Dinge nachzufragen. Sie
kann offen zugeben, wenn sie mit einem Kunden nicht zurechtkommt
oder unter Druck steht. Inge ist Luzie und ihren Teamkollegen sehr
dankbar dafür, dass sie im Notfall auf deren Solidarität und Gemein-
schaftsgeist zählen kann.

Wenn SECHSER sich grundsätzlich sicher fühlen, meistern
sie auch unerwartete Herausforderungen. Solche Erfahrungen
machen sie wiederum selbstsicherer und gelassener. Können

SECHSER ihre Ängste offen aussprechen, sind diese schon halb gebannt. Am meisten Druck haben sie, wenn sie glauben, sich keine Unsicherheit oder Nervosität anmerken lassen zu dürfen.

Im Ernstfall ganz allein dazustehen ist für viele SECHSER traumatisch. In Gemeinschaft fühlen sie sich aufgefangen und getröstet und können selbst Zuversicht ausstrahlen.

Inge geht immer mehr aus sich heraus. In der vertrauten Kollegenrunde zeigt sich oft, wieviel Humor sie hat. Ihre treffsicheren Beobachtungen und prägnanten Sprüche bringen viele zum Lachen. Bei möglichen Meinungsverschiedenheiten äußert Inge sich jedoch selten impulsiv, sondern wartet lieber das Votum der anderen ab. Wenn sie selber eine abweichende Meinung hat, überlegt sie sich gut, wie sie die einbringen kann ohne Ablehnung zu riskieren. In mancher Hinsicht vertritt sie jedoch hartnäckig ihren Standpunkt. Die PARATE beschäftigt einige sogenannte „Kundenkräfte", die nur für einige Wochenstunden bei bestimmten Kunden im Einsatz sind. In der Firma haben sie keine feste Anlaufstelle. Die meisten Kollegen nehmen kaum Notiz von ihnen. Inge findet es nicht richtig, dass sie so ausgeschlossen werden. Selbst auf die Gefahr hin, es sich mit einigen der etablierten Kollegen zu verscherzen, bemüht sie sich bei verschiedenen Anlässen sie in die Kollegenrunde einzubeziehen.

Im vertrauten Kreis können SECHSER spontan, geistreich und witzig sein. Haben sie ihren Platz als Teil des Teams gefunden, engagieren sie sich für die Gruppe und tragen viel zu einem integrativen Klima bei. SECHSER unterdrücken oder manipulieren ihren spontanen Standpunkt, um das einträchtige Miteinander nicht aufs Spiel zu setzen.

Wenn Menschen ausgegrenzt werden, finden SECHSER sich oft an deren Seite wieder. Sie solidarisieren sich, wenn andere ohne eigenes Verschulden benachteiligt oder zurückgesetzt werden. Dabei treten sie viel mutiger und forscher auf als wenn es um sie selbst geht.

Zu den Kundenkräften gehört auch Stefan, ein junger Gymnasial-
lehrer, der stundenweise für Fortbildungen zur Verfügung steht. Inge
bekommt sein Interesse mit, er gefällt ihr auch, doch überlässt sie ihm
die Initiative, sich auch privat näher kennen zu lernen. Stefan ist in
einem Tanzclub aktiv. Seine Begeisterung ist ansteckend. Geduldig
und einfühlsam, aber auch mit einer gehörigen Portion Lockerheit
und Witz, bringt er Inge zum Tanzen. Am Anfang strengt sie sich
sehr an, mitzudenken, sich Schrittfolgen zu merken und alles „rich-
tig" zu machen. Doch nach und nach lernt sie, sich auf Stefans Füh-
rung und ihr Körpergefühl zu verlassen.

SECHSERN tut ein Ausgleich gut, der ihren Kopf entlastet
und sie in Kontakt zu ihrem Körper bringt. Wenn sie es schaffen, gedankliche Kontrolle und Kopfkino vorübergehend abzuschalten, können SECHSER sich erden und entspannen.

Beruflich steuert Inge auf die Abschlussprüfung zu. Obwohl ihre
Leistungen in der Schule wie auch in der Praxis gut sind, äußert sich
ihre Prüfungsangst Schweißausbrüchen und nächtlichen Grübeleien.
Alle Energie wird davon absorbiert, lernen zu müssen. Wenn sie sich
nicht konzentrieren kann, starrt sie gedankenverloren vor sich hin o-
der spielt lustlos am Computer. Obwohl Tanzen ihr gerade jetzt gut-
täte, kann sie sich in diesen Wochen oft nicht dazu aufraffen. Auch
Stefan kann sie nicht überzeugen, dass sie danach wieder viel besser
lernen könne. Seine geduldigen Vorschläge führen letztlich nur zu
Streit, Tränen und Vorwürfen, dass er sie nicht versteht. Am Ende
besteht Inge ihre Prüfung mit guten Ergebnissen. Sie wird von der
PARATE übernommen und kann sogar in ihrer alten Abteilung blei-
ben.

Viele SECHSER arbeiten unter Druck pausenlos oder beschäftigen sich bis zur Erschöpfung gedanklich mit dem Problem. Um den Vorwurf zu vermeiden, nicht alles gegeben zu haben, erlauben sie sich keine Unterbrechung oder Ablenkung.
Alle erholsamen und vergnüglichen Aktivitäten werden auf
die Zeit „danach" verschoben.

Inge schämt sich dafür, wie sie Stefan im Prüfungsstress behandelt hat, und will es wiedergutmachen. Stefan ist nicht nachtragend, sondern froh, dass Inge wieder lachen kann. Beide sind sich sicher, dass sie zusammengehören. Nach zwei Jahren heiraten sie. Über ihre Schwiegereltern lernt Inge viele interessante Leute kennen. Am Anfang ist sie angespannt, wenn sie mit stadtbekannten Personen am Tisch sitzt. Nach und nach wird sie auch im Smalltalk mit Fremden selbstsicherer. Doch wie charmant die Leute sich auch geben, Inge bleibt immer aufmerksam für Ungereimtheiten und Widersprüche, die offenbaren, was der Betreffende wirklich denkt.. Sie fühlt sich schnell in Frage gestellt und hat ein feines Gespür für jede Spur von Überheblichkeit. Wenn sie dadurch verstimmt ist, geht sie auf Distanz, bleibt aber auf der Hut und beobachtet den Betreffenden aufmerksam. Menschen, von denen sie sich ignoriert, herabgesetzt oder getäuscht fühlt, etikettiert sie schnell als arrogant, eingebildet oder unverschämt. Sie wird dann einseitig und vernichtend in ihrem Urteil und kann im anschließenden Gespräch mit Stefan selbstgerecht die Person und ihre Schwächen auseinandernehmen.

In Stressphasen haben SECHSER oft ein schlechtes Gewissen gegenüber den Menschen, die sie „notgedrungen" vernachlässigt haben.

SECHSER überprüfen unbewusst, ob Menschen vertrauenswürdig und integer sind. Sie haben feine Antennen für Signale, die die wahren Absichten oder Einstellungen hinter einer gefälligen Fassade verraten. Gönnerhaft oder herablassend behandelt zu werden löst bei vielen SECHSERN Minderwertigkeitskomplexe aus. Ihre Selbstzweifel entladen sich dann in (unterschwelligen) Aggressionen gegen die Verursacher.

Als Inges Mutter nach einem Schlaganfall pflegebedürftig ist, fühlt Inge sich ungeachtet ihres schwierigen Verhältnisses sehr verpflichtet zu helfen. Ihre Brüder schauen gelegentlich auf einen Sprung herein, sehen sich aber nicht zuständig für die täglichen Erfordernisse. Inge will beweisen, dass sich mit Organisation und gutem Willen alles regeln lässt. Sie sorgt für einen ambulanten Pflegedienst, kümmert sich um die Wäsche und erträgt ihren Vater. Er ist zwar milder geworden, kann aber seine Bemerkungen nicht ganz lassen. Häufig geht Inge mit innerem Unwillen zu ihren Eltern, doch würde sie niemals einfach wegbleiben. Von Stefans Einwänden, welchen Anteil eigentlich ihre Brüder übernähmen und ob man nicht andere Lösungen ins Auge fassen müsse, fühlt sie sich nur noch mehr unter Druck gesetzt. Mit der Maxime „Augen zu und durch" arbeitet sie unnachsichtig ab, was sie sich auferlegt hat. Unter dem Druck innerer und äußerer Erwartungen verdrängt sie gezieltes Nachdenken samt dem, was dabei herauskommen könnte.

Für SECHSER hat Loyalität einen hohen Stellenwert. Unabhängig von ihren subjektiven Gefühlen halten sie im Ernstfall zu ihrer Gruppe. Appelliert man an ihr Pflichtgefühl, „funktionieren" SECHSER. Sie verlangen von sich, die Erwartungen der anderen zu erfüllen. In ihrem eigenen Anspruch gehen sie oft noch über die Forderungen der anderen hinaus.

SECHSER erlauben sich nicht, eine Verabredung zu schwänzen, eine Verpflichtung zu „vergessen" oder sich um eine missliebige Aufgabe zu drücken. In ihrem Über–Engagement spüren sie nicht, wann sie die Grenze ihrer Belastbarkeit erreichen oder überschreiten. Ihre Erschöpfung äußert sich in Gereiztheit und manchmal auch in Selbstmitleid. In diesem Zustand schalten sie das rationale Denken ab, lassen kein Korrektiv von außen zu und überanstrengen sich wider alle Vernunft.

Beruflich muss Inge sich auf tiefgreifende Veränderungen einstellen. Eine grundlegende Umstrukturierung und Modernisierung der PARATE soll sehr zügig realisiert werden. Täglich brechen über Inge und ihre Kollegen andere Neuigkeiten und teilweise widersprüchliche Informationen herein. Luzies Kündigung und die unwägbaren Veränderungen in der PARATE verunsichern Inge sehr. Sie wird zur Assistentin des neuen Abteilungsleiters befördert, der als Hoffnungsträger für die Sanierung der Firma gilt. Er tritt sehr offensiv und

öffentlichkeitswirksam auf und will schnell Ergebnisse sehen. Inges
ständige Bedenken nerven ihn so, dass er sich mit anderen darüber
unterhält, was mit ihr los sei. Durch diese Gespräche hinter ihrem
Rücken fühlt sie sich hintergangen. Sie ist auch enttäuscht, von den
Kollegen keine einmütige Unterstützung zu bekommen. Diese reagie-
ren einerseits reserviert gegenüber Inge als rechter Hand des Chefs,
können aber auch ihr übersteigertes Feindbild nicht ganz nachvollzie-
hen. Inges Antennen stehen auf Alarm, Verunsicherung und Panik
steigen. Indem sie versucht, sich gegen alle Eventualitäten abzusi-
chern, verliert sie sich zunehmend in nebensächlichen Details und
hinterfragt jede banale Entscheidung.

Wenn sie unvermittelt Veränderungen von außen ausgesetzt
sind, brauchen SECHSER Zeit, um sich gedanklich darauf einstellen zu können. Fühlen sie sich von unkontrollierbaren Entwicklungen überrollt, versuchen sie, mit Einwänden und Ver-
zögerungstaktiken das Schlimmste zu verhüten: Es kann nicht
gut gehen, erst zu handeln und dann zu denken.

Fühlen sich SECHSER von der Leitung in Frage gestellt, sind
sie prompt verunsichert. Im Gegenzug zweifeln sie Kompetenz
und Vertrauenswürdigkeit der Leitung an und rüsten sich zum
Widerstand.

Was Loyalität angeht, sind SECHSER sehr sensibel. Vermis-
sen sie die stillschweigend vorausgesetzte Solidarität, fühlen
sie sich im Stich gelassen und betrachten das als Vertrauens-
bruch.

Auch zu Hause kreisen Inges Gedanken nur noch um die Arbeit
und die Eltern. Anfangs spricht Stefan die Probleme mit ihr durch
und sucht nach Lösungen. Doch Inge fixiert sich immer stärker auf
den in ihren Augen „schuldigen" Abteilungsleiter. Zu ihren ständi-
gen Grübeleien kommen nächtliche Schweißausbrüche und ständige
latente Kopfschmerzen. Ihr Chef gibt Inge zu verstehen, er sei mit ih-
rer fachlichen Leistung zufrieden, erwarte aber mehr Initiative und

*Experimentierfreude von ihr. Doch die Gesamtsituation ist für Inge
zu diffus, als dass sie die eingeräumten Freiheiten nutzen könnte. Sie
vermisst klare eindeutige Aussagen zur Vorgehensweise. Ihr Chef beschränkt sich jedoch darauf, Vorgaben zum Umsatz und zu den erwarteten Ergebnissen zu machen. Die meisten davon erklärt Inge für
nicht durchdacht und nicht machbar.*

SECHSER neigen dazu, bei komplexen Schwierigkeiten einen Sündenbock auszumachen und ihre Ängste auf diesen zu
projizieren. Fokussiert auf die Probleme blenden sie ihre eigenen Anteile und Handlungsspielräume aus. Von der Leitung
erwarten SECHSER kompetente Führung und klare Vorgaben,
an denen sie sich orientieren können. Andererseits neigen sie
dazu, Richtlinien oder Vorschriften, die sie nicht sinnvoll finden, zu kritisieren oder zu boykottieren.

*Der Prozess der Umstrukturierung ist für alle mit Unruhe und
Stress verbunden, eröffnet aber auch neue Möglichkeiten und lässt
den Mitarbeitern viel freie Hand bei der Umsetzung der Vorgaben.
Bei einigen Kollegen, die ihre neuen Freiräume kreativ nutzen, hat
Inge den Verdacht, dass sie ihre Anweisungen nicht ernst nehmen
und Arbeitsaufträge unterlaufen. Sie spricht ihre Vorbehalte aber
nicht offen aus, sondern verschwendet Zeit und Energie mit ineffek-
tiven Gedankenspielen über mögliche Absichten der anderen. Ihre Arbeitsaufträge werden immer kleinschrittiger, es folgen detaillierte
Checklisten zur Kontrolle. Ständig ist Inge dabei, sich zu rechtfertigen und ihr Tun zu erklären. Von jeder Frage oder Bemerkung fühlt
sie sich angegriffen. Bei einer Konferenz fühlt sie sich von einer lapi-
daren Äußerung ihres Abteilungsleiters ungerechtfertigt in Frage gestellt und bricht sie vor allen Anwesenden in Tränen aus. Das ist ihr
so peinlich, dass sie am liebsten keinem aus der Runde je wieder gegenübertreten möchte.*

Unter Stress beschäftigen sich SECHSER viel damit, herauszufinden, was in anderen vorgeht, sprechen Konflikte aber
höchstens indirekt an. Geraten sie in die Defensive, versuchen

sie beharrlich, ihre Entscheidungen und Handlungen zu rechtfertigen. In angespannten Lagen sind sie auf Nachforschungen
jeder Art gefasst und wollen sich dann keine Blöße geben oder
in Erklärungsnotstand kommen.

Fühlen sie sich schutzlos den Nachfragen, Bemerkungen
und (unausgesprochenen!) Urteilen anderer ausgeliefert, können SECHSER die Fassung verlieren. Das wiederum empfinden sie als so beschämend, dass sie sich abkapseln, weil sie sich
mit dieser Blöße niemandem zeigen wollen.

*In ihrem aufgelösten Zustand sucht Inge ein vertrauliches Ge-
spräch mit ihrer Personalchefin. Diese scheint den Vorfall gar nicht
so gravierend zu finden. Damit beide Beteiligte ohne Gesichtsverlust
aus diesem von Inge inzwischen sehr personalisierten Konflikt her-
auskönnen, bietet sie Inge an, auf die gleiche Position in Abteilung
EDV zu wechseln. Dafür erwartet sie, dass Inge daran arbeitet, kon-
fliktfähiger und souveräner zu werden, auch mit professioneller Unterstützung. Inge ist zuerst enttäuscht, dass die Personalchefin sich
im aktuellen Fall nicht eindeutig auf ihre Seite stellt. Doch sie ist auch
froh über die Chance zu einem Neuanfang. Ihr ist klar, dass sie grundlegende Veränderungen bei sich angehen muss, wenn sie wieder Boden unter die Füße bekommen will.*

Die Rückmeldung und Einschätzung anderer Menschen hilft
SECHSERN, Wirkung und Bedeutung von vermeintlich unver-
zeihlichen oder blamablen Vorfällen relativieren. Wenn SECH-
SER sich von der Vorstellung befreien, dass sie bedingungslose
Zustimmung von Autoritäten und persönlichen Schutz brauchen, entdecken sie Fähigkeiten und Möglichkeiten, sich selbst
den Rücken zu stärken und Selbstvertrauen zu entwickeln.

*Inge findet einen Coach, der sie professionell dabei begleitet, ihre
eigenen Anteile an negativen Entwicklungen in ihrem Leben zu bearbeiten. Indem sie sich immer wieder bewusst macht, was sie schon
alles gemeistert hat, kann sie sich selber Rückhalt geben. Zunächst*

verunsichert es sie, dass sie in der neuen Abteilung nicht auf Anhieb
alle Einzelaufgaben inhaltlich durchdringen kann. Doch lernt sie, sich
auf die Fachkompetenz ihrer Mitarbeiter zu verlassen. Wenn es Prob-
leme gibt, hilft Inge ihnen durch klärende Fragen und strukturierte
Suchprozesse eine Lösung zu finden. Auf diese Weise verstrickt sie
sich nicht in Einzelprobleme, sondern behält auch in Belastungszeiten
den Überblick und kann Gelassenheit und Zuversicht ausstrahlen.

Für SECHSER ist es eine große Herausforderung, sich auf
andere zu verlassen, ohne durch eigene Überprüfung auf Nummer Sicher zu gehen. Vertrauen in sich selbst und in andere ist
für SECHSER die Grundlage für effektives Handeln und maß-
volle Risikobereitschaft. So können sie ihre Fähigkeiten, vorausschauend zu denken, Prozesse zu strukturieren und andere zu ermutigen, entfalten.

Inge lernt sich nicht minderwertig zu fühlen, wenn ihr einmal ein
Fehler unterläuft. Ihre umsichtige und vorausschauende Arbeitsweise
hält Pannen ohnehin in Grenzen. Manchmal ertappt sie sich dabei,
dass sie innerlich jemanden bezichtigt, ihre Autorität zu untergraben
oder ihr Knüppel zwischen die Beine zu werfen. Im Coachingprozess
hat sie gelernt, solche Gedanken als Signal zu verstehen, das Thema
zunächst bei sich selbst zu ergründen. Beispielsweise verbergen sich
hinter dem unbestimmten Gefühl, ein Mitarbeiter stelle ihre Kompe-
tenz in Frage, ihre eigenen Selbstzweifel. Inge weiß jetzt, dass es vor
allem zu klären gilt, ob sie selbst sich die betreffende Aufgabe zutraut.

Je nachsichtiger SECHSER mit sich selbst umgehen können,
desto mehr Verständnis bringen sie für andere auf. Wenn es
SECHSERN gelingt, ihren Abwehrmechanismus Projektion zu
erkennen und umzukehren, haben sie die Chance, ihre Befürchtungen zu bearbeiten und Selbstvertrauen zu entwickeln.

Inge bremst sich mental oft gerade dann aus, wenn es gut zu laufen
scheint. Sobald sie dieses Muster erkennt, richtet sie ihre Aufmerk-
samkeit ganz bewusst auf die Fakten und überprüft ihre Bedenken

nüchtern an der Sachlage. Im Laufe dieser persönlichen Entwicklung
gewinnt Inge soviel innere Sicherheit, dass sie ihrem neuen Chef offen,
selbstbewusst und dennoch umgänglich gegenübertreten kann.
Manchmal droht auch er sie mit unausgereiften Ideen zu überfahren.
Spürt sie Unbehagen oder Angst aufsteigen, gelingt es ihr meistens,
sich zu distanzieren, bevor sie richtig unter Druck kommt, und sie
kann mit einem Schuss Selbstironie sagen: „Sie wissen doch, dass ich
mir alles zweimal durch den Kopf gehen lassen muss." Inge hat viele
Empfindlichkeiten reduziert. Es gelingt ihr immer öfter, eine Bemer-
kung zu überhören oder auf eine provozierend empfundene Frage
nicht einzusteigen, sondern abzuwarten oder nachzufragen, was der
Betreffende eigentlich will. Engagiert geht sie daran, ihre neuen Mit-
arbeiter zu einem Team zu formen. Mit Aufmerksamkeit, Interesse
und Humor legt sie die Grundlage für ein angenehmes Arbeitsklima.

Wenn die Dinge (zu) glatt laufen, überfällt SECHSER oft ein
irreales Unbehagen bei der Vorstellung, sie hätten etwas übersehen. Dagegen helfen eine objektive Realitätsprüfung sowie
die Aktivierung der eigenen Ressourcen.

Haben SECHSER Zeit und Raum, die Dinge auf ihre Weise
zu durchdenken und an der Umsetzung mitzuwirken, sind sie
bereit, sich auf vieles einzulassen. Wenn SECHSER es schaffen,
bei tatsächlichen   oder eingebildeten Attacken auf umgehende
Rechtfertigungen zu verzichten, gewinnen sie Souveränität
und innere Ruhe.

Inges intensive Beschäftigung mit ihren persönlichen Fallen beein-
flusst auch ihre Rolle in ihrer Familie. Mutig gesteht sie sich zu, selbst
zu bestimmen, welche Verpflichtungen sie übernehmen will. Mit
Herzklopfen teilt sie der Familie mit, dass sie nur noch an zwei Tagen
in der Woche kommen wird. Von der Knurrigkeit ihres Vaters lässt
sie sich nicht mehr provozieren. In ihren Krisenzeiten hat Inge man-
ches Mal befürchtet, Stefan würde sie verlassen. Dass er dennoch so
unerschütterlich zu ihr gehalten hat, zeigt ihr, dass sie sich in dieser
Beziehung durch und durch sicher fühlen kann. Das hat viel dazu

beigetragen, dass sie in der Lage war, sich ihren persönlichen Problemen zu stellen und Veränderungen entschlossen anzugehen. Inge tritt heute den meisten Menschen unvoreingenommener und gelöster gegenüber. Der Gesamteindruck ist der einer Frau, die mit sich selbst Freundschaft geschlossen hat und Vertrauenswürdigkeit und Lebensklugheit ausstrahlt.

Wenn SECHSER ihre Angst vor eventuellen Vorwürfen überwinden und ihre eigenen Wertmaßstäbe anlegen, sind sie in der Lage, andere zu unterstützen ohne sich gleichzeitig vereinnahmen zu lassen.

In persönlichen Beziehungen sind SECHSERN Vertrauen, Zuverlässigkeit und Treue am wichtigsten. Ihre Gaben können sie am besten entfalten, wenn sie sich in ihrer jeweiligen Lebenssituation grundsätzlich sicher und geborgen fühlen. Reife SECHSER haben jedoch gelernt, Sicherheit nicht in erster Linie von anderen zu erwarten, sondern in sich selbst zu finden.

Typ 7

Judith ist wegen ihrer meist guten Laune, ihren Geschichten und Ideen bei Freunden, Kollegen und Bekannten sehr beliebt. Sie hat einen besonderen Blick dafür, wieviel Schönes das Leben zu bieten hat. Schon morgens freut sie sich über ihren gut sortierten Kleiderschrank der für verschiedene Gelegenheiten und Stilrichtungen etwas bietet. Shoppen gehen, herumstöbern und witzige Accessoires entdecken macht Judith einfach Spaß. Wenn sie in der ersten Begeisterung einmal einen Fehlkauf tätigt, kann sie sich ohne großes Bedauern wieder davon trennen. Auf diese Weise haben manche Freundinnen schon von ihrer Spontanität profitiert.

SIEBENER sind spontan, unbekümmert und optimistisch. Ihre Lebensfreude und ihre Fröhlichkeit wirken ansteckend. Sie genießen, was das Leben ihnen bietet, und probieren am liebsten verschiedene Möglichkeiten aus. SIEBENER können sehr großzügig sein und nehmen die Dinge gern leicht.

Ihren beiden Töchtern Fanja und Insa lässt Judith viele Freiheiten. Sie hat großes Verständnis für verrückte Ideen und unkonventionelles Auftreten, aber auf Desinteresse und Passivität reagiert sie sehr ungehalten. Als die Kinder kleiner waren, hat ihr Mann Harald ihnen geduldig Tee, oder Medikamente eingeflößt, wenn sie krank waren. Judith hat sie lieber mit Luftballons oder lustigen Geschichten aufgeheitert oder abgelenkt. Sie kümmert sich auch regelmäßig um ihre schon etwas gebrechlichen Eltern. Manchmal holt sie ihre Mutter zu einem kleinen Ausflug ab, fährt mit ihr in eine Ausstellung oder einfach in ein schönes Lokal Kaffee trinken. Mit ihrem Vater werden bei einer Partie Dame Geschichten von früher und Anekdoten von heute erzählt. Seine Altersbeschwerden nimmt sie nicht allzu ernst, sieht eher, was er noch alles kann. Obwohl ihre beiden Schwestern viel mehr praktisch in Haus und Garten helfen, freuen sich beide Eltern sehr auf Judiths Besuche, die sie aufmuntern und froh stimmen. Was sie manchmal stört, ist der Eindruck, dass sie immer auf dem Sprung zu sein scheint. Da Judith sich abverlangt, ihre Eltern auch zu besuchen, wenn sie eigentlich keine Lust dazu hat, braucht sie als Bonbon die Aussicht, sich auf dem Rückweg noch etwas zu gönnen oder etwas besonders Nettes zu machen.

SIEBENER lieben die Abwechslung und das Unkonventionelle. Gegenüber festen Regeln und moralischen Grundsätzen ohne Ausnahmen haben sie Vorbehalte. Sind Menschen in ihrer Umgebung in Schwierigkeiten, wollen SIEBENER, dass es ihnen bald wieder besser geht.

SIEBENER können sich am ehesten disziplinieren, Routineaufgaben zu erledigen oder mühsame Verpflichtungen zu erfüllen, wenn eine attraktive Belohnung in Aussicht steht. Viele verschaffen sich gewohnheitsmäßig ihre kleinen Belohnungen.

Judith ist schnell zu begeistern und von vielen Dingen fasziniert. Sie hat schon gelernt, ihre aktiven Interessen zu beschränken, weil sie sonst Gefahr läuft, hektisch und aufgedreht zu werden und sich hoffnungslos zu verzetteln. So konzentriert sie heute ihre Freizeitaktivitäten auf Theater, ihre Frauengruppe und eine Sportart. Theaterspielen ist Judiths große Leidenschaft, Schauspielerin war einer ihrer sehr verschiedenartigen Berufswünsche. Sie wirkt in der jährlichen Aufführung der Freilichtbühne am Ort mit. Nach einer Lebenskrise hat Judith sich bewusst für eine längerfristige Bindung an diese Theatergruppe entschieden. Heute ist ihr bewusst, was für eine gute Erfahrung es für sie ist, dabei geblieben zu sein, auch in Zeiten, in denen Konflikte auszuhalten waren, oder bei Inszenierungen, die sie persönlich nicht so spannend fand. Einmal im Monat trifft Judith sich mit ihrer Frauengruppe. So ist sie auf dem Laufenden darüber, was es Neues gibt und hat gleich auch Leute an der Hand, mit denen sie lohnenswerte Angebote wahrnehmen kann.

Aus Angst, etwas zu verpassen neigen SIEBENER dazu, ständig etwas Neues auszuprobieren. Es geht ihnen jedoch besser, wenn sie sich für eine Sache entscheiden, die sie wirklich glücklich macht, dabei längere Zeit aushalten und sie vertiefen.

SIEBENER pflegen häufig unterschiedliche Freundeskreise, die ihre Vorlieben teilen und ihnen vor allem Anregung und Abwechslung bieten. Über Neuigkeiten und Trends sind sie meist gut informiert und haben ein großes Netzwerk von Leuten, mit denen sie ihren Interessen nachgehen können.

Als Kundenbetreuerin in einem Software–Unternehmen ist Judith zuständig für schnelle, kreative und individuelle Problemlösungen vor Ort. Die meisten Kunden schätzen sie, weil sie auch in kniffligen Situationen bei Laune bleibt und Optimismus verbreitet. Judith ist dafür zuständig, sowohl bei Pannen als auch bei Änderungswünschen die Problemstellung einzugrenzen und Lösungs-richtungen zu entwickeln. Es kommt ihr sehr entgegen, dass es für ihr Aufgabengebiet kaum inhaltliche Direktiven und standardisierte Vorgehens-

weisen gibt. Für jeden Kunden und jede Situation wird neu erkundet,
was zu tun ist. Manchmal kann sie die aufgetretenen Schwierigkeiten
ganz beheben, in der Regel jedoch kümmern sich technische Mitarbei-
ter um die detaillierte Umsetzung. Manchmal ist das meiste schon
damit getan, die erste Aufregung der Beteiligten zu beschwichtigen,
ihre Aufmerksamkeit (wieder) auf das zu lenken, was funktioniert.
Sehr spezielle Wünsche sind Judith eine willkommene Herausforde-
rung. Sie setzt ihren Ehrgeiz daran, nach Möglichkeit mehrere Wege
zur Auswahl anbieten zu können. Auf diese Weise hat sie quasi ne-
benbei schon einiges zur Weiterentwicklung und Differenzierung der
Programme beigetragen.

Aufgaben, die flexibles Vorgehen verlangen, und das Arbeiten in ständig sich ändernden Umgebungen sind wie geschaf-
fen für SIEBENER. Es liegt ihnen, die verschiedensten Informationen und Ansätze aufzunehmen und zu originellen Lösungen
zu verknüpfen.

Sollen SIEBENER aber die Ergebnisse Punkt für Punkt umsetzen oder ihre eindrucksvollen Pläne kleinschrittig abarbeiten,
sind sie schnell gelangweilt, unkonzentriert und lassen sich
leicht ablenken.

Da SIEBENER gerne so denken und planen, dass immer
mehrere Möglichkeiten offenbleiben, sind sie ungemein kreativ.

Schon als Kind strahlt Judith in die Welt, fast immer wirkt sie fröh-
lich und unkompliziert. Die Eltern sind ein bisschen enttäuscht, dass
sie kein Junge geworden ist. Eigentlich haben sie gar kein drittes Kind
mehr geplant, da ihre zweite Tochter Sarah sie aufgrund spastischer
Beeinträchtigungen und Entwicklungsverzögerungen über die Ma-
ßen beansprucht. Um nichts zu versäumen, was Sarah unterstützen
und fördern könnte, verbringen sie jahrelang viele Stunden mit ihr
bei Ärzten, Krankengymnasten und Logopäden. Auch zu Hause wen-
den sie unendlich viel Zeit und Energie für ihre Übungen und

Förderung auf – mit dem Erfolg, dass Sarah im Grundschulalter die meisten Beeinträchtigungen überwunden hat. Pia, die älteste Tochter, rebelliert gegen den Verlust an Aufmerksamkeit, indem sie ihre Eltern mit Wutausbrüchen und gezielten Provokationen auf Trab hält. Judith lernt früh, nicht auch noch Schwierigkeiten zu machen, sondern selbst dafür zu sorgen, dass es ihr gut geht. Schon als Kind macht sie aus jeder Situation für sich das Beste: Sie freut sich sehr über neues interessantes Spielzeug, wenn sie es aber aus welchen Gründen auch immer nicht zur Verfügung hat, erfindet sie mit viel Phantasie aus dem Nichts ein neues Spiel.

Viele SIEBENER kennen aus ihrer Kindheit das Gefühl emotionaler Distanz zu ihren Bezugspersonen und haben unbewusst früh beschlossen für sich selbst zu sorgen. Sie sind geprägt von der Überzeugung, dass sie anderen am besten möglichst wenig Schwierigkeiten machen. Aus Unsicherheit und Angst, was passiert, wenn es ihnen schlecht geht, lernen sie, sich ständig selbst aufzumuntern.

Im Kindergarten und in der Schule findet Judith schnell Anschluss und hat meist die ganze Gruppe um sich. Dafür dass ihr das Lernen sehr leichtfällt und sie eine schnelle Auffassungsgabe hat, fallen ihre Zeugnisse eher mittelmäßig aus. Zu leicht lässt sie sich vom Unterricht ablenken und interessiert sich mehr für alle anderen Vorgänge in der Klasse. Dennoch kommt sie auch auf dem Gymnasium gut mit, ohne sich allzu sehr anstrengen zu müssen. Ob Streiche ausgeheckt werden oder Feten zu planen sind, Judith ist dabei. Entsprechend sind die Rollen, die sie außerhalb des Unterrichts einnimmt: im Festausschuss der Schülervertretung ist sie ebenso zu finden wie im Vorbereitungsteam für ein Zeltlager. Bei den Mitschülern gut anzukommen und eine gute Nummer zu haben ist ihr wichtiger als Lob und Anerkennung von den Lehrpersonen.

SIEBENERN fällt es leicht, aktiv auf andere zuzugehen und dabei Zuversicht und Optimismus auszustrahlen. Oft stehen sie im Mittelpunkt.

Viele SIEBENER sind sehr aufgeweckt und haben ein helles Köpfchen. Selbst wenn sie nebenbei mit etwas anderem beschäftigt sind, nehmen sie neue Inhalte leicht auf. SIEBENER holen sich ihre Anerkennung selbst und auf ihre Weise. Gute Noten oder Lob von Vorgesetzten motivieren sie in der Regel weniger.

Für die Familie ist Judith ab der Pubertät immer weniger greifbar. Zu Hause ist sie meistens umgänglich und nett, doch weiß keiner genau, mit wem sie was macht, wenn sie unterwegs ist – und das ist oft der Fall. Viele Sportarten probiert sie aus, bei den meisten kann sie schon nach kurzer Zeit gut mithalten. Beim Handball bleibt sie am längsten. Mit dieser unternehmungslustigen ist sie so erfolgreich, dass sie sogar im Landeskader trainieren kann, was sie interessant findet und ihr viel Spaß macht. Sie ist technisch sehr talentiert, doch bemängelt der Landestrainer, dass ihr der letzte Biss fehle. Um ihren Ehrgeiz anzustacheln, will er sie so lange auf die Reservebank setzen, bis sie mehr Disziplin und Beständigkeit zeigt. Doch Judith scheint seine Maßnahme nicht weiter zu stören. Sie hört mit dem Handball auf und ist froh, ihre Zeit und Energie wieder auf verschiedene Sportarten und Hobbys verteilen zu können.

Die meisten SIEBENER können sich die verschiedensten Fertigkeiten leicht und schnell aneignen und werden so zu Allroundtalenten.

Viele SIEBENER sind sehr von sich überzeugt und vergleichen sich gern mit anderen. Damit ihr positives Selbstbild nicht durch negative Rückmeldungen in Frage gestellt wird, reden sie sich lieber die Alternativen schön als sich ernsthaft mit der Kritik oder dem Kritiker auseinanderzusetzen.

Es fällt Judith sehr schwer, sich zu entscheiden, was sie nach dem Abitur machen will. Sie kann sich vieles vorstellen, hat aber keine eindeutigen Interessenschwerpunkte. Weil sie sich nicht festlegen kann und die meisten Bewerbungsfristen schon abgelaufen sind, überredet sie ihre Eltern, ihr ein Auslandspraktikum zu finanzieren. Sie argumentiert, damit würden sich in jedem Fall ihre Startchancen erhöhen, egal wofür sie sich dann letztlich entscheide. Obwohl für alle Austausch- und Förderprogramme die Frist längst abgelaufen ist, ergattert Judith einen Praktikumsplatz in der Niederlassung einer deutschen EDV-Firma in Lüttich. Ein Schulfreund, dem der Platz zugesagt war, tritt ihn doch nicht an. Er nimmt Judith gleich mit, als er der Personalleitung die Gründe für seine Absage erklärt und schlägt sie als Ersatz vor. Wider Erwarten lässt sich die Firma darauf ein, weil es eine wenig aufwändige Lösung zu sein scheint. Eigentlich hatte Judith an Spanien, USA oder Paris gedacht und wollte weit weg von zu Hause in eine andere Welt einzutauchen. Sie kann sich jetzt aber auch gut mit der Möglichkeit anfreunden, so nah zu wohnen, dass der Kontakt zu ihren bisherigen Freundeskreisen weiter bestehen kann.

Mit viel Phantasie und Optimismus malen SIEBENER sich verschiedene zukünftige Möglichkeiten aus. Dabei versäumen sie es oft, in der Gegenwart die konkreten Schritte zu tun, die notwendig wären, um ihre hochfliegenden Pläne zu verwirklichen. SIEBENER neigen dazu, sich selbst und anderen etwas vorzumachen. Sie bauschen Vorteile auf und verschweigen eigene Versäumnisse oder ungünstige Gegebenheiten, um Unterstützung oder Zustimmung zu bekommen.

Häufig scheinen SIEBENER Glückspilze zu sein, denen vieles in den Schoß fällt. Allerdings reagieren sie auch spontan und flexibel auf positive Optionen und packen günstige Gelegenheiten ohne zu zögern beim Schopf, um das Beste daraus zu machen.

In Lüttich findet Judith wieder schnell Bekannte, mit denen sie viel unternimmt und viel Neues kennenlernt. Sie hält allerdings auch noch lockeren Kontakt zu ihren alten Freunden und lässt sich sehen, wenn vielversprechende Feten anstehen. Manchmal fährt sie von einem Event in Belgien unmittelbar nach Hause, um dort ein anderes nicht zu verpassen. Ihre Eltern drängen sie, sich frühzeitig darum zu kümmern, was sie nach ihrer Rückkehr anfangen will. Doch ist sie damit nicht weiter als vorher. Sie muss so viele andere Möglichkeiten vorbeiziehen lassen, wenn sie sich für eine entscheidet. Alleine die IT-Branche, merkt sie, hält eine Menge an Möglichkeiten bereit. Da sie keine Lust hat, unzählige, wahrscheinlich erfolglose Bewerbungen zu verfassen, sucht sie den Kontakt zu dem Personalchef, den sie schon von ihrer spontanen her kennt. In einem lockeren Gespräch über ihre Praktikumserfahrungen erkundigt sie sich, in welchen Niederlassungen in Deutschland oder Belgien interessante Ausbildungsplätze zur Verfügung stehen und wo sie am besten hinpasse. Auf diese Weise kommt sie ohne großen Aufwand an eine Lehrstelle in München.

Um nichts zu verpassen und auf keinen Fall Langeweile aufkommen zu lassen, haben SIEBENER gerne mehrere Eisen im Feuer. Sind sie in erster Linie auf ihr Vergnügen aus und gehen ihren unzähligen Interessen nach, wirken sie auf manche anderen sorglos, leichtfertig und egozentrisch.

Viele SIEBENER haben die Erfahrung gemacht, dass es nicht immer besonderer Anstrengung bedarf, um etwas zu erreichen. Vieles hat sich für sie glücklich gefügt oder auf eine mühelosere Art realisieren lassen. Auch mit Autoritäten gehen sie oft unkonventionell und locker um und öffnen sich mit erfrischendem Humor und unbeschwerter Schlagfertigkeit manche Türen.

Voll Neugier und froher Erwartung organisiert Judith ihren Umzug nach Bayern, wo sich viele Möglichkeiten bieten, alten Interessen nachzugehen und neue zu entwickeln. Gleich zu Anfang lernt sie in der Firma Harald kennen, den ihr fröhlicher Charme und ihr ansteckender Optimismus begeistern. Harald selbst ist eher zurückhaltend und gutmütig, vom ersten Auftreten her gar nicht Judiths Typ. Doch sportbegeistert ist auch er, und so verbringen sie einen Großteil ihrer Freizeit auf Skiern, Inline-Skatern oder im Kanu, meistens in einer

größeren Clique. Judith geht donnerstags zum Stammtisch der Kolle-
ginnen und hat zudem noch einen Schauspielkurs belegt. Nach dem
Kurs ist sie meistens so aufgedreht, dass sie mit einigen Kursteilneh-
mern in einer Kneipe noch „nacharbeitet". Harald ist Judiths Tempo
zu viel. Er würde gerne wenigstens ab und zu einen ruhigen Abend
zu zweit verbringen. Judith streitet mit ihm nicht darüber. Es berührt
sie, dass Harald am liebsten mit ihr allein ist und sie offensichtlich
nicht in erster Linie wegen ihrer gesellschaftlichen Seite liebt. Die
Freunde, die sie vorher hatte, hatten eher Wert darauf gelegt, sich in
ihrer Begleitung sehen zu lassen und von ihrer Beliebtheit und Kon-
taktfreudigkeit profitiert. Obwohl sie spürt, dass Harald ihr viel tiefer
verbunden ist, kann sie den verlockenden Freizeitangeboten und Zer-
streuungen meistens nicht widerstehen.

Wenn sie etwas Neues vor sich haben, sind SIEBENER meist
voller Vorfreude und sprühen vor Ideen und positiven Bildern.
Sie teilen ihre Energie am liebsten zwischen verschiedenen Interessen auf.

SIEBENER richten ihre Aufmerksamkeit „automatisch" darauf aus, was der andere zur Gestaltung eines glücklichen Lebens beitragen kann. Es kann sie irritieren oder ihnen nahe gehen, wenn Menschen sich ernsthaft für sie persönlich interessieren und nicht nur auf ihre gesellige Oberfläche reagieren.

Als Harald überlegt, ob er ein sehr lukratives und interessantes be-
rufliches Angebot am Niederrhein annehmen soll, redet Judith ihm
zu. Sie ist zuversichtlich, mit abgeschlossener Ausbildung dort auch
eine Stelle zu finden. Sie könnte sich aber auch gut vorstellen, eine
Weile einfach ihr Leben zu genießen, zumal dem bei Haralds zukünf-
tigem Einkommen finanziell nichts im Wege stände. Neu irgendwo
anfangen übt eine magische Anziehungskraft auf Judith aus. Sofort
macht sie Pläne. Da sie wieder in ihrer Heimat wäre, könnte sie den
Kontakt zu alten Freunden wiederaufleben lassen. Sie heiraten, und
ziehen in ein Haus auf dem Land. Während Harald ganz damit be-
schäftigt ist, in seiner neuen Position Fuß zu fassen, widmet Judith

sich mit Begeisterung der Einrichtung des Hauses. Bisher hat sie sich nicht übermäßig um Wohnungsgestaltung gekümmert, sondern aus dem Vorhandenen das Beste gemacht. Als sie mit Harald in München zusammengezogen ist, haben sie aus ihren unterschiedlichen Möbeln eine witzige Bleibe im wahrsten Sinne des Wortes zusammengestellt. Auf dem teuren Pflaster München hat Judith ihr Geld lieber für Freizeit ausgegeben als für eine chice Wohnung. Nun hat sie finanzielle Spielräume und nutzt sie bedenkenlos. Sie wälzt Zeitschriften und Musterbücher und ist ständig auf Achse, um Einrichtungsgegenstände oder Dekorationen zu erwerben.

Den meisten SIEBENERN fällt es leicht, Umgebungen und Kreise aufzugeben, wenn sich die Gegebenheiten ändern. Sie nehmen durch Planung die Zukunft oft schon vorweg. Dabei blenden sie unerfreuliche Alternativen und negative Verlaufsmöglichkeiten aus. Stattdessen produziert ihre Phantasie Bilder von positiven Optionen.

SIEBENER sind verspielt und einfallsreich. Sie können gewöhnliche Erfordernisse zu außerge-wöhnlichen vergnüglichen Beschäftigungen aufwerten. Auch materielle Mittel gehören zu den Möglichkeiten der SIEBENER, sich glücklich zu machen. Wenn sie etwas haben oder sich etwas gönnen möchten, strapazieren viele auch ihre Finanzen.

Judiths überschwängliche Begeisterung ob ihrer Gestaltungsideen und Neuerwerbungen kann Harald oft nicht teilen, wenn er nach langen Arbeitstagen müde nach Hause kommt. Manchmal äußert er vorsichtig, es wäre ihm lieber, Judith würde ab und zu mal aufräumen statt einrichten. Judith muss feststellen, dass es ohne Job nicht wie von selbst geht, Leute näher kennenzulernen. Um an alte Freundschaften wieder anzuknüpfen, wohnt sie doch zu weit weg. Mit einzelnen kann sie zwar ein nettes Treffen realisieren, doch hat keiner Zeit und Lust, auf Dauer über eine Stunde Anfahrt für belanglose Plaudereien oder Aktivitäten in Kauf zu nehmen. Häufig fällt Judith die Decke auf den Kopf. Ohne Kontakte fühlt sie sich in ihren

Möglichkeiten beschnitten. Nichts ist so, wie Judith es sich vorgestellt hat. Sie wird zunehmend ungehalten und beginnt, Harald mit spitzen Bemerkungen anzugreifen und ihm Vorschriften zu machen. Sie hat das Gefühl, er interessiere sich nur noch für seine Arbeit. Harald wirft ihr vor, sie verplempere Zeit und Geld und sei dabei auch noch unzufrieden und missmutig. Bei ihren Eltern und Schwestern gibt Judith sich, als sei alles bestens. Da sie potentielle und reale Bedenken von ihrer Seite immer abgetan hat, kann sie ihnen gegenüber am wenigsten eingestehen, dass alles doch nicht so toll geworden ist, wie sie es sich vorgestellt hat. So verharmlost sie ihre Beziehungskrise und beschwichtigt mit ihren guten Argumenten und einleuchtenden Erklärungen auch sich selbst. Allerdings geht sie ihrer Familie und besonders Gelegenheiten zu tiefsinnigen Gesprächen weitgehend aus dem Weg.

Wenn andere „schwierig" sind, versuchen SIEBENER sie aufzuheitern oder gehen ihnen aus dem Weg.
Können sie sich negativen Gefühlen oder kritischen Stimmungen längere Zeit nicht entziehen, werden SIEBENER von Unbehagen und Unruhe erfasst und tun unbewusst alles, um dem zu entgehen und sich abzulenken.

Müssen SIEBENER einige ihrer Optionen unfreiwillig aufgeben, werden sie mürrisch, überheblich und unwillig. Rigide und rücksichtslos gefährden sie dann gerade die Beziehungen, in denen sie Halt finden könnten.

Da SIEBENER aus Angst vor Schmerz positive Aspekte überbetonen, nehmen sie Anzeichen für ernste Probleme oder Konflikte nicht wahr oder beschönigen die Realität mit unwiderlegbaren Erklärungsmodellen.

Dass Judith schwanger wird, ändert die Situation kurzfristig. In erwartungsvoller Vorfreude entwirft sie eine schöne Zukunft als kleine Familie. Über Babykurse lernt sie einige junge Frauen kennen. Tochter Fanja kommt gesund und munter zur Welt, doch dann ist es vorbei mit der vorgestellten Idylle. Fanja schreit viel. Manchmal ist sie durch nichts zu beruhigen, sondern brüllt einfach unentwegt. Was Judith sich auch einfallen lässt, um sie abzulenken oder zur Ruhe zu bringen, es nützt nichts. Entnervt wartet Judith dann darauf, dass Harald zurückkommt und ihr Fanja abnimmt, damit sie selbst sich endlich mal wieder mit etwas anderem befassen kann. Judith entwickelt Ängste, mit der Versorgung des Kindes nicht fertig zu werden. Manchmal hat sie schon Schweißausbrüche, wenn sie Fanja aus dem Bettchen nimmt. Mit Elke, einer jungen Mutter aus dem Babykurs, trifft sie sich manchmal. Obwohl dabei die Babys im Mittelpunkt stehen, kann Judith nicht ansprechen, wie belastend Fanjas Geschrei für sie ist. Elke ist im Gegenteil voll Bewunderung, wie Judith mit lockeren Bemerkungen und scheinbarer Unbekümmertheit darüber hinweg geht. Judith selbst bekommt vor immer mehr alltäglichen Anforderungen Angst. Manchmal fürchtet sie, eines Tages einfach abzuhauen und Fanja zurückzulassen.

SIEBENER haben perfekte Vermeidungsstrategien entwickelt, die sie davor bewahren, sich schlecht oder unglücklich zu fühlen. Wenn ihnen jedoch bewährte Ablenkungen wie anregende Ideen, unterhaltsame Erlebnisse oder interessante Menschen fehlen und es unmöglich scheint, den Schwierigkeiten auszuweichen, kommen ungeahnte Ängste hoch.

Judith führt ihre desolate Verfassung darauf zurück, dass sie nicht mehr unter Leute kommt. Harald erklärt sich bereit, beruflich kürzer zu treten und sich zeitliche Freiräume zu schaffen, wenn Judith eine Stelle findet. Er bedauert ohnehin oft, nicht mehr Zeit mit Fanja verbringen zu können. Die restliche Zeit würde Elke als Tagesmutter abdecken. Wild entschlossen sucht Judith irgendeine Arbeit. Sie liefert sich und anderen plausible Erklärungen, wieso darin die Lösung ihrer Probleme liegt. Als sie im Büro einer Molkerei anfangen kann, zögert sie keine Sekunde. Sie hat im Büro nur eine einzige Kollegin, Frau Nolde, die seit über dreißig Jahren dort arbeitet und sie einarbeiten soll. Frau Nolde ist der Meinung, dass eine weitere Kraft gar nicht nötig ist. Judiths EDV-Kompetenz ist jedenfalls nicht gefragt. Sie fühlt sich von Frau Nolde gegängelt und kommandiert, jeden kleinsten Arbeitsschritt schreibt sie ihr im Detail vor. Wenn Judith nach einem halben Tag aus dem Büro kommt, ist sie fertiger als früher im größten Stress in der alten Firma. Zu den Schweißausbrüchen bekommt Judith eine Nervenentzündung, die so unerträglich schmerzt, dass sie krankgeschrieben werden muss. Ihre Schwester Sarah kommt für ein paar Tage, um Fanja zu versorgen. Sarah lässt Judith in Ruhe, signalisiert aber deutlich, dass sie für ernsthafte Gespräche zur Verfügung steht. Judith fühlt sich sehr erleichtert, dass sie sich einfach nur zurückziehen kann und sich um nichts kümmern muss.

SIEBENERN fällt es schwer, eigene Fehler oder Probleme zu sehen. Sie fühlen sich eher durch die Unvollkommenheit anderer oder die Umstände behindert.

Werden SIEBENER dauerhaft mit uninteressanten oder eintönigen Tätigkeiten beschäftigt, schalten sie ab und produzieren unnötige Fehler, was sie verunsichert und nervös und fahrig wirken lässt. Bis ins Kleinste kontrolliert zu werden setzt SIEBENER unter Druck und verstärkt ihre Ängste.

SIEBENER sammeln neue Kräfte, wenn sie sich zurückziehen und auszuruhen. Um sich nach innen wenden zu können, müssen sie sich von äußeren Reizen abschotten.

Von dem Arzt, der sie krankgeschrieben hat, hat Judith das Faltblatt eines Therapeuten, bei dem sie sich einen Termin holt. Durch seine Impulse gelingt es ihr, sich selbst, ihren Lebensstil und ihre Verhaltensmuster nüchtern und ohne Beschönigungen zu betrachten. Sie erkennt, dass ihr maßloser Drang nach Zerstreuung sie davon abgehalten hat, die vorhandenen Gegebenheiten zu genießen. Judith lernt mühsam, auch das anzusehen und auszuhalten, was sie als problematisch oder schmerzlich empfindet. Um Harald nicht zu verlieren, ist sie bereit, sich auch den Konflikten in ihrer Ehe zu stellen, die sie bisher entweder geleugnet oder denen sie sich entzogen hat. Als Sarah ihr spiegelt, dass sie sie von Kind auf nicht anders kennt als immer auf dem Sprung, wird ihr bewusst, dass sie so nicht auf ihre Tochter wirken will. Fürs erste beschließt sie, ihre Stelle in der Molkerei zu kündigen und sich auf Fanjas Erziehung zu konzentrieren. Dieser Entschluss eröffnet ihr wieder den Zugang zu ihrer positiven Lebenseinstellung und sie entdeckt, wieviel Freude und Freiheit für sie in dieser Aufgabe stecken. Mit Harald ist sie sich einig, dass sie ihr schönes Zuhause genießen wollen, indem sie mehr gemeinsame Zeit darin verbringen. Sie ergreifen die Initiative, um mit zwei von Haralds Kollegen und deren Frauen eine herzliche Freundschaft aufzubauen. Judith fühlt sich wieder im Gleichgewicht und gestärkt für ein zweites Kind. Mit Insa erlebt Judith die Säuglingsphase viel beglückender, obwohl es mit zwei Kindern anstrengender ist. Doch dieses Mal hat sie sich ohne unrealistische Wunschvorstellungen darauf eingelassen. So helfen ihr ihre grundsätzliche Fröhlichkeit und Lebensfreude über nervige Momente hinweg, wobei sie sich durchaus zugesteht, auch mal müde oder gereizt zu sein.

Wenn SIEBENER mit Problemen oder Konflikten konfrontiert werden, neigen sie dazu, sich aus der Beziehung zurückzuziehen. Damit nehmen sie sich die Möglichkeit, zu erfahren, dass sie auch und gerade dann Sicherheit und Beistand bekommen, wenn es ihnen nicht gut geht oder problematische Seiten ihrer Persönlichkeit auftauchen. Erst wenn sie nicht mehr vor Problemen weglaufen, haben sie die Chance, ihre Angst zu überwinden.

Wenn SIEBENER sich ernsthaft für eine Sache entscheiden, entwickeln sie Ausdauer und setzen sich entschlossen für das ein, was ihnen wichtig ist.

Zu den regelmäßigen Treffen mit den beiden Kollegenfrauen und Elke gesellen sich nach und nach weitere Frauen dazu. Judith hat wieder zu ihrem natürlichen Talent gefunden, allem die positive Seite abzugewinnen, und baut sich mit den vorhandenen Menschen und Möglichkeiten, ein entspanntes und lebendiges Umfeld auf. Ein Probeabend bei der Freilichtbühne überzeugt sie, dass es ihr sehr viel Spaß machen würde, dort mitzumachen. Ihr neuer Schwung bringt sie auch wieder zum regelmäßigen Sport, über körperliche Bewegung kann sie aufkommender Unruhe am besten entgegenwirken. Als Insa zur Schule kommt, würde Judith gerne wieder arbeiten. Zufällig hört sie, wie der Geschäftsführer von PC–QUICK in einer kleinen Runde über Probleme bei den Kunden vor Ort klagt. Einige Tage später meldet Judith sich bei ihm und bietet ihm eine Lösung an. Probeweise bekommt sie eine halbe Stelle als Kundenbetreuerin und macht das so gut, dass sie jederzeit ganztags arbeiten könnte. Doch ihr ist bewusst, dass sie dann zu wenig Zeit hätte für ihre Familie und ihre wichtigsten Interessen. Judith hat gelernt, dass sie ihr Glück keineswegs darin findet, jede Gelegenheit wahrzunehmen und nichts zu verpassen. Wenn sie sich stattdessen auf genau die wesentlichen Dinge konzentriert, die sie wirklich zufrieden stellen, tragen ihre Vielseitigkeit, ihre Fähigkeit zu genießen und sich auch an Kleinigkeiten zu freuen und ihr ansteckendes Lachen wesentlich dazu bei, dass auch andere sich besser fühlen.

Wenn sie der Versuchung widerstehen, immer noch mehr haben zu wollen, können SIEBENER das Vorhandene genießen und aus den verfügbaren Möglichkeiten das Beste machen,

Wenn SIEBENER bei dem verweilen, was sie im tiefsten Innern glücklich macht, statt sich sofort wieder für neue Zerstreuungen zu begeistern, sind sie ausgeglichen und entspannt. Entwickelte SIEBENER motivieren auch andere dazu, die Dinge positiv zu sehen und das Beste aus ihrem Leben zu machen.

Typ 8

Sandra ist stellvertretende Heimleitung in einer großen Einrich-
tung für Altenpflege und Betreutes Wohnen. Die Bewohner und ihre
Angehörigen schätzen sie als eine resolute, aber durchaus herzliche
Bezugsperson. Sie setzt sich tatkräftig für die Ziele der Einrichtung
und die ihr anvertrauten Menschen ein. Obwohl sie klein und zierlich
ist, füllt sie den Raum mit ihrer Persönlichkeit und scheint uner-
schöpflich Energie zu haben. Wenn es jemandem sehr schlecht geht,
setzt Sandra sich couragiert über manche Regeln und Gepflogenhei-
ten hinweg, um ihm einen Wunsch zu erfüllen. Allerdings lehnt sie
es rigoros ab, Bewohner zu verhätscheln, von denen sie glaubt, dass
sie über Unwohlsein und Jammern Aufmerksamkeit erwecken wollen.
Mit einem aufmerksamen Blick für die noch vorhandenen Ressourcen
fordert sie die Bewohner manchmal schon fast provokativ heraus, sich
nicht hängen zu lassen. Auch Besucher fordert sie nachdrücklich auf,
ihren Angehörigen nichts aus der Hand zu nehmen, was diese noch
selbst tun können.

ACHTER sind Menschen, die sehr präsent wirken und allein
durch ihr Auftreten und ihre Körpersprache dafür sorgen, dass
sie nicht übersehen werden.

Wirklich schwache oder von ihnen abhängige Menschen
wollen ACHTER schützen und verteidigen. Allerdings haben
sie wenig Verständnis für Menschen, die ohne Grund Schwäche zeigen oder sich selbst nicht genug fordern.

Der Heimleiter schätzt Sandras tatkräftiges Anpacken und ihre
klare direkte Art. Er ist selbst maßgeblich daran beteiligt, dass Sandra
schon nach zwei Jahren seine Stellvertreterin wird, auch wenn sie da-
für noch formale Qualifikationen nachholen muss. Er baut darauf, mit
Sandra jemanden zur Seite zu haben, der von sich aus die Dinge an-
packt und sich nicht scheut, Mitarbeiter zu fordern und gegebenen-
falls auch zu konfrontieren. In der ersten Zeit hat er in manchen Si-
tuationen das Gefühl, dass Sandra ihm das Heft komplett aus der

Hand nimmt. Inzwischen hat er verstanden, dass er klar und unmiss-
verständlich deutlich machen muss, wo er alleine entscheidet. Sandra
hat klar abgegrenzte Bereiche bekommen, in denen sie das Sagen hat.

ACHTER sagen, was sie meinen und meinen, was sie sagen.
Sie wollen wissen, wo jeder steht und schätzen ein starkes Gegenüber.

ACHTER gehen unabhängig und unerschrocken ihren Weg.
Ihre Durchsetzungsfähigkeit wird von anderen leicht als Ag-
gression empfunden. Wenn ihnen kein eigenes Revier zuge-
standen wird, übernehmen ACHTER in anderen Bereichen die
Kontrolle. Sie prüfen immer wieder neu, ob die Leitung in der
Lage ist, sich zu behaupten.

Die Mitarbeiter erleben Sandra als Energiebündel, das bereitwillig
selbst die Ärmel hochkrempelt und loslegt, wenn Not am Mann ist.
Inzwischen hat Sandra gelernt, die Lösung alltäglicher Probleme ge-
eigneten Mitarbeitern statt dauernd selbst einzugreifen. Allerdings
will sie immer umfassend informiert werden. Hat sie den Eindruck,
dass Dinge an ihr vorbeigehen, kann sie sehr ungehalten werden.
Sandra hat keinerlei Probleme damit, von den Mitarbeitern als Füh-
rungskraft akzeptiert zu werden. Früher ist sie anderen oft auf die
Füße getreten, ohne es zu wollen oder überhaupt zu merken. Da sie
sich vorgenommen hat, andere nicht mehr gedankenlos zu überrollen
und insbesondere mit langjährigen und sensiblen Mitarbeitern rück-
sichtsvoll umzugehen, haben viele ihre direkte Art zu schätzen ge-
lernt. Seit sie im Haus ist, wird manches beim Namen genannt, was
früher unter den Teppich gekehrt wurde. Die meisten Mitarbeiter
empfinden es sehr beruhigend, Sandra im Rücken zu wissen, wenn es
Ärger gibt. Sie erwartet allerdings, dass jeder zu eventuellen Fehlern
oder Versäumnissen steht. Es bringt sie auf die Palme, wenn jemand
versucht, sich herauszureden oder seine Fehler auf andere abzuwäl-
zen.

ACHTER arbeiten hart, auch über den Punkt der Erschöpfung hinaus. Die Einsicht, dass sie nicht alles alleine machen können, fällt ACHTERN schwer. Wenn sie delegieren, dann wollen sie alle Zwischenschritte und Ergebnisse unter Kontrolle haben. ACHTER hassen Ausflüchte und Schuldzuweisungen an andere. Wenn sie delegieren, dann wollen sie alle Zwischenschritte und Ergebnisse unter Kontrolle haben. Mitarbeiter werden sowohl beschützt als auch kontrolliert. Ihrer (einschüchternden) Wirkung auf andere sind ACHTER sich oft nicht bewusst.

ACHTER übernehmen schnell die Führung. Sie wollen Macht nicht nur für sich selbst, sondern auch um etwas durchzusetzen oder sich vor „ihre Leute" zu stellen. Viele ACHTER verstecken ihren natürlichen Idealismus hinter dominantem Auftreten und demonstrativen Drohgebärden.

Sandra wächst in einer Großfamilie auf einem Bauernhof auf. Sie lernt schon früh, dass einem nichts geschenkt wird im Leben und man selber dafür sorgen muss, nicht zu kurz zu kommen. Sie ist ein rebellisches Kind, das wilde und riskante Spiele anzettelt und sich ungeniert über Verbote hinwegsetzt. Sandra verleitet die anderen Kinder zu Mutproben und Streichen, was ihr oft genug harte Strafen einbringt. Doch lieber steckt sie äußerlich ungerührt die Strafen weg als klein beizugeben und sich brav unterzuordnen. Nichts und niemand kann sie abhalten, wenn sie wirklich etwas will. Bekommt sie ihren Willen nicht, kann sie mit dem Kopf durch die Wand gehen. Noch im Erwachsenenalter ist sie bei ihren Geschwistern und Cousins berüchtigt für ihre heftigen Wutausbrüche, bei denen man ihr besser nicht in die Quere kommt. Die legen sich aber schnell wieder, wenn sie ordentlich Dampf ablassen kann. Auch wenn sie sich ungerecht behandelt fühlt oder etwas schlucken muss ohne sich wehren zu können, hilft es ihr am meisten, sich körperlich abzureagieren.

Viele ACHTER haben als Kind die Welt als hart und ungerecht erlebt. Ihre Erfahrung ist, dass man sich durchsetzen muss und sich nichts gefallen lassen darf, wenn man nicht untergehen will.

Schon als kleine Kinder sind viele ACHTER aufmüpfig und waghalsig. Das Spiel mit der Gefahr reizt sie. Sie vermeiden es, furchtsam zu erscheinen oder nachzugeben, denn wer Schwäche zeigt, wird nach ihrer Erfahrung ausgenutzt oder verletzt.

ACHTER verfügen über viel Energie, die ein Ventil braucht. Sie neigen zur Maßlosigkeit: zu laut, zu viel, zu kräftig. Sie wollen gegen alles und jeden ihren Willen durchsetzen.

Der frühe Tod ihres im Grunde gutmütigen, aber auch gradlinigen und willensstarken Vaters verstärkt Sandras Demonstrationen von Stärke und Entschlossenheit. Es wird immer wichtiger, sich nicht unterkriegen zu lassen. Ihre Mutter hat Sandra widersprüchlich und launenhaft erlebt. Nach dem plötzlichen Tod ihres Mannes ist sie damit überfordert, ihre vier Kinder zu erziehen und sich gleichzeitig auf dem Hof eine angemessene Rolle zu sichern. Sandra vertritt in der Regel als einzige offensiv und unerschrocken die Interessen der Mutter und ihrer Geschwister, wenn sie den Eindruck hat, dass sie benachteiligt oder unfair behandelt werden. Dafür legt sie sich oft genug mit der Verwandtschaft an. Insgeheim verachtet sie ihre Mutter dafür, dass sie sich, insbesondere von einem Onkel, ohne Gegenwehr unterbuttern lässt. Sie schwört sich, dass sie sich so etwas nie im Leben gefallen lassen will. Leute, die sich nicht wehren, bringen sie lange Zeit auf die Palme. Mit ihrer Großmutter hat Sandra immer ein besonders Verhältnis verbunden. Sie hat hinter Sandras wildem Auftreten immer ihre weiche gefühlvolle Seite gesehen und behutsam angesprochen. Ihr gegenüber kann Sandra ungefährdet ihre Gefühle zeigen.

Viele ACHTER mussten schon früh eine erwachsene Rolle einnehmen. So haben sie verinnerlicht, dass das Leben ein Kampf ist. Oft haben unberechenbare Einflüsse ihre Eigenständigkeit bedroht.

ACHTER werden oft als Streithähne und Unruhestifter betrachtet, während sie sich in Wirklichkeit für die Belange anderer stark machen. Sie fordern auch andere heraus, aufzutreten und sich zu wehren.

ACHTER haben eine verletzliche Seite, die sie nur wenigen zeigen.

Mit achtzehn Jahren verlässt Sandra den Hof, um eine Ausbildung zur Krankenschwester zu machen. Da sie es satthat, sich von irgendjemandem in ihr Leben hineinreden zu lassen, will sie unbedingt einen Beruf erlernen, der sie unabhängig macht. Bei ihren Mitschülern gibt sie schnell den Ton an und übernimmt in vielen Situationen die Rolle der Sprecherin. Im Lauf der Zeit gewinnt sie den Eindruck, dass einige ganz gut selber den Mund aufmachen können, es jedoch lieber ihr überlassen sich mit Ausbildern oder mit Ärzten anzulegen. Auf diese taktische Zurückhaltung reagiert sie mit trotziger Verweigerung. Eine fachlich gute Mitschülerin, Elke, die besonders schüchtern ist, nimmt sie dagegen unter ihre Fittiche. Elke fühlt sich in Sandras Gegenwart viel weniger ängstlich und gewinnt an Selbstbewusstsein. Sandra lernt durch Elke, mit anderen vorsichtiger und einfühlsamer umzugehen. Im Lauf ihrer vertrauensvollen Freundschaft lernt Elke die gefühlvolle und fürsorgliche Seite von Sandra kennen und schätzen. Von Elke fühlt Sandra sich bedingungslos als Person respektiert. Daher lässt sie sich von ihr auch kritische Rückmeldungen gefallen, etwa dass sie zu voreilig, zu direkt oder unnötig aggressiv war. Zwar meint sie manchmal, Elke sei einfach zu gut für diese Welt, doch lässt sie sich ihre Einschätzungen zumindest durch den Kopf gehen. Bei den meisten Ausbildern kommt Sandra wegen ihres zupackenden Wesens gut an. Einige wenige Ausbilder erleben sie dagegen als chronische Querulantin. Sie haben den Eindruck, sich erst mal selbst auf dem Prüfstand zu befinden, bevor sie Sandra etwas beibringen dürfen.

Um sich nicht manipulieren zu lassen haben ACHTER die Strategie entwickelt, auf jeden Fall autonom zu sein. Haben sie den Eindruck, dass sie vor den Karren anderer gespannt werden, reagieren sie mit Widerstand oder planen eine Revanche.

ACHTER entwickeln sich positiv, indem sie lernen, sich zu öffnen und auf andere Rücksicht zu nehmen. In Beziehungen übernehmen sie häufig den stabilisierenden Part. Wenn ACHTER zu jemandem stehen, dann ist das eindeutig und unverbrüchlich.

ACHTER können Autoritäten nur akzeptieren, wenn diese alles im Griff haben, was sie gerne durch Beschwerden, kritische Nachfragen oder auch gezielte Provokationen testen.

Nach der Ausbildungszeit wird Sandra im selben Krankenhaus übernommen. Während den meisten neuen Kollegen die Verantwortung und der Schichtdienst zu schaffen machen, sprüht Sandra vor Vitalität. Von gelegentlicher Müdigkeit lässt sie sich nicht bremsen. Endlich ist sie finanziell wirklich unabhängig und hat eine anspruchsvolle Aufgabe. In ihrer Freizeit spielt sie begeistert Handball. Als zusätzliches Konditionstraining beginnt sie zu laufen und eines Tageszufällig mit Langstreckenläufern ihres Vereins zusammen. Mit ihnen zusammen zu trainieren macht Spaß, weil sie im Wettlauf mehr aus sich herausholt. Sie entwickelt sich zur Spezialistin für die 10 000-Meter-Strecke. Sandra setzt alles daran, ihre Wettkämpfe und Punktspiele mit dem Dienst zu vereinbaren. Sie ist auch schon vom Wettkampf direkt zum Dienst gegangen oder umgekehrt, ohne schlapp zu machen. Wenn Elke sie ermahnt, mit ihren Kräften zu haushalten, meint Sandra lachend, sie hätte genug Reserven. Neben dem Sport lässt sie auch das Feiern nicht zu kurz kommen. Dabei lernt sie auch Jürgen kennen, den von vielen Frauen umschwärmten Star der Fußballamateure. Als Typen findet sie ihn zuerst gar nicht so toll, aber sein machohaftes Benehmen und das Getue der Mädchen wecken ihren Kampfgeist. Sie stichelt so lange über sportliche Wetten mit ihm, bis er sich schließlich auf ein Laufduell über tausend Meter einlässt. Sandras Power und ihr spöttisches Mundwerk imponieren ihm. Die beiden werden ein Paar, das zusammen unschlagbar scheint und zum Mittelpunkt einer sportbegeisterten und feierfreudigen Clique wird.

ACHTER nehmen Schwierigkeiten und Herausforderungen an statt ihnen aus dem Weg zu gehen. Wenn es darauf ankommt, konzentrieren sie alle Energien in eine Richtung. Sie nehmen nicht wahr, wenn sie sich körperlich verausgaben. Wettkämpfe austragen und sich messen bringt ACHTER eher auf Touren als dass es sie belastet.

Viele ACHTER nutzen Provokation und Konkurrenz, um mit anderen in Beziehung zu treten oder sie aus der Reserve zu locken. Einer Kraftprobe können sie kaum widerstehen.

Als Sandra schwanger wird, heiraten sie und Sandra nimmt nach der Geburt Erziehungsurlaub. So sehr sie sich auf das Kind gefreut hat, ihr fehlen die berufliche Abwechslung, die Kollegen, der Sport. Sie versucht, mit Anja im Tragetuch zu laufen, doch es macht ihr keinen Spaß, weil mehr als gemütliches Joggen auf diese Weise nicht möglich ist. Sie überlegt sich, dass es sich lohnen soll, wenn sie schon so ausgebremst wird. Den verdutzten Jürgen überfällt sie mit der Ansage, jetzt möglichst schnell alle Kinder hintereinander zu bekommen. So folgen noch Hanna und Sven. Als sie auf einem Grundstück von Jürgens Eltern ein Haus bauen, übernimmt Sandra die Regie, geht mit dem Architekten zu Rate, hat ein Auge auf die Handwerker. Mit drei Kindern und Hausbau sind Sandras Energien weitgehend kanalisiert. Nachdem Hausbau und Einrichtung abgeschlossen sind, orientiert Sandra sich wieder mehr außer Haus. Sie geht wieder abends aus und zum Sport, während Jürgen die Kinder hütet. Auch wenn Sandra nicht da ist, will sie die Kontrolle darüber haben, was die Kinder essen, wieviel sie fernsehen und wann sie ins Bett gehen. Darüber gibt es mit Jürgen manchen erbitterten Streit. Er fühlt sich gegängelt und kontrolliert, wenn er nach Sandras Order die Kinder mehr maßregeln soll als ihm lieb ist und als er persönlich für nötig hält.

Wenn ACHTER gezwungen sind, ihre Energie zurückzunehmen, sind sie leicht frustriert. ACHTER fällen manchmal einsame Beschlüsse über die Dinge, die auch andere betreffen.

Sie tun sich schwer damit, Macht zu teilen und verteidigen hartnäckig ihre Einflussbereiche.

Um wieder in die Arbeit einzusteigen, übernimmt Sandra Nacht-schichten. Das ist gut mit der Familie zu vereinbaren, kostet aber viel Kraft, da sie nur in den wenigen Stunden schläft, während die Kinder in Schule und Kindergarten sind. Zwischen Jürgen und Sandra wech-seln sich immer häufiger Streit und Funkstille ab. Die Interessen, die sie einmal verbunden haben, sind im jetzigen familiären Rahmen nur noch in Ausnahmefällen gemeinsam zu verwirklichen. Immer häufi-ger gehen sie abwechselnd alleine aus und sich gegenseitig mehr und mehr aus dem Weg. Jürgen wirft Sandra vor, sie brauche ihn nur als Kindermädchen. Ansonsten käme sie ja bestens ohne ihn zurecht, wie sie ihm ständig demonstrieren würde. Alles mache sie nach ihrem Kopf, seine Meinung sei gar nicht gefragt. Sandra zeigt sich fassungs-los, dass Jürgen, der nur auf ihre Aufforderung hin zu Hause etwas anpackt, sich dann noch beschwert, dass sie die Dinge in die Hand nimmt. Als Sandra entdeckt, dass Jürgen mit einer gemeinsamen Be-kannten eine Affäre hat, will sie ihn Knall auf Fall vor die Tür setzen. Weder durch seinen Einwand, wenigstens der Kinder wegen mitei-nander zu reden, noch durch seine nüchterne Feststellung, sie könne ihn schlecht aus einem Haus werfen, das auf dem Grundstück seiner Eltern stehe, lässt sie sich umstimmen. Ihre Alternative ist, umgehend für sich und die Kinder eine Wohnung zu mieten. Die Kinder würden es schon überleben, es ginge ihnen besser als mit ihrem Vater unter einem Dach zu leben, der ihnen allen etwas vorgemacht habe. Im Krankenhaus insistiert sie beim Personalchef, dass ihr als Alleinerzie-hender von drei Kindern eine sofortige Stundenaufstockung zustehe. Als dieser bedauert, derzeit keinerlei Möglichkeit dafür zu sehen, for-dert sie ihn kategorisch auf, seiner Fürsorgepflicht nachzukommen, damit sie für sich und ihre Kinder finanziell geradestehen könne.

Wenn ACHTER unter Druck sind, wollen sie noch mehr zei-gen, dass sie alles im Griff haben und neigen dazu, andere zu überrollen. Sie reden sich gern ein, dass sie die einzigen sind, die hart arbeiten, und dass ohne sie nichts vorangehen würde.

ACHTER glauben, jederzeit stark und überlegen sein zu müssen. Schon früh haben sie gelernt, ihre Verletzungen in Aggression umzuleiten und so zu tun, als würden sie über allem stehen. Unter Stress fühlen ACHTER sich berechtigt, alle Mittel einzusetzen, um in einer kalten unfreundlichen Welt zu überleben. Sie mobilisieren alle Kräfte, um sich, ihre Familie oder ihre Freunde zu schützen.

Da Sandra nach der Demütigung durch Jürgens Betrug noch mehr auf der Hut ist, nicht wieder verletzt zu werden, verhält sie sich in vielen Situationen unangemessen aggressiv und streitbar. Bei den Kindern will Sandra bestimmen, wo es lang geht, erwartet aber von ihnen, dass sie unerschrocken für ihre Interessen eintreten und sich nichts gefallen lassen. Für die defensive und sensible Hanna ist diese Doppelbotschaft besonders problematisch. Sandra findet sie Hanna kompliziert und verschlossen. Hannas halbherzige Überlegungen, für eine Weile zu ihrem Vater zu ziehen, bedeuten für Sandra ihre Niederlage als Mutter. Diesen Triumph will sie Jürgen auf keinen Fall gönnen. Sie verschärft die Polarität zwischen ihnen beiden als Eltern, indem sie Hanna zusetzt, sich ein für allemal zu entscheiden, auf welcher Seite sie stehe. Dieser enorme Stress macht Hanna so krank, dass im Krankenhaus untersucht werden muss, welche Ursache ihre Bauchschmerzen, Durchfälle und anhaltende Appetitlosigkeit haben. Ihre tiefe Besorgnis versteckt Sandra hinter wiederkehrenden Appellen, sich nicht unterkriegen zu lassen und der Beteuerung, auch das gemeinsam zu schaffen. Jürgen lässt sich am Telefon höchst verärgert darüber aus, dass Sandra ihm kein Sterbenswort von Hannas Erkrankung gesagt hat. Als „Entschuldigung" wendet Sandra ein, sie könne nicht sehen, wo er bei dieser Sache hilfreich sein könne. Sie vermeidet strikt, ihm bei Besuchen im Krankenhaus über den Weg zu laufen, fragt Hanna aber eingehend aus, wie lange er da war, was er mitgebracht und gesagt hat.

Wenn ACHTER in Schwierigkeiten sind, neigen sie dazu, andere zur Parteinahme zu nötigen. Dadurch üben sie massiven

Druck auf unentschiedene wie integrierende Personen aus und ruinieren Beziehungen, auf die sie angewiesen sind.

ACHTER fühlen sich ausgeliefert, wenn sie sich als schwach und hilflos erleben. Deshalb setzen sie lieber auf beherzte Aktionen und Durchhalteparolen als solche Gefühle zuzulassen. Wenn ACHTER tief verletzt sind, bekämpfen sie den Betreffenden mit allen Mitteln. Wild entschlossen, auf keinen Fall als Verlierer dazustehen, erscheinen ihnen Kompromisse wie eine Kapitulation.

Auch mit ihrer Ältesten hat Sandra Probleme. Anja hält ihr vor, sie mache in letzter Zeit auf tolle Familie, nur um Jürgen zu beweisen, wie gut sie alle ohne ihn zurechtkämen. Man sehe ja, wohin dieses Theater bei Hanna geführt habe. Im Streit stellt sich heraus, dass Jürgen von Anja über Hannas Krankenhausaufenthalt Bescheid wusste. Sogar Oma habe gesagt, dass man sich vor ihr Sandra in Acht nehmen müsse und dass sie sich nicht wundere, dass Jürgen sie verlassen hätte. Wenngleich sie ihre Mutter bewusst auf Distanz hält, trifft es sie dennoch hart, dass diese sich so abfällig über sie äußert. Schließlich hat sie sich wegen ihr oft genug mit der ganzen Verwandtschaft angelegt. Dass Anja ihr permanent in den Rücken fällt ohne sich zu entscheiden, dann eben zu ihrem Vater zu ziehen, bringt Sandra zur Weißglut. Als sie ihr das vorhält, zieht Anja Knall auf Fall zu ihrem Freund. Ein Zimmer in seiner WG könne sie von ihrem Ausbildungsgehalt schon bestreiten. Aus der Zeitung erfährt Sandra von der geplanten Schließung des Krankenhauses. Als ihr die Tragweite dessen bewusst wird, weicht ihr Trotz einem resignierten Rückzug. Die Vorstellung, von Jürgen finanziell abhängig zu sein, setzt der ganzen Lage die Krone auf. Sie kann ihre familiären und persönlichen Probleme nicht länger leugnen. Freundinnen, die vorbeikommen, vergrault sie. Selbst mit Elke bricht sie über jede Kleinigkeit einen Streit vom Zaun. Was immer andere sagen oder nicht sagen, ist verkehrt oder blödsinnig. Stundenlang grübelt sie vor sich hin. Alle sollen sie in Ruhe lassen.

Bei Vorgängen oder Kontakten außerhalb ihrer Kontrolle fühlen ACHTER sich schnell hintergangen. Sie reagieren heftig und erbost, wenn sie den Eindruck haben, dass etwas hinter ihrem Rücken läuft. ACHTER brauchen wenig Lob, aber sie wollen für ihren Einsatz fair behandelt und respektiert werden.

ACHTER tragen in der Regel lieber fatale Konsequenzen einer Konfrontation als um des lieben Friedens willen einzulenken.

Unvorhersehbaren Ereignissen oder willkürlichen Entscheidungen machtlos ausgeliefert zu sein ist für ACHTER traumatisch. Wenn sie Hilflosigkeit oder Schwäche nicht mehr leugnen können, ziehen sie sich in ein Schneckenhaus zurück und sind kaum noch erreichbar.

Sven fühlt sich sehr einsam und vernachlässigt. Nachdem er wieder einmal vergeblich versucht hat, seine Mutter zu einem Spiel oder einem intensiveren Gespräch zu bewegen, verlässt er unbemerkt die Wohnung. Nachdem er stundenlang in der Stadt herumgestromert ist, überlegt er, wo er bleiben soll. Papa oder Oma bedeutet Riesenkrach mit Mama, das hat er bei Anja erlebt. Da fällt ihm seine Uroma ein. Es gelingt Sven tatsächlich, zum Hof zu trampen und sich unbemerkt an die Wohnungstür von Oma Friedel zu schleichen. Die lässt sich von ihm erst einmal die ganze Geschichte erzählen. Dann erklärt sie ihm, sie müssten jetzt dringend seine Mama anrufen. Sandra ist sehr erleichtert, Sven wohlbehalten auf dem Hof zu wissen. Sie hat inzwischen schon aufgelöst überall nach ihm gesucht. Oma Friedel schickt Sven mit seinen Cousins in den Stall, um zuerst mit Sandra unter vier Augen reden zu können. Sandra weiß, dass Friedel ihr keine Vorhaltungen machen wird. Bei ihr kann sie sich endlich einiges von der Seele reden. Sie kann sich sicher sein, dass Friedel mit niemand anderem darüber reden wird und sich nicht gegen sie stellen wird. Am Ende kann Sandra ohne Vorwürfe auf Sven zugehen, ihn in die Arme und mit nach Hause nehmen. Es bleibt nicht das einzige Gespräch mit ihrer Großmutter. Sandra rechnet es ihr hoch an, dass sie ihre Mutter herausgehalten hat. Friedel weist Sandra darauf hin, wie oft sie mit falsch verstandener Selbstständigkeit und Durchsetzungswillen Menschen vor den Kopf gestoßen und verletzt hat, die ihr wichtig sind und die ihr am Herzen liegen. Sie traut Sandra durchaus zu, ihre Probleme wieder in den Griff zu bekommen, vermittelt ihr aber auch deutlich, dass es keine Schande ist, sich dabei helfen zu lassen.

Der Rückzug kann so weit gehen, dass sie ihre Aufgaben nicht mehr wahrnehmen und sogar Menschen vernachlässigen, die von ihnen abhängig sind. Ihr ständiger Kampf um Autonomie hat zur Folge, dass ihnen die Energie und Bereitschaft zur Auseinandersetzung mit sich selbst in der Regel fehlt.

ACHTER verkriechen sich in ein Schneckenhaus, wenn ihnen alles zu viel wird und sie sich machtlos und ausgeliefert fühlen. Wird dem verletzten inneren Kind mit Respekt und Achtung begegnet, können ACHTER es wagen, in vertrauenswürdigen Beziehungen ihren Schutzpanzer abzulegen.

Sandra geht es strategisch an, sich wiederaufzubauen. Am leichtesten fällt es ihr, ihre Freundin Elke zu bitten, den Kontakt wieder aufzunehmen. Sandra schafft es, Elke um Hilfe zu bitten, damit sie wieder aus ihrer Sackgasse herausfindet. Sie brauche sie jemanden, dem sie voll und ganz vertraut, der sich aber auch nicht scheut, sie schonungslos zu konfrontieren, wenn sie in alte Fallen zu stolpern droht. Um wieder Boden unter die Füße zu bekommen, ist es für Sandra wichtig, sich als Erstes um einen Job zu kümmern. Sich in einem Altenheim zu bewerben hat sie bisher immer als unter ihrer Würde gehalten. Über Elkes Frage, was für eine Herausforderung denn genau in diesem Arbeitsbereich für sie liegen könnte, kann Sandra sich gut an diese Alternative annähern. So kann sie motiviert und mit Überzeugungskraft ihre Vorstellungen darlegen. Auf Anhieb bekommt sie eine Stelle als Wohnbereichsleitung, der man zutraut, frischen Wind und neue Energie zu bringen. Mit dieser Aufgabe blüht Sandra wieder auf. Inzwischen ist ihr aber bewusst, wie sehr sie

aufpassen muss, nicht alle zu überrennen mit ihrem Elan. Aufmerk-
sam nimmt sie mit den Mitarbeitern Kontakt auf und beobachtet zu-
nächst die Gepflogenheiten. Dann erst führt sie neue Ideen und Vor-
gehensweisen Schritt für Schritt und unter Einbeziehung der Mitar-
beiter ein. Auf diese Weise nimmt ihr Schwung die anderen mit, statt
dass sie dauernd aneckt und ausgebremst wird. Schon nach zwei Jah-
ren wird sie stellvertretende Heimleitung, vor allem wegen ihres Ta-
lents zur Personalführung.

Für ACHTER ist es ein schwieriger Schritt, wahrzuhaben,
dass auch sie auf andere Menschen angewiesen sind, und ohne
Argwohn auf diese zuzugehen.

Um Krisen zu bewältigen, liegt es für ACHTER am nächsten,
ganz pragmatisch die Gestaltung der äußeren Rahmenbedingungen in die Hand zu nehmen. Für ACHTER werden Tätigkeiten dann attraktiv, wenn für sie eine Herausforderung darin
steckt.

Wenn es ACHTERN gelingt, einfühlsam und rücksichtsvoll
mit anderen umzugehen, werden ihr Elan und ihre Vitalität als
bereichernd für alle erlebt.

Als Sandra in der Klinik zum ersten Mal mit wirklicher innerer
Offenheit mit Hannas Therapeutin über das sprechen kann, was
Hanna quält, bricht sie in Tränen aus. Die Erfahrung, wie erleich-
ternd es sein kann, ihren Tränen freien Lauf zu lassen und ihre eigene
Hilflosigkeit zu akzeptieren, zeigt Sandra, dass sie ihre eigenen Prob-
leme lösen muss, um Hanna wirklich helfen zu können. Mit aufrich-
tiger innerer Bereitschaft besucht sie die Elternselbsthilfegruppe der
Klinik und nimmt parallel dazu Einzelberatung bei einem der Thera-
peuten. Es ist harte Arbeit für Sandra, sich mit ihren eigenen Anteilen
an den Schwierigkeiten zu beschäftigen. Dass es Hanna dabei sicht-
lich besser geht, hilft Sandra über die Durststrecken. Schließlich ge-
lingt es ihr sogar, mit Jürgen über Hannas Heilungschancen und ihre
Zukunft zu sprechen. Sandra sieht ein, dass sie Jürgen durch ihre

Power und ihren Durchsetzungswillen oft überrollt und überfordert hat. Sie bleibt dabei, dass er sie tief verletzt hat, doch sieht sie auch ihren Beitrag am Scheitern ihrer Beziehung. Auch gegenüber Anja überwindet Sandra ihre Sturheit und ruft sie an, um sie zum Kaffee einzuladen. Das Gespräch verläuft zwar vorsichtig, aber ehrlich und persönlich. Anja ist von dieser entgegenkommenden Seite ihrer Mutter sehr angetan. Insgesamt wird Sandra weicher und gefühlvoller, zeigt mehr Humor und erfährt viel positive Resonanz und Wertschätzung.

Wenn ACHTER sich selbst ein gewisses Maß an Verletzlichkeit zugestehen, werden sie auch offen für die Nöte und Probleme anderer. Eine Ressource entwickelter ACHTER ist Großherzigkeit, die es ihnen möglich macht selbstlos zu handeln. Für Menschen, die sie lieben und die von ihnen abhängig sind, gehen ACHTER durchs Feuer.

Entwickelte ACHTER gestehen jedem sein Recht und seine Selbstbestimmung zu.

Nach diesen positiven Erfahrungen engagiert sich Sandra ehrenamtlich in der Elternarbeit der Klinik. In langen intensiven Gesprächen kommt sie dabei Torsten näher, einem unauffälligen alleinerziehenden Vater eines jungen Patienten. Torsten macht äußerlich wenig her und ist recht unsportlich. Er ermutigt Sandra, nicht immer das Äußerste von sich zu verlangen, sondern ein gesundes Maß zu finden. Torsten fordert sie auf anderem Gebiet, indem er sie häufiger nach ihren Gefühlen fragt, was sie traurig und was sie froh macht, so dass sie ihm immer mehr ihr Herz öffnet. Sie lernen sich lieben und in ihrer Unterschiedlichkeit respektieren. Sandra weiß, dass sie von Torsten lernen kann, zu ihren Gefühlen zu stehen und die Gefühle anderer zu achten. Torsten fühlt sich belebt von Sandras erfrischender Spontanität und Direktheit, die ihm den Zugang zur Welt des Tuns öffnet. Als Torsten eines Tages Sandras Mutter kennen lernen will, weiß Sandra, dass dies der Zeitpunkt für die nächste Herausforderung zur Versöhnung ist. Dazu ist sie bereit, weil sie inzwischen akzeptieren kann, dass ihre Mutter kein Kämpfertyp ist, sondern auf ihre Weise versucht hat, ihre Existenz zu sichern und ihre Kinder groß zu ziehen. Was ihr offensichtlich gelungen ist.

ACHTER wirken segensreich, wenn sie sich einer Sache verschreiben und so ihre Energien für andere nutzbar machen.

Wenn ACHTER sich von der Vorstellung lösen, alles im Griff haben zu müssen, können sie ihre Gefühle wahrnehmen und zulassen. Ihre weiche Seite besser kennen und ausleben zu lernen, sich mit ihr anzufreunden und ihr Wirken zuzulassen, öffnet ACHTERN die Tür zum versöhnlichen Umgang mit sich selbst und anderen. Dann gelingt es ihnen, ihr Grundbedürfnis der Selbstbestimmung im Einklang mit anderen zu befriedigen.

Typ 9

Als Tischlermeister mit einem eigenen, gutgehenden Betrieb für Innenausbau und Wohnkultur hat Rolf wenig geregelte Freizeit. Dennoch lässt er es sich nicht nehmen, jedes Jahr mit seiner Familie nach Schweden in Urlaub zu fahren. Er genießt es, wenn alles gemächlicher läuft als im Alltag, die Seinen sich gut verstehen und das Zusammensein genießen. Rolf ist zurzeit recht zufrieden mit seinem Leben. Freundlich und gelassen bewältigt er den Alltag im Betrieb und in der Familie und ist wegen seiner umgänglichen Art bei Mitarbeitern, Kunden und Bekannten beliebt. Meistens gelingt es ihm, Konflikte schon im Entstehen zu entschärfen oder für alle Beteiligten einen guten Kompromiss zu finden. Gerade wenn er stark eingespannt ist, sorgt Rolf inzwischen für regelmäßigen Ausgleich. Vor einigen Jahren hat er sich kaum dazu aufraffen können, etwas zu unternehmen, was ihm gutgetan hätte. Je schlechter und gestresster er sich gefühlt hat, desto mehr hat er sich vom Fernsehen berieseln lassen oder ist in der Kneipe hängen geblieben. Wenn seinen Frau Anita nicht so energisch gefordert hätte, grundsätzlich etwas zu ändern, und ihn gleichzeitig dabei unterstützt hätte, wäre seine persönliche Krise vor vier Jahren wahrscheinlich schlechter ausgegangen.

NEUNER lieben Ruhe und Harmonie und leben gerne nach ihrem eigenen Rhythmus. Es ist ihnen wichtig, dass alle in ihrem Umfeld zufrieden sind. NEUNER bemühen sich, mit allen gut auszukommen. Es fällt ihnen leicht, sich auf andere einzustellen und verschiedene Interessen oder Standpunkte unter einen Hut zu bekommen.

Unter Stress tendieren NEUNER dazu passiv und antriebslos zu werden. Sie verzetteln und zerstreuen sich und lassen sich von allem Möglichen ablenken. Ihren eigenen Weg zu finden fällt NEUNERN leichter, wenn sie dabei die Zuwendung eines vertrauten Menschen spüren.

Mittlerweile hat Rolf im Betrieb effiziente Arbeitsabläufe und Routinen entwickelt. Er hat gelernt, sich nicht um jede einzelne Baustelle und jeden Kundeneinwand persönlich zu kümmern. Er mutet und traut einigen Mitarbeitern zu, geläufige Sachlagen selbst mit den Kunden zu klären und die Details vor Ort zu regeln. So kann Rolf sich darauf konzentrieren, den Überblick über die Arbeiten zu behalten, und da Kontakt zu den Kunden aufzunehmen, wo er persönlich gefragt ist, zum Beispiel bei ausgefalleneren Wünschen oder unvorhergesehenen Schwierigkeiten. Manche finden, Rolf könnte etwas temperamentvoller sein und forscher auftreten. Doch mit seiner ruhigen Art findet er in der Regel für jeden Kunden die passende Lösung und stellt die meisten wirklich zufrieden. Ihre Fragen und Einwände nimmt er ernst, und er versteht es, sie schnell zu beruhigen, so dass es wenig Ärger gibt. Anita ist der Meinung, Rolf müsse sich auch von seinem äußeren Erscheinungsbild her mehr als Unternehmer und Geschäftsführer darstellen. Da sie ihm die entsprechende Kleidung aussucht und bereitlegt, fällt es Rolf nicht schwer, sich in diesem Punkt nach ihren Vorstellungen zu richten.

Häufen sich Termine, laufen NEUNER Gefahr, an mehreren Stellen parallel Bruchteile zu erledigen statt Dinge nach Prioritäten restlos abzuarbeiten. Unterstützende Strukturen wie Zeitpläne oder feste Ablaufroutinen reduzieren das Verzetteln.

NEUNER können sich gut auf unterschiedliche Menschen einstellen. Sie wirken verträglich und beruhigend, versuchen, auf die Bedürfnisse und Wünsche der anderen einzugehen und verlieren nur selten die Geduld.

Solange sie sich nicht über die Maßen bevormundet fühlen, macht es NEUNERN wenig aus, in für sie unwesentlichen Dingen anderen nachzugeben, besonders, wenn keine großen Mühen für sie damit verbunden sind.

Den Umgang mit seinen Eltern gestaltet Rolf mit gebührendem Respekt, aber auch so viel Abstand, wie er für angebracht hält. Es gelingt ihm inzwischen, sich von seiner Mutter weder zum Mitessen noch zu Gefälligkeiten verleiten zu lassen, wenn er andere Pläne hat und sich verabschieden will. Seit er wieder aktiv Tennis spielt und auch an Punktspielen teilnimmt, geht Rolf regelmäßig zum Training und sitzt anschließend entspannt mit seinen Spielpartnern zusammen. Was seine von Anita oft kritisierte Saumseligkeit angeht, haben sie ein gut funktionierendes Arrangement gefunden. Wenn Anita den Eindruck hat, dass etwas dringend in Angriff genommen werden sollte, spricht sie mit Rolf in aller Ruhe darüber. Dann lässt sie ihm Zeit genug, sich damit anzufreunden und selbst zu bestimmen, wann und wie er die Sache angehen will. Auch macht sie ihm weniger Vorgaben als früher, wie sie sich das Ergebnis vorstellt. Sie hat die Erfahrung gemacht, dass Rolf durchaus bereit ist, sich um Dinge zu kümmern und ihr viele Kleinigkeiten abzunehmen, wenn er das in Ruhe und selbstbestimmt tun kann. Daher widersteht Anita heute der Versuchung, ihn durch ein „heute noch" oder „jetzt gleich" antreiben zu wollen. Dass bei ihnen Geschäft und Privatleben ständig ineinander übergehen, findet Rolf anstrengend, doch unternimmt er auch nichts dagegen. Oft werden geschäftliche Dinge abends zu Hause besprochen, weil dafür tagsüber weder Zeit noch Gelegenheit ist. Manche Kunden rufen privat an oder klingeln abends noch an der Tür. Es fällt ihm schwer, diese Leute abblitzen zu lassen oder Anita klar und deutlich zu sagen, wenn er sich auf ein Thema nicht mehr einlassen will. Wenn er dann nur mit halbem Ohr zuhört und auch Dinge vergisst, die besprochen worden sind, handelt er sich häufig nachträglichen Ärger ein.

NEUNER müssen lernen, auch in alltäglichen Situationen ihren eigenen Standpunkt zu vertreten und sich von keiner Seite zu sehr vereinnahmen zu lassen.

Feste Termine und Rituale erleichtern es NEUNERN, regelmäßig Hobbys nachzugehen und Interessen zu pflegen.

NEUNER erledigen die Dinge am liebsten in ihrem eigenen Rhythmus. Je weniger Druck und Ansprüche sie von außen spüren, desto bereitwilliger erledigen sie abgesprochene Arbeiten oder Gefälligkeiten. Sie werden störrisch, wenn sie sich gedrängt fühlen und die Ungeduld anderer spüren.

NEUNER grenzen sich häufig nicht klar erkennbar ab, wenn ihnen die Ansprüche und Ansinnen anderer zu viel werden. Stattdessen versuchen sie halbherzig, sich zu entziehen, indem sie ihre Aufmerksamkeit streuen und sich innerlich mit etwas anderem beschäftigen.

Rolf wächst als jüngster von drei Brüdern in einem Geschäftshaushalt auf. Der mittlere Sohn Paul gilt als aufmüpfig und unerzogen. Rolf setzt er sich oft bei seinen Eltern für Paul ein, andererseits redet er Paul zu, die Eltern nicht so zu provozieren. Der älteste Bruder Hermann ist meistens unterwegs, ohne dass die Eltern genau wissen wie er seine Freizeit verbringt. Da seine Schulleistungen in Ordnung sind, wird das im Großen und Ganzen geduldet. Mit Paul gerät Hermann öfter aneinander, weil er durch sein Verhalten die Eltern zu Sanktionen für alle drei Söhne herausfordert. Die Streitereien beunruhigen und belasten Rolf. Er versucht in der Regel zu schlichten, letztendlich kann er jeden verstehen. Rolf hat tatsächlich eine besänftigende Wirkung auf beide Brüder. Sie lassen sich von ihm einiges sagen, ohne aggressiv auf ihn zu reagieren. Rolf gewinnt unterschwellig den Eindruck, dass es am besten ist, wenn er umgänglich ist und nicht auch noch Probleme macht. So wird er ein freundlicher und anspruchsloser Junge, immer kompromissbereit und anpassungsfähig. In einem Punkt entwickelt er allerdings Widerstand: er weigert sich, in den Kindergarten zu gehen. Niemand weiß, wieso, niemand versucht es wirklich zu ergründen. Weil er so unproblematisch ist und keine Mühe macht, darf er zu Hause bleiben, das heißt: er verbringt die meiste Zeit im Betrieb. Kunden wie Mitarbeiter sind angetan von dem niedlichen Jungen, der sich unauffällig im Hintergrund hält und zu allen freundlich ist. Viele Mitarbeiter widmen sich in den Pausen gern mit dem niedlichen Jungen, und manchmal frühstückt er drei Mal mit unterschiedlichen Leuten. Als er immer dicker wird, wundert sich die Mutter, da er bei Tisch doch gar nicht so viel esse, geht aber der Sache nicht auf den Grund.

Vielen NEUNERN ist die Rolle des verständnisvollen Vermittlers bereits aus Kindertagen vertraut. Bei Konflikten können sie sich gut in alle Parteien hineinversetzen und alle Seiten nachvollziehen. Da sie selbst ihre eigenen Interessen der Harmonie unterordnen, werden ihre Friedensbemühungen auch von streitlustigen Beteiligten oft akzeptiert.

NEUNER haben verinnerlicht, dass sie keine großen Ansprüche stellen und keine Schwierigkeiten machen. Für ein harmonisches Miteinander verschmelzen sie mit den Vorhaben anderer ohne wahrzunehmen, was sie selber wollen und brauchen. Wenn NEUNER etwas durchsetzen wollen, tun sie es in der Regel durch Verweigerung oder passiven Widerstand.

In der Schule wird Rolf wegen seiner Figur öfter gehänselt, manchmal auch von Mitschülern bedrängt und eingeschüchtert, was er äußerlich ungerührt über sich ergehen lässt. Es ist ihm nicht anzumerken, ob diese Demütigungen ihn zornig machen. Wer ihn provoziert oder Streit mit ihm anfangen will, erlebt auch später oft, dass Rolf ihn einfach stehen lässt und weggeht. In der Pubertät macht Rolf keine großen Probleme. Er wirkt noch verträumter als sonst und distanziert sich mehr vom Betrieb und den Mitarbeitern. Doch bleiben Provokationen, größere Schwierigkeiten und dramatische Auseinandersetzungen aus. Aufgrund seiner kontinuierlich guten Schulleistungen geht Rolf zum Gymnasium. Seine Mitschüler wissen zu schätzen, dass Rolf gut Bescheid weiß und bereit ist, andere daran teilhaben zu lassen, ohne eine Gegenleistung zu erwarten. Da er auch im Sport talentiert ist, ist er allgemein angesehen und beliebt. Sein regelmäßiges Tennistraining führt dazu, dass er abnimmt, sich körperlich fitte fühlt und mehr Selbstbewusstsein entwickelt.

NEUNER haben gelernt, sich selbst nicht wichtig zu nehmen und jeden Anflug von Ärger und Wut zu unterdrücken. Eigenen Zorn können NEUNER lange aufspeichern. Er entlädt sich entweder durch passiven Widerstand und Trotz oder durch plötzliche Wutausbrüche über Bagatellen an ganz anderer Stelle.

NEUNER setzen automatisch Strategien der Selbstberuhigung ein. Sie beschwichtigen die eigenen Impulse, um mögliche Konflikte zu vermeiden. NEUNER sind geschickt darin, sich Auseinandersetzungen zu entziehen und selbst keinen Anlass für Angriffe oder Aggressionen zu geben.

Wenn NEUNER eigene Interessen entwickeln und verfolgen, überzeugend auftreten und sich zeigen, gewinnen sie an Profil und Ansehen.

Da beide Brüder energisch und eindeutig abgelehnt haben, in den elterlichen Betrieb einzusteigen, bleibt Rolf für die Eltern der Hoffnungsträger. Zwar formulieren sie ihre diesbezüglichen Erwartungen nicht ausdrücklich und fordernd, doch wird in vielen Bemerkungen deutlich, dass mit ihm ihre Zukunftspläne stehen und fallen. Er äußert sich dazu nur vage, um seine Eltern nicht vor den Kopf zu stoßen. Seinerseits überlegt er, ob er Geschichte studieren oder erst mal in Spanien seine Sprachkenntnisse verbessern soll. Im Lauf der Zeit gehen die Eltern fest davon aus, dass Rolfs Vorstellungen ihren Erwartungen entsprechen, da er dem nie widersprochen hat. Indem er nichts sagt, glaubt er sich das Neinsagen ersparen zu können. Nach seinem Bundeswehrdienst beginnt Rolf eine Lehre als Tischler im elterlichen Betrieb. Eigentlich ist es ihm ganz recht, dass er weiterhin in seinem gewohnten Umfeld leben kann. Er kann sich viele Tätigkeiten vorstellen und stellt fest, dass das Handwerkliche ihm durchaus auch liegt. Mit seinem Vater gibt es gelegentlich heftige Auseinandersetzungen, wenn Rolf etwas auf seine Art machen will. Seine Mutter versucht dafür zu sorgen, dass ihr Mann Rolf nicht allzu viele Vorschriften macht und ihn nicht zu unbeherrscht konfrontiert. Sie weiß, dass sie ihn auf ihre indirekte Art in den meisten Fällen von ihren Vorstellungen überzeugen kann. Nach seiner Gesellenprüfung scheinen alle Weichen dafür gestellt, dass Rolf einmal den elterlichen Betrieb übernimmt. Nichts spricht wirklich dagegen. So lässt sich Rolf darauf ein, ohne dass es im Einzelnen besprochen ist.

Mit ihrer Tendenz, es jedem recht machen zu wollen und keine klare Position zu beziehen, wecken NEUNER bei anderen unausgesprochene Erwartungen. So bringen sie sich durch ihre Vermeidungstaktik selbst in immer stärkere Bedrängnis und ihre eigenen Interessen bleiben auf der Strecke.

Es kommt der Bequemlichkeit der NEUNER entgegen, in bekannten Bahnen zu bleiben. Sie können sich mit vielem arrangieren, wenn ein angenehmes Klima herrscht.

Fühlen NEUNER sich herumkommandiert oder genötigt, schalten sie auf stur und sind nicht mehr ansprechbar. Da sie im Grunde guten Willens sind, gewinnt man ihre Zustimmung eher mit Geduld und Diplomatie. NEUNER sind überzeugt, dass sich mit gutem Willen auch komplizierte Verhältnisse friedlich regeln lassen.

Rolf lernt Anita kennen und lieben, eine Erzieherin, die sehr genau weiß, was sie will. Rolf tut es gut, sich an Anitas erfrischender Direktheit und Klarheit orientieren zu können. Es beeindruckt ihn, wie zielstrebig sie sich als junge Erzieherin gegenüber Jugendlichen wie auch Kollegen durchsetzen kann. Manchmal fällt es ihm allerdings schwer nachzuvollziehen, dass sie auch privat so wenig kompromissbereit ist. Anita könnte seinen Eltern gegenüber ruhig etwas diplomatischer und umgänglicher auftreten. Doch er hat den Eindruck, dass er ihr als Person wichtig ist und sie sich ernsthaft für ihn und seine Interessen einsetzt. Wenn es um die Geschäftsübernahme geht, mahnt Anita immer wieder an, dass Rolf sich gut überlegen soll, wie er sich sein zukünftiges Leben vorstellt. Wenn er sich aber dafür entscheide, dann solle er dafür sorgen, dass der wirtschaftliche und organisatorische Rahmen eindeutig geklärt wird. Anita sieht sonst die Gefahr, dass die Eltern Rolf ständig bevormunden und seine Brüder später für seine Arbeitskraft und seine Investition die Hand aufhalten.

NEUNER sehnen sich danach, von anderen wichtig genommen und als Person geachtet und ernst genommen zu werden. Sie neigen dazu, sich für die Durchsetzung ihrer ganz persönlichen Interessen auf andere zu verlassen: Ihre Strategie, Dinge auszusitzen statt sich ihnen offensiv zu stellen, kann andere ungewollt in die Rolle der aktiv treibenden Kraft drängen.

Für die Vorbereitung auf die Meisterprüfung sucht Rolf sich auf Drängen von Anita und auch aus eigenem Dafürhalten einen Betrieb weit weg von zu Hause. Er will auch andere Arbeitsweisen kennen lernen und sich freischwimmen von den Vorstellungen der Eltern. Anita findet dort eine Stelle im Kindergarten und zieht mit. Mit der Erfahrung, auch in fremden Umgebungen seinen Platz finden zu können, gewinnt Rolf deutlich an persönlichem Format. Er nimmt offensiv Einfluss auf die Gestaltung der Arbeit wie auch seiner Freizeit. Durch seine geregelte Arbeitszeit kann er regelmäßig Freizeitaktivitäten nachgehen. Anita und Rolf genießen es, nach und nach Bekannte und Freunde zu finden, mit denen sie ihre Freizeit angenehm verbringen. Rolfs neue Entschlossenheit und sein Unternehmungs-

geist veranlassen seinen Chef, ihm nach der Meisterprüfung den Bereich „Möbel nach Maß" in Eigenregie anzubieten. Effizient, mit Augenmaß und ruhiger Hand baut Rolf den Bereich zu einem florierenden Geschäftszweig aus. Wenn er auch viel Wert auf den Konsens mit den Mitarbeitern legt, so kann er durchaus direkte Entscheidungen treffen und durchsetzen, wenn es nötig erscheint. Anita und Rolf überlegen schon, wie er seinen Eltern noch vor der Hochzeit beibringen kann, dass er seine berufliche Zukunft eher als Abteilungsleiter in dem fremden Betrieb sieht als im eigenen Geschäft.

Solange NEUNER ihren Platz nicht gefunden haben, wirken sie oft unorganisiert und unentschlossen. Spüren sie aber ihre persönliche Wichtigkeit in einem Umfeld, zeigen sie Profil, nehmen die Dinge in die Hand und können sehr präsent wirken. NEUNER müssen den Schwung eines neuen Anfangs nutzen, sonst verlieren sie Energie.

Je mehr NEUNER sich anerkannt und respektiert fühlen ohne darum kämpfen oder konkurrieren zu müssen, desto souveräner und entschiedener können sie auftreten und ihrer Arbeit ihren eigenen Stempel aufdrücken.

Da erleidet Rolfs Vater einen Schlaganfall. Rolf fühlt sich verpflichtet, einzuspringen und seinen Eltern vorübergehend auszuhelfen. Sie sehen keine andere Möglichkeit, wie der Betrieb weiterlaufen könnte. Wenn er ihn auch nur sehr ungern gehen lässt, zeigt Rolfs Chef doch Verständnis für seine Lage. Rolf ist ihm sehr dankbar dafür, dass er ihm eine Tür offenhält. Als sich herausstellt, dass nicht sicher ist, ob sein Vater je wieder voll arbeiten kann, drängt Anita auf eine grundsätzliche Lösung. Sie findet es nicht gerecht, dass Rolf unter ungeklärten Verhältnissen den Auspitzer spielen soll, während seine Brüder das Geschäft aber lediglich als lukratives Erbe betrachten. Abende und Nächte lang brüten Rolf und Anita über möglichen Lösungen. Schließlich schlägt Anita vor, selbst mit ins Geschäft einzusteigen. Sie kann sich durchaus vorstellen, den Beruf zu wechseln. Sinn für Einrichtung und schöne Dinge hat sie immer schon gehabt.

Anita hat viele Ideen, wie man aus dem etwas angestaubten Laden ein ansprechendes Geschäft für Wohnkultur machen könnte. Sie traut sich zu, sich die notwendigen betriebswirtschaftlichen und fachlichen Kenntnisse schnell anzueignen. Rolf kann sich mit der Idee, den Betrieb gemeinsam mit Anita zu übernehmen, gut anfreunden. Er fühlt sich sehr entlastet und verspürt neuen Schwung. Anita stellt allerdings die Bedingung, dass der Betrieb in diesem Fall uneingeschränkt an Rolf und sie übergeht, die Brüder ausgezahlt werden und alle sich aus den weiteren Entwicklungen heraushalten. Die Eltern stimmen schließlich zu, weil sie einsehen, dass Rolf ohne Anita den Betrieb nicht übernehmen würde, und dass sie ihn alleine nicht weiterführen können.

Besonders in Krisen tendieren NEUNER dazu, ihren eigenen Standpunkt zugunsten anderer aufzugeben. Sie haben oft keine Idee, wie sie entgegenkommend sein können ohne sich selbst zu verleugnen. Es verletzt sie sehr von anderen übergangen zu werden, doch sie selbst nehmen sich ebenso wenig wichtig. NEUNER stecken lieber persönlich zurück als Auslöser für familiäre Konflikte zu sein.

NEUNER können sich selbst übertreffen und sich hohe Ziele stecken, wenn sie sich eng mit dem Streben und den Vorhaben anderer verbinden können. Von einer treibenden Kraft lassen sie sich durchaus anspornen, wenn diese selbst einen Teil der Arbeit und Verantwortung übernimmt.

In Jahren harter Arbeit bauen Anita und Rolf die Tischlerei und den Laden für anspruchsvolle Wohnkultur auf. Ihre drei Kinder werden tagsüber von Anitas Mutter betreut. Beide arbeiten an vielen Tagen mehr als zwölf Stunden und reden manchmal noch am Abend übers Geschäft, bis sie todmüde ins Bett fallen. Chronisch erschöpft von der Gesamtbelastung schleicht sich zunehmend Gereiztheit in ihren Umgangston ein. Der Betrieb läuft glänzend, doch vor allem Rolf geht es immer schlechter. In seinen Alpträumen wird Holz für komplette Innenausbauten verschnitten oder Kunden zeigen in der

Öffentlichkeit mit dem Finger auf ihn, weil er fehlerhaft gearbeitet hat. Immer mehr fühlt er sich unter Druck, es allen recht machen zu müssen. Rolf fühlt sich manches Mal gemaßregelt von seinen Eltern, die es sich nicht nehmen lassen, immer wieder im Laden und in der Tischlerei auszuhelfen und vieles kritisch kommentieren. Anita fordert ihn auf, dafür zu sorgen, dass seine Eltern sich endgültig aus dem Geschäft heraushalten. Sie könne es nicht mehr ertragen, sich ständig kontrolliert und bevormundet zu fühlen. Wenn ihr Leben schon fast ausschließlich aus Arbeit bestehe, wolle sie wenigstens ihr eigener Herr sein. Außerdem gehe es prinzipiell gegen den Strich, dass er selbst sich von seinen Eltern immer noch wie ein kleiner dummer Junge behandeln lasse. Rolf spürt, dass viel Wahres an Anitas Vorwürfen ist, doch lähmt ihn die Vorstellung, seinen Eltern beizubiegen, dass sie im Betrieb nicht mehr erwünscht sind.

Besonderen beruflichen und gesellschaftlichen Erfolg erreichen NEUNER häufig über ehrgeizige Partner/innen, die das Heft in die Hand nehmen. Von ihnen lassen sie sich eine Zeit lang motivieren und lenken, bis der Bogen für sie überspannt ist. Fühlen die NEUNER sich dann überbeansprucht und überfordert, verweigern sie sich.

NEUNER stresst es besonders, wenn sie von anderen genötigt sehen, einen Konflikt zu riskieren, den sie lieber vermieden hätten. Wenn sie erkennen, dass sie auch dafür verantwortlich sind, was sie *nicht* sagen und *nicht* tun, können sie aufhören, wider besseres Wissen und nur um des lieben Friedens willen zu schweigen.

Immer häufiger geht Rolf jetzt Kundengesprächen aus dem Weg, wenn er Schwierigkeiten befürchtet. Er schiebt unangenehme Arbeiten vor sich her und grübelt oft über mögliche Probleme. Zum Sport geht er schon lange nicht mehr. Im Freundes- und Bekanntenkreis haben sich beide in den letzten Jahren nur sehr sporadisch sehen lassen. Immer öfter geht Rolf nach der Arbeit in einer Kneipe vorbei um sich Aufschub vor den unvermeidlichen Auseinandersetzungen mit Anita zu gönnen. Diese werden umso heftiger und unangenehmer, je mehr er die Dinge laufen lässt und keine Initiative ergreift. Seine Kinder erleben Rolf in den wenigen Stunden, die er da ist, immer in Gedanken und innerlich weit weg. Nichts spricht ihn mehr wirklich an, er lässt sich von den Notwendigkeiten durch den Tag treiben. Mal gibt er seiner Mutter nach, mal Anita, insgesamt ist er mürrisch und unzufrieden. Zukunftsängste plagen ihn. Schließlich werden seine Magenbeschwerden so unerträglich, dass er sie nicht mehr ignorieren kann. Der Arzt stellt eine schwere Gastritis fest, die mit Medikamenten und Diät behandelt werden kann. Doch macht Rolf auf ihn einen derart niedergeschlagenen und frustrierten Eindruck, dass er ihm zusätzlich einen Psychotherapeuten empfiehlt. Zunächst weist Rolf das weit von sich. Als seine Beschwerden aber auch mit Medikamenten nicht wirklich verschwinden, sucht er eine Gesundheitsberaterin in einer entfernteren Stadt auf, deren Namen er im Bekanntenkreis aufgeschnappt hat.

Wenn NEUNER unter Druck geraten, neigen sie dazu, sich zu zerstreuen und zu betäuben. Sie vernachlässigen sich und Aufgaben und ignorieren auftauchende Probleme. Je phlegmatischer und langsamer sie werden, desto mehr provozieren sie andere dazu, sie zu konfrontieren.

Wenn NEUNER sehr gestresst oder erschöpft sind, gehen sie auf Tauchstation und lassen die anderen machen ohne selbst innerlich beteiligt zu sein. Sie ärgern sich, dass sie sich so viel haben gefallen lassen, sehen sich aber nicht in der Lage, sich aktiv dagegen zu wehren.

Vom ersten Besuch bei der Beraterin ist Rolf angenehm überrascht. Wider Erwarten setzt sie ihn nicht mit weiteren Ansprüchen und Forderungen unter Druck, sondern fragt zunächst nur nach seinen Anliegen und hört ihm zu. Ihre abwartende Aufmerksamkeit bewirkt, dass Rolf in ihren Gesprächen nach und nach mehr Initiative ergreift. Langsam wird ihm klar, wie er sich selbst in seinen desolaten Zustand hineinmanövriert hat. Sein Gefühl von Ohnmacht in Verbindung mit seinem großen Bedürfnis, in Harmonie mit allen zu leben, hat ihn immer mehr einfach hinnehmen und abwarten lassen. Dadurch ist er aber auch für die Menschen in seiner Umgebung immer weniger fassbar geworden. Viele Schwierigkeiten mit den Mitarbeitern, die ihm in der letzten Zeit zu schaffen gemacht haben, kann er jetzt darauf zurückführen, dass sie oft nicht wissen, woran sie mit ihm sind: Wenn sie klare Aussagen von ihm abfordern, entzieht er sich noch mehr, nimmt ihnen aber gleichzeitig übel, dass es nicht so läuft, wie er es gerne hätte. Dass einige sich zunehmend Schlampereien und persönliche Freiheiten erlauben, würde erfordern, dass Rolf entschieden Grenzen zieht und Regeln durchsetzt. Zwar versteht Rolf jetzt die Zusammenhänge und seinen eigenen Anteil an der Misere. Der Berg der Probleme und ungeklärten Konflikte scheint ihm aber so hoch, dass er am liebsten wieder ausweichen würde. Doch seine Beraterin gibt ihm Struktur und ermuntert ihn immer wieder nachdrücklich, hinzuschauen, was für ihn im Augenblick am wichtigsten sei, ohne ihm eine Lösung abzunehmen. Für Rolf ist der Druck, den er von Anita verspürt, zurzeit das Schlimmste. Weil er ihr nun aus dem Weg geht, kommt er auch nicht mehr in den Genuss ihrer optimistischen Energie, die ihm früher immer Auftrieb gegeben hat. Auch ihr Familienleben hat ihn immer wieder auftanken lassen. Die Gespräche mit Anita zeigen ihm, dass auch sie sich von seinem Rückzug frustriert fühlt und ihn ebenso braucht, um mit Schwung an die Arbeit zu gehen. Er versteht zum ersten Mal wirklich, dass es ihr nicht darum geht, ihn zusätzlich unter Druck zu setzen, sondern dass sie sich von ihm im Stich gelassen fühlt, weil sie sich von seinen Eltern abgelehnt fühlt und er sich nicht für sie einsetzt.

NEUNER verpassen manchmal die Gelegenheit zu deutlicher Führungsarbeit. Statt klare Regeln und Grenzen zu definieren, verschwinden sie in der Alltagsroutine und überlassen die Mitarbeiter sich selbst. Wenn NEUNER sich gleichzeitig vielen Auseinandersetzungen stellen müssen, werden sie leicht entmutigt. Es hilft ihnen, sich den Problemen in Salamitaktik - Scheibe für Scheibe - zu widmen und die Scheibendicke ihrer Energie anzupassen.

Wenn NEUNER akuten Schwierigkeiten gern aus dem Weg gehen und sich anstehenden Konfrontationen entziehen, fühlen sich andere von ihnen in eine undankbare, aggressive Rolle gedrängt. Reagieren diese darauf wütend, weil sie sich ausgenutzt fühlen, empfinden NEUNER dies als weiteren Druck.

Rolf wird bewusst, wie wichtig er für seine Familie ist. Anita will sich von ihm unterstützt fühlen und seine Kinder brauchen jemanden, der wirklich für sie da ist und sich ernsthaft mit ihnen auseinandersetzt. Er überlegt sich eine Strategie, mit seinen Eltern zu sprechen und setzt sich selbst einen Termin dafür. Es vermittelt insbesondere seiner Mutter klar und unmissverständlich, dass er seiner Familie zuliebe Veränderungen durchziehen wird. Zum ersten Mal bezieht er seinen Eltern gegenüber klar Position für Anita. Rolfs Mutter ist so überrascht vom entschlossenen Auftritt ihres Sohnes, dass sie wenig widerspricht. Rolf gesteht ihr dann zu, dass sie einmal in der Woche alle in der Mittagspause zu ihr zum Essen kommen. Anita ist von diesem Arrangement zwar nicht begeistert, kann aber nachvollziehen, dass Rolf in seinem Harmoniebedürfnis ein Zugeständnis anbieten wollte. Sie stimmt zu unter der Bedingung ist, dass sie selbst nicht jedes Mal mitkommen muss.

Das Bewusstsein, dass es auf sie ankommt, verleiht NEUNERN die nötige Energie, aktiv etwas zu verändern. Wenn NEUNER etwas durchziehen wollen, hilft es ihnen, sich eine klare Strategie zurechtzulegen und die Energie des Anfangs zu nutzen.

Mit ihrem Bedürfnis nach Harmonie fällt es NEUNERN besonders schwer, sich von denen abzugrenzen, die es gut mit ihnen zu meinen scheinen.

Eines Abends taucht Rolf auch wieder mal beim Tennistraining auf und ist überrascht, wie freundlich er noch begrüßt wird. Da er immer ein taktisch versierter und gleichzeitig beliebter Spieler gewesen ist, wird es gerne gesehen, dass er wieder regelmäßig trainiert und sich auch als Ersatzspieler eintragen lässt. Seine sportliche Betätigung und der Ausgleich zur Arbeit lassen ihn wieder viel entspannter mit den Problemen im Betrieb umgehen. Er tritt den Mitarbeitern gegenüber entschiedener auf, und nimmt damit seine Führungsaufgaben spürbar und effektiv wahr. Gleichzeitig grenzt er sich zunehmend von Aufgaben ab, die er nicht gerne tut. Er gewinnt einen Tischlermeister als Partner, der sich auf Fenster und Türen spezialisiert hat, eine Arbeit, die Rolf immer nur widerwillig erledigt hat. Das Verhältnis zum neuen Partner entwickelt sich hervorragend.

Wenn NEUNER richtig in Schwung sind, sind sie manchmal fast nicht wieder zu erkennen. Sie entlasten sich, wenn sie klare Entscheidungen treffen und von sich aus deutliche Grenzen ziehen.

NEUNER kooperieren gern mit anderen, wenn sie sich respektiert fühlen.

Obwohl der Betrieb nach wie vor gut läuft, hat Rolf jetzt mehr Spielraum, seinen Interessen nachzugehen oder Zeit mit seiner Familie zu verbringen. Zusätzlich stellen sie eine Haushaltshilfe ein, damit auch für Anita die Gesamtbelastung erträglicher wird. Ihr Freundeskreis wird wieder aktiviert und erweitert sich, seit sie öfter mal entspannt ausgehen oder andere einladen. Rolf ist seine Falle sehr bewusst, sich bei Problemen und Konflikten zurückzuziehen und den Dingen ihren Lauf zu lassen. Er hat Anita erlaubt, ihn sanft darauf aufmerksam zu machen, wenn er Gefahr läuft, wichtigen Dingen aus dem Weg zu gehen. Seinen Magen spürt er zurzeit nur noch, wenn er Hunger hat.

Die Erfahrung, eine Krise gemeistert zu haben, kann das Selbstwertgefühl der NEUNER stabilisieren und das nagende Grundgefühl der Unwichtigkeit in den Hintergrund treten lassen. NEUNER sind auf einem guten Weg, wenn sie die Initiative ergreifen und aus eigenen Motiven aktiv werden.

Typ 1

Martin ist als Leiter einer Gesamtschule seinen Kollegen wie auch den Schülern in vieler Hinsicht ein gutes Vorbild. Viele Details des beispielhaften pädagogischen Konzepts der Schule gehen auf seine Initiative zurück. Mit großem Elan setzt er sich für Erneuerung und Weiterentwicklung ein und engagiert sich dafür in verschiedenen Gremien und Projektgruppen. Was er als richtig und ideal erkannt hat, versucht Martin mustergültig und hundertprozentig umzusetzen. Beispielsweise hat er als neuer Schulleiter gegen erhebliche Widerstände ein absolutes Rauchverbot auf dem gesamten Schulgelände durchgesetzt. Weder mit Kollegen noch mit Schülervertretern hat er sich auf Diskussionen über mögliche Kompromisse oder Ausnahmeregelungen eingelassen. In vielen Situationen gelingt es Martin heute jedoch, seine Grundsätze und macht seine Entscheidungskriterien transparent ohne anderen seine eigenen Prinzipien und Maßstäbe aufdrängen zu wollen. Martins Kollegen schätzen an ihm besonders, dass er eine klare Linie vorgibt, und strukturiert und zielgerichtet vorgeht. Viele Eltern sind beeindruckt davon, dass er nie seinen persönlichen Vorteil sucht, sondern sich für das einsetzt, was der Schule dient. So sehr Martin sich in der Regel unter Kontrolle hat, wenn er Ungerechtigkeiten und grobe Nachlässigkeiten erlebt, kann er aus der Haut fahren.

EINSER sind Idealisten und Aktivisten, die die Dinge anpacken und mit gutem Beispiel vorangehen. In ihrem Bemühen, stets das Richtige zu tun sowie sich selbst und ihre Umgebung zu verbessern, machen EINSER kaum Zugeständnisse. Sie halten sich kompromisslos an Wertvorstellungen und Prinzipien. Mit ihrem grundlegenden Wertebewusstsein können EINSER Halt und Orientierung vermitteln.

EINSER halten ihre Versprechen, sind organisiert und praktisch. Sie zeigen ein hohes Verantwortungsgefühl und ein großes Engagement für die Allgemeinheit oder ideelle Werte.

Martin tritt in der Schule sehr korrekt und seiner Stellung ange-
messen gekleidet auf. Viele Lehrer erscheinen seiner Meinung nach
zu salopp zum Dienst. Kollegen, die sich in letzter Minute oder gar
zu spät zu ihren Unterrichtsräumen aufmachen, spricht er persönlich
auf ihre Dienstpflichten an. Manche empfinden das als kleinlich, doch
Martin sieht sich dafür verantwortlich, dass alle ihren Anteil der Ar-
beit gewissenhaft erledigen. Deshalb kümmert er sich selbst darum,
dass die Mitarbeit in Projekten und Aktivitäten außerhalb des Unter-
richts gerecht verteilt wird und niemand sich seiner Verantwortung
entzieht. Für jede Unterrichtsstunde erfasst Martin in einer speziel-
len Tabelle konsequent Inhalte, Methoden, Übungen, Besonderheiten.
So hat er auch nach Jahren einen Nachweis darüber, was in welcher
Klasse wie behandelt worden ist. Martin erwartet viel von seinen
Schülern; fast hat er noch eine Anmerkung zur Verbesserung oder
Intensivierung einer Aufgabe. Die meisten Schüler kommen mit sei-
nem hohen Anspruch und seiner Strenge gut zurecht, weil er gerecht
ist und keinen bevorzugt. Martin vermittelt Inhalte sehr gründlich,
wobei er auf bewährte und allgemein gültige Regeln setzt. Erst wenn
die Grundlagen wirklich sitzen und aus dem Effeff beherrscht werden,
kann man seiner Meinung nach an die „Kür" denken und eigene
Wege entwickeln. Einzelne Eltern werfen ihm vor, pedantisch und
dogmatisch zu sein. Zu Auseinandersetzungen kommt es vor allem
mit Eltern, die für ihre Kinder Nachsicht fordern ohne dass sie Bereit-
schaft zeigen, das Ihrige zu tun, um die Leistungsfähigkeit ihrer Kin-
der zu fördern.

EINSER sind formell, korrekt und ordentlich. EINSER wollen, dass alle ihre Mitarbeiter qualifiziert, motiviert und gewissenhaft ihre Aufgaben erfüllen. Sie intervenieren energisch,
wenn jemand sich Vorteile verschaffen oder auf Kosten von anderen vor Arbeiten drücken will.

EINSER wollen durch korrektes Vorgehen bis ins Detail und
systematische Kontrolle jeglicher Kritik den Wind aus den Se-
geln nehmen. Wenn EINSER Menschen führen, setzen sie ihre

Erwartungen hoch an. Sie spornen andere an, immer ihr Bestes zu geben und sich nicht mit Mittelmäßigkeit zu begnügen.

EINSER setzen lieber allgemein verbindliche Vorgehensweisen und Wertigkeiten fest als großen Spielraum für Methodenvielfalt und individuelle Varianten zu lassen. Gegen ungleiche Behandlung und Pflichtvergessenheit wehren sie sich entschieden.

Als engagierter Pädagoge will Martin seinen Schülern nicht nur Wissen vermitteln, sondern auch Werte wie Respekt, Beteiligung oder Solidarität nahebringen. Über den Unterricht hinaus konzipiert und fördert er dafür verschiedene Angebote. Unermüdlich versucht er sie zu motivieren, sich auch ernsthaft mit gesellschaftlich wichtigen Angelegenheiten zu befassen. Es gelingt ihm immer wieder, ihr Interesse so zu wecken, dass sie sich über längere Zeit in einer Arbeitsgruppe engagieren und entsprechende Fähigkeiten erwerben. Beispielsweise hat er ein Projekt zur Gewaltprävention initiiert und begleitet, das in seinem Ausmaß und seiner konsequenten Umsetzung und Anwendung vorbildlich ist.

Martin ist in zweiter Ehe mit Bettina verheiratet, einer Standesbeamtin, deren wohltuend heitere Wesensart sehr entlastend und ausgleichend auf ihn wirkt. Zwar bespricht sie mit ihm auch schulische Angelegenheiten, schafft es aber auch, nach einiger Zeit seine Aufmerksamkeit auf etwas Vergnügliches zu lenken. Bettina zeigt Martin immer wieder, dass er in Ordnung ist, wie er ist, und sich nicht weiter anzustrengen braucht, um für sie ein perfektes Wochenende zu inszenieren. Dass er in den letzten Jahren insgesamt viel entspannter und flexibler geworden ist, hat er in erster Linie Bettina zu verdanken. Ihre wenigen Konflikte entstehen hauptsächlich, wenn Bettina sich von ihm bevormundet oder eingeengt fühlt.

EINSER mischen sich ein, sie setzen sich unermüdlich und entschieden für ihre Ideale ein. Durch ihr moralisches Vorbild inspirieren sie andere, diese Tugenden und Werte zu übernehmen und zu vertreten.

Viele EINSER strengen sich oft auch noch an, ihr Privatleben und ihre Freizeitaktivitäten perfekt zu gestalten. Es tut ihnen gut, wenn sie einfach mal fünf grade sein lassen können.

Martin wächst zusammen mit seiner jüngeren Schwester Britta in einem ziemlich strengen Elternhaus auf, in dem es klare Regeln und Verhaltensnormen gibt. Für kindliche Neugier oder Albernheiten haben die Eltern wenig Sinn. Sie erwarten von ihren Kindern in erster Linie, dass sie sich moralisch einwandfrei verhalten und stets ihr Bestes geben. Martin lernt schnell, in diesem Sinn sein Möglichstes zu tun. Seine Eltern haben klare Vorstellungen, denen er nachzukommen hat. Ob in der Schule, beim Sport oder zu Hause, der Maßstab für sein Tun ist immer schon vorgegeben. Bringt er in einer Klassenarbeit eine Zwei nach Hause, wird als erstes gefragt, ob andere eine Eins haben. Wenn er beim Sport nicht herausragend ist, wird selbstverständlich erwartet, dass er sein Training entsprechend intensiviert. In der distanzierten Ehe der Eltern sind Verstimmungen und unterschwelliger Ärger an der Tagesordnung. Die Mutter kränkelt und bedarf der Schonung. So lernt Martin, die Eltern nicht noch zusätzlich zu belasten, sondern sich selbst und seine Impulse zu kontrollieren. Er übernimmt für sich und seine Schwester die Verantwortung, ihren Anteil an Pflichten gewissenhaft zu übernehmen. Um Kritik oder Beanstandungen zuvorzukommen, erledigt er seine Aufgaben mit größter Sorgfalt. Doch wie sehr er sich auch anstrengt und auch Britta antreibt und korrigiert, letztendlich gibt es immer noch etwas zu bemängeln. Martin lernt sich zu disziplinieren, um den Idealvorstellungen so nahe wie möglich zu kommen.

EINSER haben verinnerlicht, sich anzustrengen und perfekt zu funktionieren. Viele EINSER haben erlebt, dass durch Pläne, die sie zu erfüllen hatten, permanent in ihre Selbstbestimmung eingegriffen wurde. Daher versuchen sie ihre Autonomie zu sichern, indem sie sich von anderen abgrenzen.

Viele Einser haben in der Kindheit Verpflichtungen übernommen, denen sie eigentlich noch nicht gewachsen waren. Sie müssen die Ideale der Familie hochhalten. EINSER haben die Erfahrung gemacht, dass laxe Einstellungen und Spontanität nicht erlaubt sind. Deshalb streben sie nach Vollkommenheit und halten ihre Reaktionen unter Kontrolle.

Martin entwickelt sich vom Musterschüler zum Vorzeigestudenten. Aus seiner Wohngemeinschaft zieht er nach langen Auseinandersetzungen wieder aus, weil seine Vorstellungen von Sauberkeit und Ordnung mit seinen Mitbewohnern einfach nicht zu verwirklichen sind. Sie schätzen Martin, weil er so patent und praktisch veranlagt ist. Doch wenn er fordert, dass sie ihren Teil an der Arbeit und der Verantwortung genauso gewissenhaft übernehmen, gibt es endlose Debatten, die meist in halbherzigen Zugeständnissen enden. Martin stellt Pläne auf, wie es funktionieren kann. Er geht selbst mit gutem Beispiel voran und erlaubt sich keine Nachlässigkeit, doch das alles ändert nichts. Seine Mitbewohner lassen ihn in diesem Machtkampf einfach auflaufen und belächeln seinen Perfektionismus. Die ganze Sache deprimiert ihn so, dass er schließlich aufgibt und sich ein eigenes Zimmer sucht.

Mit EINSERN gibt es leicht Machtkämpfe und ausufernde Diskussionen darüber, wer Recht hat. EINSER reagieren sehr empfindlich, wenn sie selbst oder ihre Bemühungen nicht respektiert werden. Scheitern sie bei ihrem Bestreben um Optimierung der Verhältnisse, kann ihre Gereiztheit in depressive Verstimmung übergehen.

Martin absolviert planmäßig Stufe für Stufe seines Studiums mit hervorragenden Ergebnissen. Weil er so perfekt und unangreifbar auftritt, ist er bei seinen Mitstudenten nicht unbedingt ein Sympathieträger. Durch das intensive Training für sein Sportstudium macht er eine ausgezeichnete Figur. Er wirkt immer gepflegt und kommt als versierter Tänzer bei Frauen gut an. Doch die meisten Mädchen, die von seinem selbstbewussten Auftreten und seinen tadellosen

Manieren beeindruckt sind, sind ihm zu oberflächlich und egozentrisch. Er sucht eine Freundin mit Tiefgang, die seine Ideale und Werte teilt In Silke glaubt er diese gefunden zu haben. Sie scheint mit ihm in vielen Dingen übereinzustimmen, ähnlich zu denken und die gleichen Dinge zu mögen. Silke ist jünger sehr schüchtern. Sie kann kaum glauben, dass Martin überhaupt Notiz von ihr nimmt. Er scheint ihr weit überlegen. Doch Martin bemüht sich intensiv um sie und steuert die Entwicklung ihrer Beziehung. Silke respektiert ihn und schätzt, was er alles für sie tut. Martin findet großen Gefallen daran, Silke dabei zu helfen, ihre Persönlichkeit zu formen und ihr alles beizubringen, was ihr dazu noch fehlt.

EINSER wissen sich zu benehmen und achten auf gute Umgangsformen. Was sie tun, tun sie in der Regel mustergültig.

Um ihre Autonomie zu wahren, behalten EINSER gerne die Kontrolle darüber, wie nahe sie andere an sich heranlassen.

Viele EINSER sehnen sich nach dem perfekten Partner, mit dem sie eine einmalige vollkommene Beziehung leben können. Sie haben die Tendenz, auch andere Menschen nach ihrem Ideal perfekt gestalten zu wollen.

Sein Referendariat plant Martin im benachbarten Bundesland zu absolvieren, weil er sich vom dortigen Konzept eine qualitativ bessere Ausbildung verspricht. Bis dahin könnte Silke ihre Ausbildung als Physiotherapeutin abgeschlossen haben und dort ihre ersten Berufserfahrungen sammeln. Martin hat schon die Anzeigenseiten nach entsprechenden Angeboten durchforstet. Dass sie nach seinem Examen und ihrer Abschlussprüfung heiraten, ist Martins Idee und Entschluss, doch spricht in Silkes Augen auch nichts dagegen. Im Grunde findet sie es angenehm und bequem, dass Martin sich so um alles kümmert. Andererseits fühlt sie sich ihm in vielen Alltagsfragen so unterlegen, dass sie kaum noch etwas selbst in die Hand nimmt. Irgendwie ist Martin immer schon da mit einem perfekten Vorschlag, dem nichts entgegenzusetzen ist. Im Referendariat ist Martin immer gut vorbereitet, sein Auftreten vor den Schülern ist selbstsicher und tadellos. Er hat sich im Allgemeinen gut unter Kontrolle, regt jedoch sehr auf, wenn er sich ungerecht beurteilt fühlt, was bei den zahlreichen Unterrichtsbesuchen und den nicht immer eindeutigen Beurteilungskriterien öfter vorkommt. Über den Schulleiter äußert er sich kritisch. Dass dieser viel zu nachgiebig ist und keine klare Linie vertritt, ist in Martins Augen die Hauptursache für viele Missstände an der Schule. Mit großem Engagement gründet Martin eine Basketball-AG, in der die Teilnehmer mit ausgefeilten Trainingsplänen und viel Disziplin so weit aufgebaut werden, dass sie die Schulmeisterschaften auf unterster Ebene gewinnen und zum nächsten Spiel fahren dürfen. Zu seinem Leidwesen gelingt es ihm nicht, die Truppe so weit zu bringen, dass sie auch dort siegreich sind. Dass sie aus dem Stand innerhalb eines Schuljahres eine Mannschaft hinbekommen haben, die überhaupt wettbewerbsfähig ist, mindert seine Enttäuschung kaum.

EINSER haben für alles im Leben perfekte Pläne und konsequente Vorgehensweisen. In vielen Berei-chen glauben sie zu wissen, wie man etwas richtig macht.

EINSER vergleichen sich ständig mit anderen. Sie reagieren hochempfindlich auf ihrer Meinung nach unfaire Beurteilung oder ungerechtfertigte Kritik. Sie fällen selbst schnell Urteile über andere und sortieren in gut oder schlecht.

EINSER setzen sich hohe Ziele. Dabei richten sie ihre Aufmerksamkeit häufig so sehr auf das (noch) nicht Erreichte, dass sie Teilerfolge nicht zur Kenntnis nehmen oder als unerheblich abtun.

Silke fasst auf ihrer Arbeitsstelle gut Fuß und bekommt sie über ihre Kolleginnen sehr schnell auch private Kontakte. Im Haushalt dominiert Martin. Oft ist er vor ihr zu Hause und hat schon einen Großteil der Hausarbeit erledigt, obwohl er ja noch viel für die Schule arbeiten muss. Wenn Silke etwas macht, korrigiert er sie oft oder rät ihr, wie es besser ginge. So verliert sie die Motivation, etwas anzupacken, fühlt sich aber auch in der eigenen Wohnung nicht wirklich zu Hause. Nach und nach beginnt sie gegen Martins Maßregelungen innerlich zu rebellieren. Sie lässt beispielsweise immer häufiger ihre Sachen in der Wohnung herumliegen ohne darauf einzugehen, wenn er sie beiläufig ermahnt oder auch mit wütendem Blick die Dinge selbst wegräumt. Ordnung wird zum Machtspiel. Das zweite Konfliktfeld tut sich auf, als Martin Silke eröffnet, er werde sich nach dem Referendariat wieder zurück nach Oberholz bewerben. Er sehe seine Zukunft nicht an dieser schlecht geführten Schule. Silke möchte weder ihre Arbeitsstelle noch Neukirch verlassen und hat es satt, sich so verplanen zu lassen. Martin ist verblüfft über ihren heftigen Widerstand. Doch um sie nicht zu verlieren, bewirbt er sich trotz seiner großen Vorbehalte mit Erfolg auf die Planstelle an seiner jetzigen Schule.

Die nächsten Jahre bringen Martin viel Stress. Silke fühlt sich immer stärker von ihm n vereinnahmt und bevormundet. Sie verschafft sich Freiräume, indem sie zu Hause ihre eher nachlässigen und chaotischen Eigenarten pflegt und immer häufiger Aktivitäten unternimmt ohne Martin einzubeziehen. Martin kränkt es persönlich, dass Silke ihm ihre Zeit und ihre Aufmerksamkeit entzieht. Darüber hinaus findet er ihr Verhalten ungehörig und provokativ.

EINSER neigen dazu, anderen ihre eigenen Maßstäbe und Prinzipien aufdrängen zu wollen und haben eine Tendenz, andere zu belehren und zu korrigieren. Auch wenn ihr unterschwelliger Ärger nicht zu übersehen ist, behaupten sie noch, ganz sachlich zu sein.

EINSER sind oft überrascht, wie sehr sich andere von ihnen bevormundet oder gegängelt fühlen, während sie angestrengt damit beschäftigt sind, mit unermüdlichem Einsatz für alle das Richtige zu tun. Wenn andere sich inkorrekt, eigensinnig oder aufmüpfig verhalten, sehen EINSER das leicht als Kritik an ihrer Person und reagieren entsprechend aufgebracht.

Beruflich schwankt Martin zwischen Gehen oder Bleiben. Er hat Projekte in Gang gebracht, an denen er sehr hängt und mit einigen

engagierten Kollegen arbeitet er wunderbar zusammen. Von alteinge-
sessenen Kollegen fühlt er sich jedoch bei den meisten Vorhaben aus-
gebremst. Auch mit seinem Schulleiter gerät er immer wieder anei-
nander. Er hat den Eindruck, dass dieser ihn und seine Anliegen we-
der unterstützt noch wirklich ernst nimmt. Immer stärker verrennt
er sich in die Überzeugung, dass an dieser Schule nichts vernünftig
läuft. Wegen seiner schulmeisterlichen und zunehmend gereizten Art
verscherzt er sich auch die Sympathien durchaus geneigter Kollegen.
Die Situation eskaliert, als der Schulleiter von ihm erwartet, sich bei
Eltern zu entschuldigen, gegenüber denen sich Martin absolut im
Recht glaubt. Dieses Ansinnen lässt Martin explodieren. Als er sich
immer mehr in seinen beleidigten Zorn hineinsteigert, fällt es selbst
den befreundeten Kollegen schwer, seine Aufregung nachzuvollzie-
hen und Verständnis zu zeigen. Sie fragen sich und ihn, ob er sich
durch seine Verbissenheit und Unnachgiebigkeit nicht zumindest
teilweise ins Unrecht gesetzt habe. Als auch noch Silke anmerkt, man
könne die Geschichte von mehreren Seiten sehen, gerät er immer stär-
ker in die Defensive.

EINSER erwarten keine Belohnung für ihr Engagement, wollen aber Anerkennung und Respekt. Sie neigen dazu, sich auf
kritische Punkte zu konzentrieren. Unter Druck tendieren sie
zu einer übermäßig pessimistischen Sicht der Dinge.

EINSER wirken meistens ausgesprochen sachlich und kontrolliert. Werden aber ihre Werte und Grundsätze ignoriert o-
der untergraben, können sie unverhältnismäßig aufbrausen.
Sie laufen Gefahr, sich im Zorn in eine einseitige Sichtweise zu
verstricken, aus der sie ohne Gesichtsverlust nicht mehr herausfinden

Für EINSER ist es traumatisch vor anderen kritisiert oder be-
lehrt zu werden. In einer solchen Situation ihr Urteil oder ihre
Aussagen revidieren zu sollen betrachten sie als unzumutbares
Ansinnen.

Martin hat den Eindruck, dass all seine Anstrengungen vergebens sind. Er steigert sich in bittere Vorwürfe an alle Beteiligten, die in seinen Augen uneinsichtig, bequem oder angepasst sind. Die Erkenntnis, auf verlorenem Posten zu kämpfen, deprimiert ihn so, dass er sich mit allen möglichen Leuten anlegt. Befreundeten Kollegen reibt er längst vergangene Fehler und Versäumnisse unter die Nase. Er wird immer zwanghafter und immer empfindlicher gegenüber jedem Hauch von Kritik. Wiederholt verfolgt ihn der Alptraum, dass er unaufhörlich an einer Mauer baut, die an einer anderen Stelle immer wieder zusammenfällt. Silke leidet daran, dass Martin für eine ebenbürtige Auseinandersetzung kaum noch zugänglich ist. Es gelingt ihr nicht, ihm zu vermitteln, dass er mit seinem beleidigten Rückzug und seiner Rechthaberei alle wohlmeinenden Menschen einschließlich ihrer selbst verprellt. Silke trennt sich von ihm, da sie sich weder mit ihm in seiner jetzigen Verfassung noch mit dem ehemaligen „Mustergatten" weiterhin eine gemeinsame Zukunft vorstellen kann. Silkes Entschluss verfestigt Martins vorwurfsvolle Haltung gegenüber der Welt, stürzt ihn aber auch noch tiefer ins Selbstmitleid. Seine ständigen Verspannungen erreichen ihren Höhepunkt in zeitweiliger Bewegungsunfähigkeit ohne dass eine physische Ursache erkannt wird.

Wenn EINSER stark unter Druck geraten, verwandelt sich ihr innerer Zorn in Melancholie und Depression: Alles Bemühen hat keinen Zweck. Unter Druck stoßen EINSER Freunde und Familienmitglieder vor den Kopf, indem sie ihnen ständig alte und neue Fehler vorhalten. Sie urteilen unnachsichtig über alles und jeden und können zu notorischen Querulanten werden.

Stehen sie mit dem Rücken zur Wand, sind EINSER für differenzierte Betrachtungsweisen nicht mehr offen. Sie verschanzen sich selbstgerecht hinter der eigenen Unfehlbarkeit und engen selbst ihren Spielraum ein. Diese mentale Unbeweglichkeit kann sich auch in körperlichen Symptomen äußern.

Als Martin nach wiederholten Krankschreibungen immer nur vorübergehend einsatzfähig ist, bewilligt man ihm eine Kur in einer psychosomatischen Klinik. Zusammen mit den Therapeuten gelingt es Martin, an seinen positiven Leitvorstellungen und Ressourcen zu arbeiten. Seit langer Zeit richtet er den Blick wieder auf die Ideale, die ihn haben Lehrer werden lassen. Er stellt sich der bitteren Erkenntnis, wie sehr er sich zum Sklaven seiner überhöhten Ansprüche gemacht hat. Dabei hat er seine eigentlichen Stärken und seine innere Balance verloren. Er arbeitet in der Therapie intensiv daran, innerlich zur Ruhe zu kommen und Frieden mit sich selbst zu schließen. Es gibt Martin Aufschwung und wirkt sich auf seine Gesundung aus, dass er in der Kur Bettina kennen und allmählich lieben lernt. Sie wirkt freundlich und liebenswürdig, dabei aber sehr eigenständig. In dieser Klinik versucht sie, mit ihren Ängsten und Panikattacken zurechtzukommen. Martin wirkt mit seinen guten Umgangsformen und seiner Zurückhaltung vernünftig und berechenbar. Auf ihn kann sie sich einlassen, ohne befürchten zu müssen, dass er ihr zu schnell zu nahetritt. Bettinas selbstsicheres Auftreten stimmt Martin zuversichtlich, dass er bei ihr nicht so schnell Gefahr läuft, sie bevormunden oder verbessern zu wollen. So sind sie in der Lage, sich gegenseitig in ihrem persönlichen Entwicklungsprozess positiv zu beeinflussen. Es stellt sich heraus, dass Bettina in Oberholz arbeitet. Martin hat ohnehin schon beschlossen, auf jeden Fall die Schule zu wechseln und nach der Trennung von Silke auch Neukirch zu verlassen. Er bewirbt sich mit Erfolg auf eine in Oberholz ausgeschriebene Konrektorenstelle. Martin nimmt noch eine Zeit lang eine ambulante Beratung in Anspruch. Er will sich die Chance für einen Neuanfang nicht durch die unbedachte Wiederholung alter Fehler verbauen. Es ist ihm sehr wichtig, in seiner neuen Rolle an dieser Schule die Chance der persönlichen Veränderung zu nutzen.

EINSER haben eine kritische Stimme verinnerlicht, die sagt „Es ist nie genug." So laufen sie Gefahr, sich um jeden Preis auf Mängel und kritische Punkte zu konzentrieren und ihre persönlichen Werte aus den Augen zu verlieren. Für EINSER ist es ein langwieriger Lernprozess, sich selbst zu akzeptieren und für Alternativen aufgeschlossen zu sein.

Martin übt weiter, milde sich selbst umzugehen und sich regelmäßig Erholung zu gönnen, auch wenn noch nicht alle Arbeit getan ist. Er macht die Erfahrung, dass seine Umgebung freundlich und wohlwollend mit ihm umgeht, wenn er selbst toleranter gegenüber den Schwächen anderer ist. Dadurch, dass er sich von Bettina als Person grundsätzlich bestätigt fühlt, fällt es ihm in ihrer Gegenwart leichter, sich selbst auch mal in Frage zu stellen und mit liebevoll- ironischer Distanz zu betrachten. Deutlich, aber freundlich weist sie ihn in seine Schranken, wenn er sie gelegentlich nach seinem Ideal beeinflussen will. Martin lernt nicht nur zu akzeptieren, dass Bettina über einige Dinge anders denkt und manches anders tut als er, und dass es wenig Sinn macht, um die richtige Art und Weise zu streiten. Er lernt auch zu schätzen, wie die Unterschiedlichkeit ihrer Interessen, Standpunkte und Verhaltensweisen ihre Beziehung belebt. Die größte Herausforderung besteht für Martin darin, sich selbst mit seinen Fehlern und Unzulänglichkeiten liebevoll zu akzeptieren und andere Menschen ohne Urteil anzunehmen. Nach und nach freundet er sich mit dem ihm nicht vertrauten Begriff „gut genug" an. Martin konzentriert sich darauf, das zu verbessern, was ihn wirklich etwas angeht, und anderes so zu lassen, wie es nun mal ist. Wo es angebracht ist, engagiert er mit ganzer Kraft und bemüht sich, die in seinen Augen bestmögliche Lösung durchzusetzen. Er hat aber auch gelernt, dass andere Wege nicht unbedingt schlechter sein müssen, und dass es gut sein kann, den Dingen auch mal ihren Lauf zu lassen. Seit er seine Wertvorstellungen anderen nicht mehr überstülpen will, wird er dafür sehr geschätzt und gern um seine Meinung gefragt. Innerhalb weniger Jahre rückt er auf die Stelle des Schulleiters.

EINSER erreichen hohe Ziele, haben aber wenig Zugang zu ihren natürlichen Bedürfnissen. Für die meisten ist es ungewohnt, dem, wozu sie Lust haben, den Vorrang zu geben vor dem, was sie tun „sollten".

EINSER können lernen, alternatives Verhalten und unterschiedliche Wertvorstellungen nicht nur zu akzeptieren, sondern auch zu schätzen. Wenn ihre innere Kritikerinstanz in den Hintergrund tritt, können EINSER positive Konzepte und ehrliche Toleranz entwickeln.

EINSER müssen lernen zu unterscheiden, wo Einmischen und Verbessern angebracht ist und wo es angesagt ist, die Dinge gelten zu lassen wie sie sind. Entwickelte EINSER verkörpern ihre Ideale ohne missionarisch zu sein.

Martin verliert seine frühere Verbissenheit. Er geht immer noch mit gutem Beispiel voran, empfindet es aber nicht als persönliche Kritik, wenn nicht alle seine Grundsätze teilen. Weil er gut öfter gelaunt ist und manche Dinge auch mal leichtnehmen kann, werden sein Ernst und seine Entschlossenheit in wirklich wichtigen Punkten stärker respektiert. Nach seiner Scheidung zieht Martin mit Bettina zusammen. Sie genießt seine praktische Ader und seinen Perfektionismus in handwerklichen Dingen. Er achtet darauf, sie nicht zu bevormunden, auch wenn es ihn manchmal in den Fingern juckt ihr zu zeigen, wie man Handtücher zusammenlegt oder Kartoffeln kocht. Die vollkommene Beziehung, nach der er sich immer gesehnt hat, hat Martin darin gefunden, sich gemeinsam mit einer gar nicht perfekten Frau mit der eigenen Unvollkommenheit zu versöhnen und mit ihr ein spannendes, aber entspanntes Leben zu führen.

EINSER finden zu innerer Ruhe und Gelassenheit, wenn sie Distanz zu sich selbst gefunden haben, ihre Ansprüche relativieren können und sich erlauben, ihre Grundbedürfnisse zu entdecken. Entspannung und heitere Ausgeglichenheit bringt EINSER in innere Balance und stimmt sie versöhnlich mit sich selbst und anderen.

7. Das Leben meistern: Persönliche Entfaltung

7.1 Wege der Persönlichkeitsentwicklung

Es gibt viele verschiedene Ansätze, unseren individuellen Weg zu einem erfüllten Leben zu finden und zu verfolgen. Manchmal lernen wir unfreiwillig durch einschneidende Ereignisse wie Lebenskrisen, körperliche und seelische Beschwerden oder Krankheiten, dass eine Kurskorrektur angesagt ist. Manchmal sind wir sensibel und aufmerksam für uns selbst, so dass wir auch weniger dramatische Signale von Körper, Geist oder Seele zum Anlass nehmen, unsere Denk-, Wahrnehmungs- und Handlungsgewohnheiten zu überprüfen und bewusst zu steuern. Manche Menschen arbeiten auch ohne solche Impulse kontinuierlich oder episodisch an einer bewussten Weiterentwicklung und Entfaltung ihrer Persönlichkeit.

Um zu erkunden, wer wir eigentlich sind und durch welche Landschaften unser individueller Weg führt, sollten wir von Zeit zu Zeit Stille suchen und uns sammeln – außerhalb und innerlich. Es tut gut, sich regelmäßig für eine Weile den unzähligen Reizen zu entziehen, die uns Tag für Tag überschwemmen, aber auch das Kopfkino aus Selbstgesprächen, Gedankenfetzen und Grübeleien abzustellen. Jeder kann für sich selbst herausfinden, unter welchen Umstän-den und mit welchen Mitteln ihm das am besten gelingt. Dann werden wir mit Kopf, Herz und Bauch wieder frei, eine weitere Umdrehung auf der Spirale der persönlichen Entwicklung anzugehen.

Nach dem Modell der logischen Ebenen[7] funktioniert Veränderung am effektivsten, wenn sie von den höheren Ebenen ausgeht. Das heißt, wenn ich mein Selbstbild, mein Wertesystem und meine inneren Überzeugungen verändere, hat das eine durchschlagende Wirkung auf mein Verhalten und meine Umgebung. Beginne ich mit einer Veränderung beim Verhalten, braucht es mehr Interventionen, bis sich diese Veränderung auf die Ebene der Werte oder der Identität auswirkt.

Diesen Wirkungsmechanismus haben Sie sicher auch schon bei sich oder bei anderen erlebt: Wenn jemand zum Beispiel einen Herzinfarkt überlebt hat, bekommt für ihn Gesundheit einen viel höheren Stellenwert als zuvor. Sein Wertesystem und sein Selbstbild ordnen sich neu und er hält andere Dinge für wichtig als vorher. Häufig verändern sich durch eine solche Erschütterung Verhaltensweisen „wie von selbst", beispielsweise stellt der Betreffende das Rauchen ein und verschafft sich regelmäßig Bewegung. Vielleicht hat er vorher schon mehrere Anläufe gemacht, das Rauchen aufzugeben oder etwas Sport zu treiben. Da ihm aber andere Dinge wichtiger waren (Werteebene) und er sich gar nicht vorstellen konnte, krank zu sein (Identitätsebene), sind diese Vorsätze immer wieder im Sande verlaufen.

Andererseits kennen wir alle Menschen (oder haben es vielleicht schon selber erlebt), die es geschafft haben, Gewohnheiten auf der Verhaltensebene zu verändern durch Methoden wie konkrete Zielsetzung, Terminierung von Teilschritten, Belohnung und viele mehr. Und wenn es jemand schafft, eine Gewohnheit in seinem Sinn zu verändern, zum Beispiel das Rauchen aufzugeben, dann hat das auch einen Einfluss auf seine Überzeugungen und sein Selbstbild, zum Beispiel Nichtraucher und ein Mensch zu sein, der erreicht, was er sich vornimmt.

Die Ebenen der Identität, der Werte und Überzeugungen wird überwiegend unbewusst gesteuert. Deshalb sind sie bewussten Veränderungsstrategien nicht so ohne weiteres zugänglich. Veränderung, die direkt auf diesen Ebenen ansetzen, gelingen oft nur durch die Erschütterung in einer Krise, wenn unsere vertrauten Strategien nicht mehr greifen und unser Wertesystem durcheinandergerät. Häufig greifen Menschen dabei auf spezielle Methoden wie Meditation, Körperarbeit und andere zurück oder holen sich gezielte Impulse und Unterstützung beispielsweise in Supervisionsgruppen oder Einzelcoaching.

Die Handlungsebene dagegen steuern wir überwiegend bewusst. Unter bestimmten Voraussetz-ungen können wir darüber Veränderungen bis in die Ebene der Identität erzielen. Zu diesen Voraussetzungen gehört es

a) eine Verbindung zu den eigenen Werten herzustellen, das heißt sich klar zu machen, was der tiefere Sinn dieser Verhaltensmodulation ist und wofür sie wichtig ist (Wenn das gewünschte Verhalten unserer persönlichen Wertehierarchie zuwiderläuft, werden wir uns selber sabotieren und bald wieder in die alte Gewohnheit zurückfallen, die offenbar unsere Werte und Überzeugungen mehr bestätigt.)

und

b) diese Verhaltensweisen nicht nur einmal ausprobieren, sondern durch Wiederholung und Einübung automatisieren. Es dauert eine Zeit, bis ein Verhalten zu einer Gewohnheit geworden ist, die automatisch abläuft und für die man sich nicht jedes Mal wieder neu entscheiden muss.

(Um auf das Nichtraucherbeispiel zurückzukommen: Am Anfang ist es bei jeder einzelnen angebotenen Zigarette eine bewusste Entscheidung und Umsetzung, sie abzulehnen. Wenn dies oft genug wiederholt wurde, läuft die Ablehnung irgendwann automatisch, also ohne Nachdenken und bewusste Entscheidung ab. Erst dann hat sich eine neue Gewohnheit gebildet.)

Wenn ich also mit bewusster Persönlichkeitsentwicklung auf der Verhaltensebene ansetzen will, ist es gut, mich intrinsisch (von innen) zu motivieren, mir beispielsweise darüber klar zu werden, welchen Sinn das neue Verhalten für mich persönlich macht und ob es die Mühe wert ist. Manchmal kann es schon ein Durchbruch und ein Sprung nach vorne sein, einmal etwas zu tun, was man noch nie getan hat. Wenn ich aber dieses Verhalten dauerhaft in mein Repertoire aufnehmen will, um meinen Handlungsspielraum zu vergrößern, flexibler und situationsangemessener reagieren zu können oder meinen Persönlichkeitsstil weniger einseitig zu entwickeln (alles Beispiele für Werte, die mich intrinsisch motivieren können), dann muss ich dieses Verhalten am Anfang regelrecht trainieren. Indem ich immer öfter auf eine neue Art und Weise reagiere und immer wieder bestimmte Verhaltensweisen zeige, verändert sich dann auch mein Bewusstsein. Das was ich regelmäßig tue, hat am Ende auch einen Einfluss auf das, was ich bin und was ich über mich und die Welt glaube.

7.2 Typgerechte Übungen für den Alltag

Wenn Sie über Verhaltensmodulation Ihrer persönlichen Entwicklung neue Impulse geben wollen, finden Sie hier kleine und weniger kleine Übungen für den Alltag. Sie sind geeignet, auf der bewussten Ebene neue Erfahrungen zu machen, die Sie vielleicht ein Stück weiter bringen auf Ihrem individuellen Weg.

Typ ZWEI: ZWEIERN tut es gut, sich mit sich selbst zu beschäftigen, ihre eigenen Bedürfnisse zu erspüren und zuzulassen und Hilfe anzunehmen.

» Machen Sie eine Liste von Dingen, für die Sie Unterstützung von anderen gebrauchen könnten. Hören Sie nicht auf, bis Sie mindestens 20 Nennungen gefunden haben, sie können auch Dinge mehrfach notieren.

» Wählen Sie eine dieser Tätigkeiten und bitten Sie jemand anderes, diese für Sie zu erledigen. In der Woche darauf nehmen Sie die nächste und so weiter.

» Überlegen Sie sich, was Sie nur für sich selbst tun könnten ohne dass es jemand anderem nützt oder jemand anderes involviert ist.

Für Fortgeschrittene:

» Verbringen Sie eine bestimmte festgelegte Zeit allein und hängen Sie Ihren Gedanken nach, gehen Sie spazieren, tun Sie nichts Praktisches oder Nützliches. Bauen Sie ein Ritual in Ihren Alltag ein, indem Sie eine bestimmte Zeit am Tag sich selbst widmen.

» Sagen Sie zu einer Bitte, die an Sie herangetragen wird, „nein", wenn Sie „eigentlich" keine Lust haben, dies zu erledigen. Beenden Sie ein Gespräch oder ein Telefonat, wenn Sie gelangweilt, müde oder erschöpft sind.

» Delegieren Sie etwas, das Sie zu Ihren Aufgaben zählen, komplett an jemand anderen ohne sich weiter sich darum zu kümmern. Akzeptieren Sie auf jeden Fall, wie die Aufgabe ausgefüllt wird und verbessern Sie nichts.

Typ DREI: DREIERN tut es gut, loyal zu etwas oder zu jemandem zu stehen, auch wenn etwas anderes erfolgversprechender ist. Sie ernten ihre besonderen Gaben, wenn sie sich von der Meinung anderer unabhängig machen.

» Wählen Sie sich eine Person aus Ihrem Umfeld, mit der Sie sich eine bestimmte Zeit lang intensiv beschäftigen. Seien Sie neugierig, interessieren Sie sich für die Beweggründe und Themen dieser Person. Bleiben Sie dran!

» Machen Sie eine Liste von Tätigkeiten / Verhaltensweisen / Zielen, die Sie nicht mehr von sich verlangen, auch wenn Sie es mit einiger Anstrengung könnten.

» Verzichten Sie für eine Weile auf eines Ihrer Statussymbole.

Für Fortgeschrittene:

» Legen Sie einen Fehler, der Ihnen unterlaufen ist, ohne Beschönigung offen.

» Verzichten Sie bei einer publikumswirksamen Veranstaltung auf Selbstdarstellung und schieben Sie jemand anderen in die erste Reihe.

» Konzentrieren Sie sich auf Ihre Gefühle. Nehmen Sie wahr, was in Ihnen vorgeht und nehmen Sie es ernst. Ergründen Sie sich!

Typ VIER: VIERERN tut es gut, sich mit dem ganz normalen Leben zu arrangieren und bei etwas zu bleiben, wofür sie sich einmal entschieden haben. Es fördert sie, wenn sie Struktur in ihren Alltag bringen.

» Gehen Sie Ihren Alltag auf die Schätze hin durch, die in ihm enthalten sind. Listen Sie auf, welche normalen alltäglichen Dinge oder Aktivitäten für sie „unter Ihrer Würde" sind.

» Wählen Sie eine dieser Tätigkeiten und erledigen Sie sie eine Woche / einen Monat lang mit Achtung und dem Bewusstsein, dass diese Tätigkeit nichts Besonderes ist und gerade deshalb Ihre Aufmerksamkeit wert.

» Erledigen Sie Ihren Tagesablauf, indem Sie das Notwendige tun ohne den „tieferen Sinn" zu hinterfragen und machen Sie eine Sache genau wie jemand anders.

Für Fortgeschrittene:

» Ziehen Sie einmal ein „unmögliches" Kleidungsstück an, das nicht zu Ihrem übrigen Stil passt und üben Sie sich darin, das nicht wichtig zu nehmen.

» Konzentrieren Sie sich für eine bestimmte Zeit ganz auf die Gegenwart, auf das was sie gerade tun ohne in der Vergangenheit zu schwelgen oder sich das „bessere" Zukünftige auszumalen.

» Achten Sie (zum Beispiel bei Festen oder Einladungen) ganz bewusst darauf, wann äußere Gegebenheiten sich negativ auf Ihre Stimmung auswirken. Stoppen Sie diesen Prozess mit einem kleinen Ritual (dreimal ausatmen, am Ohr fassen oder ähnlich) und trainieren Sie sich darin, sich von Äußerlichkeiten nicht beeinflussen zu lassen.

Typ FÜNF: FÜNFERN tut es gut, sich mitzuteilen, aus sich herauszugehen und aufzutreten.

» Machen Sie eine Liste mit Freizeittätigkeiten, die Sie „unter die Leute bringen". Suchen Sie eine davon aus und setzen Sie diese mehrfach um oder machen Sie mehrere Dinge von Ihrer Liste wenigstens einmal.

» Erzählen Sie einer Vertrauensperson eine Stunde lang persönliche Ansichten über sich selbst. Seien Sie dabei emotional und sprechen Sie auch über ihre Gefühle.

» Gönnen Sie sich in regelmäßigen Abständen etwas „Luxus", etwas, was nicht nötig ist. Freuen Sie sich daran.

Für Fortgeschrittene:

» Beginnen Sie ohne äußere Veranlassung ein Smalltalk Gespräch mit jemandem, der sich zufällig in Ihrer Nähe befindet. Nehmen Sie Kontakt / Beziehung auf.

» Geben Sie eine Stellungnahme ab ohne alle Details zu kennen. Äußern Sie sich subjektiv.

» Wenn Sie sich über etwas ärgern, machen Sie Ihrem Ärger direkt und körperlich Luft. Weichen Sie nicht in Ironie oder Zynismus aus, sondern konfrontieren Sie die betreffende Person direkt und konfrontativ.

Typ SECHS: SECHSERN tut es gut, gelassen zu sein und darauf zu vertrauen, dass sich viele Dinge von selbst regeln.

» Machen Sie eine Liste mit Dingen, die Sie „zur Sicherheit" vorbeugend tun. Entscheiden Sie sich für 3 Maßnahmen, auf die Sie ohne Gefahr für eine Weile oder eine bestimmte Situation verzichten können.

» Verreisen Sie (zuerst übers Wochenende, dann auch länger) mit einem Minimum an Gepäck und verzichten Sie darauf, für alle Eventualitäten gerüstet zu sein. Lassen Sie sich überraschen, mit wie wenig Sie auskommen (und sich gut fühlen).

» Wenn Sie sich in der Pflicht fühlen, etwas zu erledigen oder zu übernehmen, das Sie eigentlich nicht wollen, sagen Sie direkt, dass Sie es nicht tun werden und überlassen Sie es anderen. Halten Sie es aus, dass es anders oder vielleicht gar nicht getan wird.

Für Fortgeschrittene:

» Äußern Sie sich in einer größeren Runde zu einem Thema / einer Entscheidung als erste/r ohne abzuwarten, wie die Meinung oder Stimmung der anderen ist.

» Achten Sie darauf, wann Sie immer wieder die Beweggründe anderer hinterfragen oder analysieren. Widmen Sie sich dann sofort Ihrem Inhalt / der Sache ohne sich weiter damit zu beschäftigen, was der/ die andere/n im Schilde führen könnte/n.

» Wenn Ihnen zu zukünftigen Projekten Horrorszenarien einfallen, lenken Sie Ihre Gedanken darauf, was die bestmögliche Wendung sein könnte. Nutzen Sie Ihre Gedankenkraft dazu zu überlegen, wie Sie diesen Möglichkeiten wirksam begegnen können statt sich von Ihnen entmutigen zu lassen.

Typ SIEBEN: SIEBENERN tut es gut, sich auf weniges zu konzentrieren und Dinge zu Ende zu bringen.

» Legen Sie sich für Ihre Feierabendgestaltung im Voraus auf eine Wahl fest statt sich alle Alternativen offen zu halten.

» Machen Sie eine Liste von Dingen, die Sie begonnen und nicht zu Ende geführt haben und entscheiden Sie sich, was Sie endgültig ad acta legen. Die anderen nehmen Sie sich nacheinander vor und bringen sie zu Ende.

» Reservieren Sie jeden Tag eine bestimmte Zeit, in der Sie ungeliebte aber notwendige Routinearbeiten strukturiert „durchziehen".

Für Fortgeschrittene:

» Wählen Sie ein Wochen- oder Monatsthema / -projekt, an dem Sie kontinuierlich arbeiten ohne sich von anderen interessanten Ideen ablenken zu lassen.

» Hören Sie einem Menschen geduldig zu, der Ihnen sein Leid klagt oder seine Probleme schildert. Widerstehen Sie der Versuchung, ihn voreilig aufzuheitern.

» Ziehen Sie nüchtern Bilanz und akzeptieren Sie, dass Dinge in Ihrem Leben nicht optimal gelaufen sind oder laufen. Trauern Sie um etwas oder jemanden, das / den Sie verloren haben.

Typ ACHT: ACHTERN tut es gut, die Verfassung anderer im Blick zu haben und auf Demonstration von Stärke freiwillig zu verzichten.

» Akzeptieren Sie jemanden, der schwächer ist als Sie. Erwarten Sie nicht, dass die Person sich wehrt, sondern nehmen Sie von sich aus Rücksicht und versuchen Sie, sich in den anderen hineinzuversetzen.

» Halten Sie sich an die Regeln in Ihrer Gruppe / Ihrem Unternehmen, auch wenn sie Ihnen gerade nicht passen.

» Halten Sie Maß beim Feiern und beim Sport. Seien Sie sensibel dafür, was Sie Ihrem Körper zumuten können.

Für Fortgeschrittene:

» Zeigen Sie einer Vertrauensperson Ihre weiche Seite und vertrauen Sie darauf, dass diese sie dort nicht verletzen wird.

» Erlauben Sie sich Krankheit oder Schwäche ohne sich dafür zu verachten oder sich zurückzuziehen.

» Verzichten Sie freiwillig darauf, in Konkurrenz zu treten, sich zu beschweren oder etwas zu bekommen, auch wenn Sie stark genug wären, es zu schaffen.

Typ NEUN: NEUNERN tut es gut, sich selbst wichtig und ernst zu nehmen und Konflikte auszuhalten.

» Listen Sie Ihre Tätigkeiten für den Tag / die Woche auf, ordnen und erledigen Sie diese nach Prioritäten.

» Setzen Sie sich zeitliche Limits / Signale, mit denen Sie Ihre Bequemlichkeitsrituale unterbrechen, bevor Sie sich darin verlieren.

» Werden Sie aktiv und treffen Sie eine Entscheidung für die Feierabendgestaltung. Machen Sie den Mitbeteiligten diesen Vorschlag als Ihre Wahl deutlich.

Für Fortgeschrittene:

» Beziehen Sie in einem Konflikt eine klare Position. Konfrontieren Sie eine Person mit Ihrer gegenteiligen Meinung ohne diplomatisches Herumreden.

» Handeln Sie strukturiert und zielgerichtet ohne alle Eventualitäten und Meinungen abzuwägen.

» Beobachten Sie sich über einen Zeitraum und nehmen Sie Ihre Bedürfnisse aufmerksam wahr. Äußern Sie diese Bedürfnisse bestimmt und entwickeln Sie Aktivitäten, um sie zu erfüllen.

Typ EINS: EINSERN tut es gut, wenn sie locker sind und auch mal fünf grade sein lassen können.

» Machen Sie eine Liste, welche unvollkommenen Dinge oder Situationen in Ihrem Alltag gar nicht Ihrem Einfluss unterliegen. Lernen Sie diese Dinge so hinzunehmen wie sie sind.

» Freunden Sie sich mit einer kleinen „Schwäche" bei sich selbst und bei jedem Menschen an, der Ihnen nahesteht.

» Bleiben Sie bei verschiedenen Unternehmungen / Projekten bewusst eine Stufe unter Ihrem Anspruchsniveau.

Für Fortgeschrittene:

» Geben Sie sich mit der 75prozentigen Erledigung einer nicht so wichtigen Aufgabe zufrieden, auch wenn Sie genau sehen, wie sie optimaler zu erfüllen wäre.

» Machen Sie eine Liste und sammeln Sie (Brainstorming), wie viele Möglichkeiten es gibt, ein bestimmtes Ziel zu erreichen oder eine Sache auszuführen. Entscheiden Sie sich nicht für die beste Option, sondern lassen Sie sich verschiedene Türen offen.

» Tun Sie jeden Tag eine Sache, die ausschließlich Ihrem Vergnügen, Ihrer Erholung oder Entspannung dient.

8. Schluss

Die Frage der Fragen
Rabbi Sussja wurde sehr alt.
Vor dem Ende sprach Rabbi Sussja:
„In der kommenden Welt wird man mich nicht fragen:
Warum bist du nicht Mose gewesen?
Man wird mich fragen:
Warum bist du nicht Sussja gewesen?"[8]

Ertappen Sie sich nicht auch hin und wieder dabei, dass Sie Ihre Ziele, Wünsche, Sehnsüchte ziemlich stark an anderen ausrichten? Sind Sie manchmal in Versuchung, (wie) jemand anderes sein zu wollen? Sind Sie von dem, was andere darstellen, mitunter so beeindruckt, dass Sie danach streben, dieselben Fähigkeiten und Verhaltensweisen zu entwickeln? Dann geht es Ihnen wie vielen Menschen. Wir machen uns vor, wir müssten in die Haut eines anderen schlüpfen, um liebenswert, klug oder angesehen zu sein. Wir nehmen andere als Maßstab statt zu erforschen, welches Maß in <u>uns</u> gesetzt ist. Solche Denkweisen führen nicht nur dazu, dass wir uns minderwertig und unzulänglich fühlen. Sie hindern uns zudem daran, unser ureigenes Potential zu entdecken und zu entfalten. „Wer immer in die Fußstapfen anderer tritt, hinterlässt keine eigenen Spuren".[9]

Das Enneagramm bietet Ihnen einen Spiegel, in dem Sie sich selbst wahrnehmen und annehmen können. Es ermutigt Sie, sich mit all Ihren Eigenarten und Wesensmerkmalen wertzuschätzen statt nach anderen zu schielen und sich zu vergleichen. So können Sie herausfinden, worin Ihre persönliche Berufung liegt und daraus ableiten, was Sie aus Ihrem Leben machen wollen. Damit haben Sie die besten Voraussetzungen, tiefe innere Zufriedenheit und grundlegende Stimmigkeit in Ihrem Wesen zu erleben.

Auch den Menschen in Ihrer Umgebung ist am meisten gedient, wenn Sie authentisch Sie selber sind. Um auf eine echte Weise Mutter, Sohn, Freundin oder Kollege zu sein, braucht man nicht mehr zu werden als man ist. Man braucht nicht geistreicher zu werden oder weltgewandter. Wenn wir stattdessen ein paar Schichten Fassade ablegen und mehr von uns selbst zeigen, kommen wir uns näher. So werden wir gegenseitig Beistand und „Entwicklungshelfer"[10]. Denn Persönlichkeitsentwicklung bedeutet nicht, bestimm-te Wesenszüge zu unterdrücken, zu verbergen oder abzulehnen. Es bedeutet, in Berührung zu kommen mit seinem wahren Selbst. „Werde, was du bist."[11] heißt, das zu entwickeln und zu verwandeln, was in einem steckt.

Das Enneagramm gibt Ihnen Hinweise darauf, worin Ihr individuelles Potential besteht und wie Sie es entfalten können. Es stellt Ihnen Wegweiser für Ihren typspezifischen Weg auf. Gleichzeitig hilft es Ihnen aber auch, andere Menschen in ihrer Eigenart zu akzeptieren und zu respektieren. Es lohnt die Mühe, nach den Schätzen zu suchen, die sich hinter manchen ungeliebten Verhaltensweisen und Vorkommnissen verbergen.

Wir täuschen uns sehr häufig selbst darüber, was uns glücklich macht und wirklich zufrieden stellt.[12] Weder beruflicher Erfolg noch materielle Errungenschaften wirken sich dauerhaft positiv auf unsere Lebenszufriedenheit aus. Sich mit sich selber zu versöhnen, auch mit ungeliebten Seiten und unerwünschten Vorkommnissen in der eigenen Lebensgeschichte, hat dagegen einen hohen Einfluss. Wer in dieser Hinsicht seinen Frieden gefunden hat und im Einklang mit sich ist, der geht auch mit seinen Mitmenschen aufrichtig, milde und mit einem liebevollen Blick für das Wesentliche um. Das wirkt befreiend und harmonisierend auf unser eigenes Leben und auf alle Gemeinschaften, in denen wir mit anderen verbunden sind.

Dabei geht es nicht um abstrakte Theorien und philosophische Erörterungen. Es geht in erster Linie konkret um Ihr alltägliches Leben! „Nichts ist so wichtig wie der heutige Tag."[13] Bewusste Persönlichkeitsentwicklung beginnt mit der allmählichen Veränderung von Denk- und Verhaltensgewohnheiten. Die können Sie in kleinen, überschaubaren Schritten erreichen. Als „EINS" lassen Sie beispielsweise an einem Tag in der Woche das gewohnte Einteilen in gut oder schlecht, als „SECHS" verzichten Sie in einem klar definierten Kontext darauf, auf Nummer Sicher zu gehen oder als „NEUN" vertreten Sie in einer unklaren Situation mit Entschiedenheit Ihre Position. Wählen Sie, was immer für Sie persönlich einen Entwicklungsschritt darstellt. Lassen Sie sich von der Wirkung überraschen und stellen Sie einfach fest, welche Maßnahmen für Sie funktionieren. Diese können sie dann variieren, erweitern oder intensivieren. Sie selbst bestimmen die Größe der Schritte und die Geschwindigkeit, in der Sie vorgehen. Manchmal ist es effektiver, auf einem Plateau noch ein paar Runden zu drehen oder das Tempo zu verlangsamen, bevor Sie Herausforderungen der nächsten Stufen angehen.

Haben Sie also Geduld mit sich und achten Sie auf Ihre innere Stimme. Die hören Sie möglicherweise erst, wenn Sie sich den vielen Reizen, die unaufhörlich auf Sie einstürmen, zeitweilig entziehen. Wenn wir dies nicht tun, werden wir dauerhaft „gereizt", und so wirken wir dann auch auf uns und unsere Umgebung. Finden Sie also heraus, was Sie wirklich zur Ruhe kommen lässt. Das kann ein Spaziergang sein, Yoga, Meditation oder einfach eine stille halbe Stunde, in der Sie gar nichts tun. Reservieren Sie dafür bestimmte Zeiten in Ihrer Wochenplanung. Wenn Ihnen regelmäßige Stille – Zeiten zur Gewohnheit werden, werden Sie im Lauf der Zeit immer unmittelbarer und nachhaltiger zu sich selbst finden.

Das Enneagramm kann Ihnen wie ein Lotse dabei helfen, Ihrer inneren Wirklichkeit näher zu kommen. Der Prozess der

Selbsterkenntnis mag manchmal unangenehm oder gar schmerzhaft sein. Doch er ist die Voraussetzung für die heilsame Versöhnung mit sich selbst und anderen. Sind Sie dazu bereit? Dann werden Sie erfahren, dass Sie sich zunehmend authentisch und befreit fühlen. Wenn Sie auf diese Weise Verantwortung für sich selbst übernehmen, werden Sie einen Quantensprung in Ihrer persönlichen Entwicklung machen.

Ich wünsche Ihnen, dass Sie den reichen Erfahrungsschatz des Enneagramms in diesem Sinne für sich nutzen können.

Literatur

Bateson, Gregory: *Ökologie des Geistes.* Frankfurt am Main 1999

Buber, Martin: *Die Erzählungen der Chassidim.* Zürich 1992

Dilts, Robert: *Identität, Glaubenssysteme und Gesundheit. NLP Veränderungsarbeit.* Paderborn 1993

Gallen, Maria-Anne und Hans Neidhardt: *Das Enneagramm unserer Beziehungen. Verwicklungen, Wechselwirkungen, Entwicklungen.* Reinbek bei Hamburg 1994

Grün, Anselm: *Buch der Lebenskunst.* Freiburg im Breisgau 2002

Hurley, KathleenV. und Theodore E. Dobson: *Wer bin ich? Persönlichkeitsfindung mit dem Enneagramm – der Schlüssel zum eigenen Charakter.* Freiburg im Breisgau 1994

Matthews, Andrew: *So geht's dir gut.* Kirchzarten bei Freiburg 2002

Palmer, Helen und Paul B. Brown: *Das Enneagramm im Beruf. Mehr Effizienz am Arbeitsplatz durch die Kenntnis der neun Persönlichkeitstypen.* München 2000

Palmer, Helen: *Das Enneagramm in Liebe und Arbeit.* München 1995

Riemann, Fritz: *Grundformen der Angst.* München 1990

Riso, Don Richard und Russ Hudson: *Die Weisheit des Enneagramms. Entdecken Sie Ihren inneren Reichtum.* München 2000

Rohr, Richard und Andreas Ebert: *Das Enneagramm. Die neun Gesichter der Seele.* München 1991

Anmerkungen

[1] Diese werden in Kapitel 5 ausführlich beschrieben.

[2] dito

[3] siehe Kapitel 1.3.

[4] Menschliches Lernen vollzieht sich auf verschiedenen Ebenen, die so miteinander zusammenhängen, dass jede Ebene die Informationsverarbeitung der darunter liegenden organisiert. Das fand der Anthropologe Gregory Bateson heraus. Robert Dilts hat Batesons Modell zum „Modell der logischen Ebenen" weiterentwickelt, die bei allen Prozessen der Selbsterkenntnis und Veränderung eine wichtige Rolle spielen. s. BATESON, … und DILTS, …

[5] s. RIEMANN, s. GALLEN / NEIDHARDT

[6] s. ROHR / EBERT

[7] s. Kapitel 2 (DILTS)

[8] aus: Martin BUBER, Die Erzählungen der Chassidim, S. 394

[9] Kalenderspruch

[10] MATTHEWS

[11] FERRUCCI

[12] PSYCHOLOGIE HEUTE, Februar 2004, 31.Jahrgang

[13] GOETHE, Kalenderspruch

INFORMATIONEN

**zu Angeboten von Monika Gruhl
erhalten Sie unter:**

www.monikagruhl.de
www.resilienz-online.de